Werner Raith
Absturz über Ustica

Werner Raith

Absturz über Ustica

ELEFANTEN PRESS BERLIN

Für Xxjr

Prolog

**San Felice Circeo, südlich von Rom
28. August 1988**

Der Sonntagnachmittag plätscherte langsam und entspannt vor sich hin. Tassini hatte den Kopfhörer auf den Ohren, das Radio mit den Sportnachrichten eingeschaltet und lag mit geschlossenen Augen im Liegestuhl. Er genoß das freie Wochenende. Allmählich kam ein leichter Wind auf, der die Sommerhitze erträglicher machte. Giovanna kam aus dem Meer zurück, und wie immer konnte sie es nicht lassen, ihre nassen Haare direkt über ihm auszuschütteln, so daß die Tropfen auf seine Brust regneten und er hochschreckte. Er zog seine Frau zu sich auf den Liegestuhl, ohne den Kopfhörer abzunehmen, denn er wollte noch etwas über die Vorbereitungen zu den anstehenden Olympischen Spielen »Seoul '88« hören. Giovanna drückte ihm einen salzigen Kuß auf den Mund. Sie stand wieder auf, trat ein paar Schritte zurück, wickelte sich in ihr großes Handtuch und strampelte sich aus dem Badeanzug, um einen neuen anzuziehen.

»Großer Gott«, schrie Tassini in diesem Moment, dann merkte er, wie die anderen Badegäste zu ihnen herübersahen, und wurde leiser. »Oh nein, nur das nicht.«

Giovanna verknotete sich das Badetuch über der Brust und sah ihn an. »Was ist los, Enrico? Fehlt dir etwas?« Sogar unter der Sonnenbräune war zu erkennen, wie leichenblaß er geworden war.

»Sie bringen uns alle um«, flüsterte er, »alle, alle.« Giovanna wollte ihm den Kopfhörer abnehmen, aber er stieß sie zurück und bedeutete ihr abzuwarten. Dann fing er an, seine Sachen zusammenzuraffen. »Pack, wir müssen sofort zurück«, sagte er, »sofort.«

Giovanna verstand überhaupt nichts mehr, aber sein Gesichtsausdruck sagte ihr, daß es ernst war. Die Leute sahen ihnen nach, wie sie die Düne hinaufhasteten zum Auto, das an der Küstenstraße zwischen San Felice Circeo und Sabaudia geparkt war; einige schalteten nun ebenfalls ihre Radios ein, um zu erfahren, was den Mann so aus der Fassung gebracht hatte.

Im Auto griff Tassini zum Mobiltelefon, wählte eine Nummer und sagte: »Hier Major Tassini. Den Diensthabenden, sofort. Notfall.« Er wartete einige Augenblicke und meldete sich erneut: »Major Tassini hier, Herr Oberst. Wissen wir schon, wer bei dem Unfall umgekommen ist?« Es dauerte wieder einige Sekunden, dann ließ er das Telefon sinken. »Sie haben sie runtergeholt«, murmelte er fast tonlos.

Giovanna faßte nach seiner Hand, fühlte seine Stirn, schüttelte den Kopf, sagte aber nichts: Es war eine ihrer Stärken, ihn in solchen Augenblicken nicht mit Fragen zu nerven.

Tassini saß einige Minuten stocksteif da. Dann drehte er sich langsam zu ihr hin: »Unsere Kunstflugstaffel ist in Deutschland abgestürzt. Bei der Flugschau in Ramstein. Dutzende von Toten. Auch drei Piloten.«

»Großer Gott«, sagte nun auch Giovanna. »Kanntest du einen von ihnen, von den Piloten, meine ich?«

Wieder sagte Tassini lange nichts. Plötzlich zuckte er hoch, als sei er eingeschlafen gewesen. »Wir müssen weg. Du mußt weg.« Er ließ den Motor an, rangierte hastig aus der Parklücke und fuhr los.

»Giovanna«, sagte er, »zwei der drei Piloten, die heute abgestürzt sind, sollten kommende Woche vor den Untersuchungsrichter. Sie waren seinerzeit im Einsatz, 1980, als diese DC-9-Passagiermaschine über dem Mittelmeer abgestürzt ist. Und die Militärs behaupten immer noch, sie hätten nichts damit zu tun.«

»Aber das ist doch acht Jahre her!«

»Ja. Aber es sieht so aus, als wären die Piloten bereit gewesen, endlich auszupacken. Damit hätte zum ersten Mal jemand, der damals selbst dabei war, zu Protokoll gegeben, was wirklich geschehen ist. Alle Welt hätte endlich erfahren, in was für ein völkerrechtswidriges Kriegsszenarium der Nato dieses Passagierflugzeug damals hineingeraten ist.«

»Denkst du, sie werden sich auch dich vornehmen?«

»Keine Ahnung. Sie wissen jedenfalls, daß ich vorige Woche mit den beiden Piloten gesprochen habe. Und daß ich sie nicht davon abgehalten hätte, die Wahrheit zu sagen.«

Er blickte einen Moment zu ihr hinüber, ging etwas vom Gas und versuchte zu erkennen, ob sie verstanden hatte, was das bedeutete. Giovanna faßte seine Hand und drückte sie so fest, daß er das Steuer losließ. »Ich bleibe bei dir«, sagte sie leise.

»Nein. Ich muß dich in Sicherheit bringen. Wenn sie mich nicht erwischen, werden sie versuchen, an dich heranzukommen. Ich könnte die Sache nicht weiterbetreiben, wenn ich dauernd Angst um dich haben müßte.«

Giovanna drehte sich von ihm weg; nicht aus Ärger oder Abweisung; sie versuchte, ihre Tränen zu verbergen.

»Heißt das, daß du trotzdem weiter an der Sache dranbleibst?«

»Ja.« Die Antwort kam so schnell, daß Giovanna wußte, da war nichts zu machen.

Sie tupfte ihre Augen mit einem Papiertaschentuch ab, drehte sich wieder zu ihm, nahm seine Hand und suchte ihrer Stimme Festigkeit zu geben: »Du hast recht. So gut sollte ich dich eigentlich kennen.«

Tassini sah sie an. Er wußte nicht, ob Giovanna das anerkennend meinte – oder ob sich darin nur verzweifelte Resignation ausdrückte.

1. Tag

**Rom, Hochsicherheitsgerichtssaal am Foro Italico
Voruntersuchung gegen Oberst Enrico Tassini**

»Dann war dieser Absturz der Kunstflieger der Punkt, an dem Sie sich entschlossen, die Seiten zu wechseln und die Wahrheit zu enthüllen?« fragte der Richter und blätterte in seinen Akten.

Tassini wiegte den Kopf leicht hin und her. »Nein, dieser Moment kam schon viel früher. Aber als die Piloten starben, wurde mir klar, daß es nun ein Wettlauf mit der Zeit geworden war.«

Der Staatsanwalt hob die Hand. »Es war also nicht die Angst vor einem Attentat auf Sie«, sagte er, »es war eine Art Wandlung vom Saulus zum Paulus. Einfach so? Aus freien Stücken? Zuerst waren Sie der Meister im Vernebeln und dann ebenso überzeugt im Aufklären?« Ein gewisser skeptischer Unterton war nicht zu überhören.

Tassini ließ sich Zeit mit der Antwort. Was wollte der Staatsanwalt wirklich? Seit Beginn dieses Vorverfahrens gab ihm dieser Mann Rätsel auf. Suchte er tatsächlich nichts als die Wahrheit? Wollte er endlich Sühne für die einundachtzig Menschen, die 1980 beim Absturz dieser DC 9 umgekommen waren, Befriedigung für die Hinterbliebenen? Oder trachtete er nur nach einem spektakulären Erfolg? Schließlich sagte man ihm politische Ambitionen nach, und ein erfolgreicher Prozeß gegen Mächtige konnte dafür allemal förderlich sein. Er war bekannt für eine hohe Verurteilungsquote in Verfahren gegen Linksterroristen. Da diese jedoch seit längerem sowieso fast immer verurteilt wurden, war damit kein besonderes Renommee mehr zu erringen. Der Fall um den ungeklärten Absturz der DC 9, auch wenn er schon Jahre zurücklag, war dem Staatsanwalt daher gerade recht gekommen: Er bot ihm als erstem Strafverfolger eine greifbare Chance, die allerhöchsten Chefs des Militärs und der Geheimdienste hinter Gitter zu bringen. Und er, Tassini, mittlerweile Oberst im Militärischen Geheimdienst, sollte das Faustpfand für diesen Erfolg werden: Seine Aussagen sollten die Generäle festnageln – italienische, amerikanische, französische, vielleicht sogar ein paar deutsche. Für den öffentlichen Rummel war es unbedeutend, daß eigentlich Tassini selbst es gewesen war, der beschlossen hatte auszupacken. Gegenüber den Medien wußte der Staatsanwalt stets den Eindruck zu erwecken, er habe den Agenten »umgedreht«.

»Sie können es nennen, wie Sie wollen«, sagte Tassini schließlich, »aber weder fühle ich mich, seit ich der Aufklärung diene, als Apostel mit einem Heiligenschein, noch sehe ich meine vorherigen Tätigkeiten als die eines Saulus, der irgendwelche Menschen zu Unrecht verfolgt hat.«

Der Richter lächelte. »Wir sind in diesem Untersuchungsverfahren ja auch nicht berufen, über Ihre moralische Integrität oder die Höhe Ihrer Schuld zu befinden. Wir haben nur zu entscheiden, ob die vom Staatsanwalt vorgelegten Beweise ausreichen, das Hauptverfahren gemäß Strafgesetzbuch, Paragraphen ...« er blätterte in seinem Ordner auf die erste Seite »... zweihundertfünfundfünfzig, zweihundertsechsundfünfzig, zweihundertneunundfünfzig, zweihundertachtundsechzig und dreihundertzwei zu eröffnen.« Tassini kannte die Vorwürfe längst auswendig: Irreführung von Behörden, Begünstigung im Amt, Beweisunterdrückung, Fälschung amtlicher Dokumente, Hochverrat ...

Der Staatsanwalt nickte, dann drehte er sich ganz in Richtung Tassini und sagte: »Es geht mir in diesem Verfahren nicht um einen Kampf gegen Sie persönlich, Herr Oberst. Es geht ums Prinzip. Es geht darum, die Gesetze auf alle Bürger anzuwenden, auf alle.«

Scheinheiliger Pharisäer, dachte Tassini. Laut sagte er: »Ja, und das ist auch gut so. Allerdings sehe ich, um beim Thema Gleichheit zu bleiben, nicht so recht ein, warum ich alleine hier sitze und nicht auch die Generäle und die anderen Offiziere, gegen die gleichzeitig ermittelt wurde.«

Tassinis Verteidiger Roberto Marino mischte sich ein, er klang etwas ärgerlich: »Herr Untersuchungsrichter, ich habe meinem Mandanten bereits wiederholte Male erklärt ...«

Der Richter schüttelte den Kopf, fuhr sich mit der Hand durch seine grauen Haare, klopfte mit dem Kugelschreiber auf den Tisch und sagte dann freundlich: »Herr Verteidiger, wenn der Angeklagte Fragen hat, wollen wir sie zulassen, schließlich geht es um ihn, um seine Zukunft und um seine Freiheit. Sie können ihn unterbrechen, wenn er etwas sagt, was seine prozessuale Lage verschlechtert. Also«, er wandte sich wieder an Tassini, »die Sachlage ist folgende: Sie sind bereit auszusagen, leugnen nichts, im Gegenteil, Sie haben versprochen, die Feststellung der Wahrheit zu fördern. Die anderen Beschuldigten dagegen streiten jede Schuld ab. Ausländische Offiziere sind noch nicht einmal zur Vernehmung erschienen. Und das verzögert natürlich die Verfahrenseröffnung. So hielt ich es für sinnvoll, Ihren Teil abzutrennen. Das liegt auch in Ihrem Interesse, damit Sie so schnell wie möglich wissen, wie es mit Ihnen weitergeht.«

Tassini schüttelte den Kopf. »Ich sehe da aber ein Problem, Herr Untersuchungsrichter. Der Absturz geschah 1980; wir stehen nun vor dem Jahr zweitausend. Viele der uns zur Last gelegten Delikte verjähren in Kürze. Verurteilt werde am Ende vielleicht nur ich, die anderen kommen möglicherweise gar nicht mehr vor Gericht.«

»Seien Sie beruhigt«, sagte der Untersuchungsrichter. »Im

Notfall kann unsere Justiz auch schnell arbeiten. Tatsächlich läßt uns die Strafprozeßordnung keine andere Wahl: Wenn Angeklagte geltend machen können, daß eine Verschiebung des Prozeßbeginns für die rechtliche Würdigung wichtig ist, müssen wir verschieben. Sie können versichert sein, daß der Ausgang Ihres Prozesses auch den Ihrer Ex-Kameraden und Vorgesetzten beeinflussen wird. Was wir hier in unserem Beschluß feststellen, müssen auch die Richter der anderen Verfahren beachten. Versuchen wir also die gesamte Geschichte nachzuvollziehen, so wie Sie sie erlebt haben.«

Tassini schaute seinen Verteidiger an. Der zuckte die Schultern und machte eine besänftigende Geste. Sie wirkte auf Tassini jedoch alles andere als beruhigend.

Rom, Forte Braschi, Sitz des Militärischen Geheimdienstes
27. Juni 1980, 22 Uhr

Der Anruf war von jener Sorte, die Tassini besonders haßte – gerade als er seine Aktentasche zusammengepackt hatte und Feierabend machen wollte, klingelte das Telefon. Er stellte sich taub, griff zur Türklinke und löschte das Licht. In dem Moment klingelte der andere Apparat, der, auf den nur Anrufe höchster Dringlichkeit gelegt wurden. Giovanna würde sauer sein, wenn sie beide heute wieder nicht ins Kino gehen konnten, genau wie vor einer Woche, als er, obwohl es sein siebenundzwanzigster Geburtstag war, schon einmal hatte absagen müssen.

Der Chef hatte den Abschlußbericht über die Stationierung von Marschflugkörpern auf Sizilien noch nicht fertig und verlangte die Präsenz all seiner Mitarbeiter bis in die späte Nacht.

Tassini seufzte. Seit der Ministerpräsident vor einigen Wochen mit Geheimdienstchef Finto schwer aneinandergeraten war, weil er nachts angerufen und niemanden erreicht hatte, war es zumindest bei der »heißen Leitung« nicht ratsam, so zu tun, als höre man das Klingeln nicht.

Eine aufgeregte Stimme überfiel ihn mit einem Wortschwall. »Pronto, Enrico, bist du es? Ich bin's, Bartolo, du weißt schon, Bartolo aus der Militärakademie, ja? Erinnerst du dich noch – Bartolo mit den baffi, Bartolo mit dem Schnurrbart?«

»Bartolo? Bartolo?«

»Na, der von der Squadra T 22. Ich bin jetzt Fluglotse in Rom.«

»Bartolo? Ach ja! Bartolo. Wie kommst du denn in diese Leitung?«

»Ich weiß nicht, ich hab' ganz normal die Zentrale angerufen und der Vermittlung gesagt, daß ich dich sprechen will, die hat mich verbunden, aber es hat sich niemand gemeldet, da habe ich noch mal angerufen und gesagt, daß es um Leben und Tod geht, dann hat sie eine Weile herumgemacht, und nun hat sie mich auf diese Leitung gelegt. Ist aber auch nicht wichtig, ich muß dich ...«

»Was heißt, das ist nicht wichtig? Weißt du, wie wenige Leute auf diese Leitung gelegt werden?«

»Ja, aber es ist wirklich unaufschiebbar, jetzt im Augenblick. Es ist was passiert ...«

»Also, ob etwas unaufschiebbar ist, kannst ja wohl nicht du ent...«

»Enrico, ich beschwöre dich, hör endlich zu, es ist etwas Furchtbares passiert. Ich weiß noch nicht genau, was. Aber du bist der einzige, den ich kenne, der mir jetzt helfen kann.«

»Na hör mal ... Im übrigen habe ich längst Dienstschluß. Es ist zehn Uhr vorbei. Ich wollte mit Giovanna in die Spätvorstellung, ›La città delle donne‹ mit Marcello Mastroianni. Die wird ganz schön sauer sein, wenn es schon wieder nicht klappt.«

»Enrico, bitte, bitte, hör auf. Uns geht ein Flugzeug ab?«

»Was heißt, euch geht ein Flugzeug ab.«

»Es ist verschwunden. Plötzlich. Vom Radarschirm.«

»Ja und? Bei mir ist es nicht gelandet.«

»Enrico, Enrico, hör mir endlich zu. Wenn es vom Radarschirm verschwunden ist, kann es nur abgestürzt sein.«

»Ich verstehe immer noch nicht.«

»Es ist abgestürzt. Und zwar ins Mittelmeer. Eine Zivilmaschine, eine DC 9, auf dem Flug von Bologna nach Palermo. Um neun Uhr abends. Sie ist einfach weg.«

»Meine Güte, dafür habt ihr doch euer eigenes Suchsystem, dazu den Seenot-Rettungsdienst, die Suchtrupps ...

Da bin ich der Letzte, der euch helfen könnte. Ich bin beim Militärischen Geheimdienst ...«

»Enrico, tust du nur so, oder verstehst du wirklich nicht? Die Maschine ist südlich der Insel Ponza abgestürzt. Ungefähr hundertfünfzig Meilen nördlich von Palermo.«

»Ja, und?«

»Vor einer Stunde, um zwanzig Uhr neunundfünfzig, eine Minute vor neun Uhr abends.«

»Ich weiß immer noch nicht, wieso du gerade auf mich kommst.«

»Weil du der einzige bist, den ich beim Militärischen Geheimdienst kenne und der mir vielleicht weiterhelfen könnte. Zur Zeit des Absturzes hat es in dem betreffenden Gebiet nur so von Flugzeugen gewimmelt, lauter Militärflugzeuge. Und alle hatten das Transponder-System ausgeschaltet, die elektronische Freund-Feind-Kennung. Du weißt, was das heißt.«

Tassini setzte sich. Natürlich wußte er, was das hieß – daß eine hochsensible Militärübung im Gange war, vielleicht noch mehr als das ...

»Das Gebiet war sogar den ganzen Nachmittag über für alle zivilen Flugzeuge gesperrt«, fuhr Bartolo fort, »aber um einundzwanzig Uhr war die Sperre schon wieder aufgehoben. Trotzdem muß die DC 9 noch mitten hinein in diesen ... diesen ... Flugzeugschwarm geflogen sein. Sie hatte zwei Stunden Verspätung, warum weiß ich nicht. Ich dachte, du kennst vielleicht irgend jemanden, der uns da weiterhelfen könnte ...«

»Scheiße, Scheiße, Scheiße. Und ausgerechnet mich mußt du da einschalten! Ich habe keine Ahnung, was passiert ist, aber jetzt muß ich hier alle heiß machen. Bist du ganz sicher ...?«

»Natürlich. Die Maschine ist weg. Wir haben mit Licola

bei Neapel telefoniert und mit Marsala auf Sizilien, den Radarleitstellen, die den Flug übernehmen sollten, aber die haben auch keinerlei Bild davon. Und weißt du, was wir selbst gesehen haben? Daß sich dem Flugzeug kurz vorher einige andere Flugobjekte genähert haben. Die Maschine muß außerdem ziemlich lange getrudelt sein, bevor sie ins Meer stürzte.«

»Nochmals Scheiße. Und was kann ich da tun?«

»Wir haben schon versucht, uns mit den Amerikanern in Verbindung zu setzen, aber in der Botschaft ist nur der Nachtdienst da, der weiß von nichts. Zu einem US-Flugzeugträger, der zur Zeit in der Gegend von Neapel liegen müßte, kriegen wir überhaupt keine Verbindung. Und auch die Franzosen, die ebenfalls zwei Flugzeugträger nicht weit vom Geschehen stationiert haben, geben uns keine Auskunft. Da dachte ich, daß ihr doch informiert sein müßtet, wenn so ein Manöver stattfindet. Oder daß du es zumindest herausfinden und die betreffenden Stellen bitten könntest, sich mit uns ...«

»Großer Gott. Bartolo! Du hast ja keine Ahnung, was du mir da aufhalst. Wie lange bist du denn heute noch im Dienst?«

»Eigentlich schon nicht mehr, ich hätte längst Schichtwechsel gehabt. Aber ein Kollege hat sich verspätet, da habe ich noch weitergemacht. Jetzt geht hier natürlich keiner nach Hause, auch wenn es schon weit nach zehn ist.«

»Du hörst von mir. Und: Halt die Klappe. Rede mit niemandem darüber. Kapiert?«

»Kapiert. Aber ...«

Tassini hatte schon aufgelegt.

Der rote Knopf am Telefon durfte, laut Dienstanweisung, nur in allerwichtigsten Notfällen gedrückt werden. Als Tassini seinen Finger darauflegte, wußte er nicht, mit wem er verbunden werden würde – der Präsenzplan der oberen Chargen sollte schließlich niemandem bekannt werden. Aber daß er an einen wichtigen Offizier kommen würde, war ihm klar. Das Telefonsignal ertönte gerade das erstemal, da wurde schon abgenommen. »Oberst Rango. Wer spricht?« Es war der Abteilungsleiter höchstpersönlich. Tassini stand innerlich stramm.

»Hier ist Oberleutnant Tassini, Abteilung D. Herr Oberst, tut mir leid, wenn ich störe ...«

»Himmelherrgott, dies ist die Notfall-Leitung, hier gibt es kein Stören. Vorausgesetzt, die Sache ist wirklich ein Notfall. Also los.«

Tassini suchte nach der knappsten Formulierung. »Ich habe eben einen merkwürdigen Anruf aus der Radarleitstelle in Rom bekommen, da war ein ehemaliger Akademie-Kamerad dran, und der ...«

»Zum Donnerwetter, Oberleutnant, es interessiert nicht, in welchem Verwandtschaftsgrad er zu Ihnen steht. Hat man Ihnen denn nicht beigebracht, sich kurz und präzise zu fassen?«

»D... doch, aber nur zur Erklärung, warum der mich im Dienst ...«

»Also können Sie mir jetzt endlich sagen, warum Sie mich angerufen haben?«

»Doch ... doch. Also: Es scheint so, Herr General, als hätten wir ein Flugzeug abgeschossen.«

»Wie bitte? Noch mal.«

»Scheint so, als hätten wir ... das heißt, nicht wir, sondern jemand von uns ... ich meine von der Nato oder sonst jemand, eine Zivilmaschine abgeschossen.«

»Wer? Wo? Wann? Nun reden Sie schon, Oberleutnant.«

»Ja, das ist es gerade: Wer – weiß ich nicht. Wann – gegen einundzwanzig Uhr. Wo? Südlich der Insel Ponza. Und da war, soweit ich weiß, gerade ein Kriegsmanöver im Gange ... oder vielleicht auch etwas anderes ...«

Auf der anderen Seite blieb es einen Augenblick still. Tassini hörte, wie die Wählscheibe eines anderen Telefons gedreht wurde. Dann kam die Stimme wieder: »Sind Sie ganz sicher?«

»Ja ... das heißt, wie ich schon sagte ..., der Freund ... der Kamerad ...«

»Und woher wissen Sie das mit dem Militärmanöver?«

»Das meinte der ... Kamerad ... Kollege ... Lotse ...«

»Bleiben Sie dran.« Die Sprechmuschel auf der anderen Seite wurde zugehalten, man hörte nur noch gedämpft, daß der Mann mit jemandem redete, und das immer lauter. Es dauerte gut fünf Minuten, bis Tassini wieder angesprochen wurde.

»Was haben Sie inzwischen unternommen?«

»Ich? Also ich habe jetzt gewartet, bis Sie ...«

»Nein, ich meine vorher.«

Tassini merkte, daß die Sache schon unangenehm wurde, bevor man eigentlich wußte, was los war. Und Oberst Rango war als Hitzkopf berüchtigt, zumindest nachgeordneten Dienstgraden gegenüber.

»Ich habe sofort Sie angerufen, Herr Oberst.«

»Ja Himmelherrgott, Sie sitzen doch in der Abteilung D, oder?«

»Ja ... schon.«

»Und was ist nach dem Dienstreglement Ihre Aufgabe?«

»Desinformation ... oder so.«

»Oder so?« Die Stimme wurde noch lauter. »Oder so? Ja, haben Sie nun mit Ihrer Arbeit begonnen oder nicht? Wozu bezahlen wir Sie denn? Haben Sie begonnen, die verschiedenen möglichen Abwehrszenarien aufzubauen?«

»Aber ... aber ich weiß doch noch gar nicht, was wirklich

geschehen ist. Außerdem habe ich ja keinen Auftrag ... Ich kann doch ...«

»Sie können nicht? Ja, worauf wollen Sie denn noch warten? Sie gehen davon aus, daß das Flugzeug abgeschossen wurde, entweder von uns oder von einem Verbündeten, und Sie wollen noch abwarten? Als erstes sorgen Sie mal dafür, daß jeder glaubt, die Maschine sei anderswo abgestürzt – über Ustica, das wäre gut. Und was haben Sie Ihrem Freund gesagt, der Sie angerufen hat? Woher kennt der Sie überhaupt?«

»Er war mit mir auf der Militärakademie. Nun ist er Radarlotse in Rom. Und als ihm die Maschine abging, hat er sich daran erinnert, daß ich sein Kamerad war, und er wußte irgendwoher, daß ich im Militärischen Geheimdienst arbeite ...«

»So, unsere Mitarbeiter teilen also ihren Freunden mit, daß sie im Geheimdienst arbeiten?«

»Nein. Aber damals, an der Akademie, hat der Dienst ja mehrere von uns angesprochen, ihn wohl auch, und da hat er eben angenommen, daß ich ...«

»Geschenkt. Also, was haben Sie ihm gesagt?«

»Wann?«

»Wann, Himmelherrgottnochmal, vorhin. Am Telefon.«

»Daß ich ihn zurückrufe.«

»Sonst nichts?«

»N... n... nein.«

»Sie haben ihn nicht zum Stillschweigen verdonnert?«

»Ach so«, Tassini atmete erleichtert auf, »ja doch, habe ich. Ich habe ihm gesagt, er soll die Klappe halten.«

»Und das war alles?«

»J... ja.«

»Haben Sie ihn gefragt, wen er noch angerufen, mit wem er geredet hat, bevor er Sie erwischt hat?«

»N... nein.«

»Also los dann. Wir müssen sofort wissen, wen er noch informiert hat. Verstanden? Und sehen Sie nach, ob der Kerl sauber ist.«

»Ja.« In der Leitung knackte es, der Oberst hatte aufgelegt.

Tassini biß sich auf die Lippen. Er hatte vergessen, Bartolo nach seiner Nummer im Radar-Tower zu fragen. Nervös suchte er nach dem Telefonbuch, dann besann er sich, rief die Auskunft an und fragte nach der Zentralstelle des Flughafens Fiumicino.

Doch im ganzen Flughafen konnte man keinen Bartolo Empoli finden. »Wo soll der Mann denn arbeiten?«

»In der Radarleitstelle.«

»Na, da können Sie hier lange suchen. Sie sind hier mit dem Zivilflughafen Leonardo in Fiumicino verbunden. Die Radarleitstelle ist in Ciampino, auf dem Militärflughafen, auch die für den zivilen Linienverkehr. Ich gebe Ihnen die Nummer.«

Tassini schlug sich an die Stirn. Dann wählte er und fragte sich in den Lotsensaal durch; es schien eine Ewigkeit zu dauern.

Bartolo arbeitete tatsächlich dort. Allerdings war er inzwischen nach Hause gegangen. Tassini ließ sich die Privatnummer heraussuchen und versuchte ihn anzurufen. Das Telefon war ständig belegt. Er rief noch mal im Tower an, wies sich als Oberleutnant im Abwehrdienst aus und bekam so die Privatadresse. Dann stürzte er aus dem Büro.

Auf dem Weg fiel ihm ein, daß er zu allem Überfluß auch noch vergessen hatte, Giovanna anzurufen.

**Rom, Forte Braschi, Sitz des Militärischen Geheimdienstes
27. Juni 1980, 23 Uhr**

Im Büro von Oberst Rango liefen inzwischen die Drähte heiß. Bereits vor Mitternacht hatte der Oberst nahezu alle Personen gesprochen, die am nächsten Morgen den Krisenstab bilden sollten. Die gesamte Generalität der Luftwaffe war verständigt. Die Chefs des Militärischen und des Zivilen Geheimdienstes und der Leiter des Abwehrdienstes der Luftwaffe waren seit einer halben Stunde im Haus. Der Chef des Generalstabs im Verteidigungsministerium würde erst am Nachmittag aus Übersee zurück sein, wollte aber vorab jeweils stündlich per Funk über die gesamte Entwicklung informiert werden. Die Seenot-Rettung des Militärs gab alle zwanzig Minuten die neuesten Berichte zur Einsatzleitung durch, die italienische Küstenpolizei hatte einen Rapport für fünf Uhr morgens versprochen.

Oberst Rango ließ sich noch einmal mit dem Chef des Generalstabs der Luftwaffe, General Federico Grassi, verbinden, mit dem er schon während des Gesprächs mit Tassini Kontakt aufgenommen hatte. »Da bin ich noch einmal. Also, was sagt die hohe Flieger-Generalität zu der ganzen Sache?«

Auf der anderen Seite der Leitung war ein anhaltendes Pfeifgeräusch zu hören: Generalstabschef Federico Grassi ließ wohl gerade den Rauch seiner dicken Zigarre aus den Lungen strömen. »Zunächst einmal, Herr Oberst, würde ich gerne wissen, woher Sie über die Angelegenheit so schnell ...«

»Das ist meine Sache«, fiel Oberst Rango ihm ins Wort, »Sie sehen jedenfalls, daß unser Dienst immer hellwach ist. Machen Sie bitte gar nicht erst den Versuch, uns etwas zu verheimlichen. Also, was ist passiert?« Er winkte seinem

Sekretär zu, der eben zur Tür hereinschaute, und gab ihm ein Zeichen, daß er etwas schreiben wolle. Der Sekretär reichte ihm einige Formulare. Oberst Rango suchte ein halbes Dutzend heraus, die anderen gab er zurück. Währenddessen wiederholte er seine Frage an den Generalstabschef:
»Also, was genau war los?«
»Ja, soweit ich weiß ...«
»Soweit Sie wissen? Ja Himmelherrgott, Sie müssen doch in drei Teufels Namen ...«
»Bitte nicht in diesem Ton, Herr Oberst.« General Grassi war zutiefst empört. »Nicht mit mir, ich stehe im Rang über Ihnen. Ich tue mein Möglichstes. Aber die Sache ist sehr verworren.«
»Bei allem Respekt, Herr General – Ihr schießt ein Zivilflugzeug ab, am Ende müssen dann wir vom Geheimdienst das Ganze irgendwie zurechtbiegen, und da reden Sie von ›verworren‹?«
»Sie haben das falsch verstanden, Herr Oberst.«
»Inwiefern?«
»Die Sache ist die, daß wir selbst nicht genau wissen, was passiert ist. Unsere Lotsen in Ciampino und in Marsala haben nur gesehen, daß die DC 9 plötzlich vom Bildschirm verschwand; beide geben aber auch an, daß sie kurz zuvor mehrere andere, nichtidentifizierte Flugobjekte ausgemacht haben, die sich sehr schnell der Maschine näherten und dann ebenfalls verschwanden.«
»Das kann doch nicht wahr sein! Da tummeln sich direkt vor unserer Nase unbekannte Flugzeuge, und ihr wißt nicht, wer das ist!«
»Aber nein, Herr Oberst. Lassen Sie die Polemik. Natürlich hatten wir zu diesem Zeitpunkt bereits unsere Basen am Mittelmeer in Alarmbereitschaft gesetzt, weil mehrere Objekte ohne die übliche Freund-Feind-Kennung ausge-

macht worden waren. Das muß ja nicht gleich heißen, daß es feindliche Flugzeuge sind, bei Manövern wird dieser sogenannte Transponder ausgeschaltet, um Realbedingungen zu simulieren.«

»Soso. Und weiter?«

»Oh, ihr wißt also doch nicht alles.« Die Stimme des Generals triefte vor Befriedigung, und Oberst Rango fühlte mächtigen Ärger hochsteigen. Wenn er selbst einmal zum General befördert werden sollte, würde er mit diesen Betonköpfen anders umspringen, das schwor er sich. Der Generalstabschef fuhr fort: »Zum Zeitpunkt des Absturzes war nämlich in diesem Luftraum ...«

»Na also, wenn das die Neuigkeit ist ... Natürlich weiß ich, was zu diesem Zeitpunkt über dem zentralen Mittelmeer los war.«

»Sssie ... Sie wissen also?«

»Klar doch, ein höchst sensibles Manöver. Also, wovon gehen wir aus? – Moment mal, ich werde an die andere Leitung gerufen ... Bleiben Sie dran.« Er hob den Hörer des zweiten Apparates ab. »Oberst Rango.«

Auf der anderen Seite meldete sich der Sekretär des Transportministers, der höchst aufgeregt Auskunft über den Absturz der DC 9 forderte. Oberst Rango fertigte ihn kurz und knapp ab. Wenn der Minister etwas wissen wollte, mußte er selbst anrufen. Subalternen gab er keine Auskunft. Dann wandte er sich wieder dem anderen Gespräch zu: »Also, wo waren wir ... Wir wissen mithin, daß im betreffenden Luftraum zur Zeit des Absturzes ein paar Dutzend schwerbewaffneter Flugzeuge im Einsatz waren. Und wir wissen, daß die DC 9 von irgend jemandem vom Himmel geholt wurde. Wieso ist es so schwierig herauszukriegen, wer von unseren Jungs die Rakete losgeschossen hat? Es reicht doch nachzuzählen, bei wem eine fehlt.«

»Das ist es ja gerade: Es fehlt keine.«

»Was heißt das, es fehlt keine?«

»Daß wir inzwischen alle Jäger entlang der Küste kontrolliert haben. Die haben allesamt ihre Raketen noch. Es wurde auch kein einziger Schuß andere Munition verfeuert.«

»Und das ist ganz sicher – oder wollt ihr nur, daß wir das glauben und euch Deckung geben?«

»Ganz sicher. Es muß jemand von den anderen gewesen sein. Die Amis oder die Franzosen.«

»Also die Amis haben uns doch schon vor Jahren feierlich versprochen, auf keinen Fall in diesem Gebiet herumzuballern, schließlich mögen die Araber an der nordafrikanischen Küste das gar nicht, besonders dieser Libyer. Und den wollen wir uns doch als Freund erhalten, schließlich hält er ein ansehnliches Paket FIAT-Aktien. Können es nicht die Franzosen gewesen sein?«

»Tja, weiß ich auch nicht. Offiziell sollten die uns ja auch verständigen, wenn sie über Sardinien hinaus in den Süden fliegen. Aber Sie wissen ja, wie wenig die ›Grand Nation‹ sich an solche Regeln hält. Wieso sollten sie aber eine friedliche DC 9 angreifen?«

»Habt ihr sie denn mal gefragt, ob ihnen nicht einfach versehentlich eine Rakete ausgekommen ist?«

»Ja. Aber sie sagen, sie seien es nicht gewesen.«

»Brrr, das ist ja ein Ding.«

Die beiden schweigen mehrere Minuten.

»Da ist übrigens noch etwas«, setzte der Generalstabschef wieder an, »irgendwie ist da noch ein Flugzeug abgestürzt, ein Jäger, im Sila-Gebirge im Süden. Nach Angaben unserer Beobachter könnte es eine Maschine vom russischen Typ MIG gewesen sein.«

Während der ganzen Zeit hatte Oberst Rango Anordnungen auf verschiedene Blätter geschrieben und dem Sekretär, der immer mal wieder den Kopf zur Tür hereinsteckte, hingehalten. Bei der Übergabe des letzten Papiers winkte er den Sekretär auf seine Seite des Schreibtisches und deutete auf die Worte »Sofortige Ausführung! Absolut vordringlich!« Er hörte sich noch einige Zeit die Einzelheiten an, die der Generalstabschef berichtete, dann stöhnte er: »Scheibenkleister. Das wird allerhand Arbeit geben.«

Das zweite Telefon schnarrte erneut. »Moment mal, hier ist schon wieder einer auf der anderen Leitung. Ich kann mir denken, wer das ist.« Er hob ab. »Ach ja, Herr Minister, entschuldigen Sie, daß ich Ihren Sekretär ... Aber Sie wissen ja ... Gut. Nein, der Chef ist noch nicht da. Wenn ich Ihnen ... Also, ich kann Ihnen auch nur sagen, daß die Angelegenheit höchst mysteriös ist. Wir vermuten, daß es sich entweder um einen Absturz wegen Materialermüdung oder um einen Pilotenfehler handelt. Mehr weiß ich auch nicht. Natürlich werde ich Ihnen sofort Bericht erstatten, beziehungsweise dem Verteidigungsminister.« Er legte auf, grinste kurz und griff wieder zum anderen Hörer.

»Haben Sie mitgehört? Das war der Transportminister.«

»Der hat uns auch schon genervt. Die Fluglotsen für den Zivilverkehr gehören ja auch dem Militär an, da mußte er sich ja wohl an uns wenden.«

»Und ihr habt ihn abblitzen lassen. Darum kommt er zu uns.«

»Der sieht wieder mal eine Chance, sich zu profilieren. Wahrscheinlich ruft er jetzt den Papst an ...«

Die beiden lachten. Oberst Rango fuhr fort: »Ich habe jetzt erstmal für diese Zivilisten die Losung ausgegeben, daß es ein Absturz aus eher üblichen Gründen war, Pilotenfehler oder so. Danach werden wir weiter sehen.«

»Aber damit geraten wir doch ...«

»Weiß ich, weiß ich. Aber meine Aufgabe ist es, weit vorauszusehen. Wenn die Öffentlichkeit erfahren würde, daß das Ding abgeschossen wurde, noch dazu im Rahmen einer Militäraktion der westlichen Allianz, hätte das unabsehbare Folgen. Und für diesen Fall muß ich vorsorgen. Übrigens nicht nur im Interesse der italienischen Flieger, sondern auch der Alliierten. Außerdem wird dieser dämliche Minister die Wahrheit schon noch früh genug erfahren. Er jedenfalls saß nicht im Flugzeug – wieviel Passagiere waren eigentlich drin?«

»Soweit wir wissen, einundachtzig Personen, einschließlich des Personals.«

»Habt ihr schon jemanden am Ort?«

»Ja, aber nicht offiziell. Wir haben drei Propellermaschinen hingeschickt, und die haben in etwa herausgekriegt, wo die Maschine aufgeschlagen ist. Es ist jetzt dunkel. Sie arbeiten mit Infrarot. Leichen haben sie noch keine entdeckt, Flugzeugtrümmer allerdings schon. Wenn das Wrack an der Stelle untergegangen ist, wo sie jetzt suchen, liegt es in mehr als dreitausend Meter Tiefe.«

»Na, das bedeutet jedenfalls, daß es nicht nächste Woche schon gehoben wird. Wir haben also ein bißchen Zeit für unsere Manöver.«

Die beiden unterhielten sich noch eine Weile über mögliche Berichte der Presse in den nächsten Tagen, dann beendete Oberst Rango das Gespräch. »Also gut, ich warte jetzt auf meinen Chef. Inzwischen habe ich schon einige Anordnungen zur Absicherung möglicherweise schädlicher Dokumente hinausgegeben. Die Unterlagen der Flugleitstellen dürfen auf keinen Fall in die falschen Hände gelangen.«

»Das sehe ich auch so.«

»Gut, wir hören voneinander.« Er legte auf.

Langsam öffnete er die Schreibtischschublade, holte eine

lange, dünne Zigarette heraus und zündete sie an. Dann schaute er zum roten Telefon, sah nach der Uhr, die bereits weit nach Mitternacht zeigte, wiegte den Kopf ein wenig, paffte einige Ringe in die Luft und sagte halblaut: »Na, Herr Obergeheimdienstchef, warum lassen wir denn heute so lange auf uns warten?« Er nahm ein paar Blätter aus der Schreibtischschublade und begann sich Aufzeichnungen über die bisher geführten Gespräche zu machen.

Dann läutete das rote Telefon. Es war der Chef. »Hallo, Oberst. Ich bin seit einer Viertelstunde im Büro, und bei Ihnen ist immer belegt.« Das war eine Lüge, das rote Telefon war seit einer halben Stunde frei, doch Oberst Rango ging auf das Spiel ein.

»Tja, Chef, ich meine, Herr General, leider bin auch ich ständig am Apparat. Hier gibt es plötzlich sehr viel zu tun, da scheint heute nacht eine Menge Mist passiert zu sein.«

»Das muß sich erst herausstellen.« Der Oberst glaubte, eine Spur Unsicherheit in der Stimme seines Chefs zu hören. »Erzählen Sie mal, was Sie herausgefunden haben.«

Oberst Rango berichtete in groben Zügen, was er wußte.

»Hm«, sagte der General, »wir müssen sofort einige Aktionen einleiten.«

»Habe ich schon, Herr General«, sagte der Oberst, »die Befehle zur absoluten Verschwiegenheit sind schon seit einer dreiviertel Stunde draußen, die Carabinieri bringen sie zu allen beteiligten Radarstationen, der Generalstab der Luftwaffe hat sie auch schon schriftlich erhalten. Auch die dortigen Radaraufzeichnungen lasse ich alle einsammeln. Das Problem ist, daß ich nicht genau eingeweiht bin, was denn heute Nacht eigentlich geplant war.«

Auf der anderen Seite war ein tiefer Atemzug zu hören. »Na ja, ich denke, die Amis und die Franzosen wollten Ghaddafi ans Leder, nicht zum ersten Mal.«

»Und das direkt vor unserer Haustür.«

»Eben.« Der General sprach nicht weiter, aber Rango wußte auch so, daß er nicht sonderlich traurig darüber war, daß bei der Militäraktion offenbar etwas nicht geklappt hatte. Schließlich galt er seit jeher als Freund der Libyer.

»Scherereien haben wir trotzdem. In der abgeschossenen Maschine waren einundachtzig Menschen.«

»Ja, das habe ich gehört. Und wir müssen unsere lieben Verbündeten jetzt irgendwie decken. Sonst haut uns deren Presse in die Pfanne.«

»Das denke ich auch.«

»Wir müssen so schnell wie möglich eine gemeinsame Linie aller Beteiligten finden, sonst gerät uns diese Sache aus der Bahn.«

»Haben wir denn schon einen offiziellen Auftrag?«

»Den brauchen wir nicht. Ich habe soeben mit dem Kollegen vom Geheimdienst der Luftwaffe gesprochen; sie sind zur Kooperation bereit. Die Amis und Franzosen werden sich wohl auch bald melden; wir sehen uns heute vormittag um zehn Uhr im Luftwaffenamt.«

»Also, auf die Kooperation der Amis und Franzosen würde ich mich nicht so sehr verlassen. Die ...«

»Egal, es bleibt ihnen keine andere Wahl. Und uns auch nicht. So ein Mist.«

»Wenn ich mir die Bemerkung erlauben darf, Herr General: Wir hätten sicher noch mehr Probleme, wenn die den libyschen Staatschef wirklich vor unserer Küste abgeschossen hätten.«

Sein Chef grunzte. »Das können Sie laut sagen, dann hätten wir die ganze Arabermeute am Hals, auch die gemäßigten. Aber, mein Lieber, bitte sagen Sie es nicht so laut, daß es außer uns beiden noch jemand hört. Haben wir uns verstanden?«

Er legte auf, ohne das »Ja« abzuwarten.

Der Oberst lehnte sich in seinem Sessel zurück. Volltreffer, dachte er. Daß der Libyer nicht abgeschossen wurde, verdankt er wohl wieder mal uns.

Rom, Primavalle
28. Juni 1980, 0 Uhr 15

Der Palazzo lag im Norden Roms nicht allzu weit von Tassinis Dienstsitz entfernt. An den Klingeln des Wohnblocks gab es wie üblich in Rom keine Namen, sondern nur Kürzel wie »Sc. 2, 3° p., Int. 5«, was zweite Treppe, dritter Stock, Appartement Nummer fünf bedeutet. Die Frage, wo denn nun der Gesuchte wohnt, wird so zum reinen Glücksspiel. Die Pförtnerloge war zwar beleuchtet, aber leer. Tassini dachte daran, wie wichtig seine Mission war und daß er diesen vermaledeiten Bartolo finden mußte, der ihm das alles eingebrockt hatte. So versuchte er es mit irgendeiner Klingel. Nach einiger Zeit knisterte es in der Gegensprechanlage, und eine verschlafene männliche Stimme fragte: »Wer ist da?« Er fragte nach Herrn Empoli. »Hau ab, du Arsch«, knurrte die Stimme, »weißt du, wieviel Uhr es ist?« Die Leitung knackte. Der nächste Versuch brachte eine Frauenstimme an die Sprechanlage, und die kreischte sofort los: »Hilfe, Polizei, ich werde belästigt.«

Erst beim fünften Versuch war eine gnädigere Frau am Apparat: »Empoli? Der wohnt doch im anderen Trakt, zweiter Stock innen, nicht wahr?«

Tassini läutete an der angegebenen Klingel, es rührte sich nichts. Er läutete wieder und wieder. Nach gut zehn Minuten klapperte es in der Anlage: »Verdammt noch mal, wer ist da?«

»Enrico Tassini. Der, mit dem du ...«
»Ich weiß, wer du bist. Was willst du?«
»Ich muß sofort mit dir sprechen.«
»Mensch, das geht jetzt nicht ... ich habe Besuch.«
»Ist mir gleich. Das ist ein dienstlicher Befehl.«
»Du hast mir nichts zu befehlen.«
»Willst du, daß ich dich festnehmen lasse?«
»Sag mal, bist du verrückt geworden? Was willst du? Erst wolltest du nichts davon wissen ...«
»Komm runter, dann sag' ich's dir.«
»Um diese Zeit? Hier?«
»Mensch, scheiß dir nicht in die Hosen. Ich warte vor dem Haus.« Er trat einen Schritt zurück und antwortete nicht mehr auf das Quäken aus der Anlage.

Bartolo kam nach etwa einer Viertelstunde aus der Tür, gerade als Tassini zur Telefonzelle an der Kreuzung gehen wollte, um anzurufen. »Also, was ist los?«

»Ich muß wissen, mit wem du noch über die Sache gesprochen hast.«

»Ich? Na, du hast mir doch gesagt, ich soll den Mund halten.«

»Das weiß ich. Hast du den Mund gehalten?«

»Klar doch.«

»Aber vorher? Ich meine, bevor du mich angerufen hast?«

»Na ja, wir im Kontrollturm haben alle mehr oder weniger ...«

»Das ist mir jetzt erst mal Wurst. Um die kümmern sich, denke ich, die Kollegen. Aber mit wem hast du außerhalb deines Dienstes gesprochen?«

»Ich? Mit niemandem.«

»Sicher?«

»Ganz sicher.«

»Bartolo, wir sind alte Bekannte. Aber ich sag' dir, bei aller Freundschaft, wenn morgen jemand daherkommt und sagt, er hat aus irgendeiner Quelle ... und die Quelle bist du ... dann bekommst du solche Schwierigkeiten, daß du deines Lebens nicht mehr froh wirst.«

»Mit wem sollte ich denn vorher noch geredet haben ...«

»Ich kenne doch deine Gewohnheiten nicht. Hast du deine Frau angerufen?«

»Ich bin nicht verheiratet ... das heißt, geschieden bin ich.«

»Und wer ist jetzt oben in deiner Wohnung?«

»Niemand. Ehrlich, ich wollte nur meine Ruhe. Ich hatte seit heute morgen um acht Uhr Dienst, bin um sechs Uhr aufgestanden. Jetzt ist es nach Mitternacht. Morgen, das heißt, heute hab' ich wieder um acht Uhr Dienst ...«

»Na gut. Dann kann ich ja jetzt mit raufkommen?«

»Wenn du willst. Aber es ist wirklich niemand da.«

Tassini überlegte. »Also gut, ich laß' dich jetzt in Ruhe. Aber ich sag' dir, wenn du mich angelogen hast, dann ...«

Er versetzte dem Lotsen einen leichten Schlag zwischen die Schultern, nickte noch einmal und ging grußlos weg.

Als er schon um die Ecke war und in seinen Wagen steigen wollte, kam Bartolo ihm nach.

»Vielleicht sollte ich dir aber doch noch was sagen.«

»Aha, hast du doch gelogen?«

»Nein. Aber ich würde an deiner Stelle weniger bei uns in Ciampino nachforschen.«

»So? Und warum?«

»Bei uns haben alle derart angespannt nach der DC 9 gesucht, daß keiner auf die Idee kam, jemand anderen als irgendwelche offiziellen Stellen anzurufen.«

»Und wo soll ich deiner Ansicht nach suchen?«

»Na, ich würde es zum Beispiel mal in Grosseto probieren, auf dem Militärflugplatz und dem Radarzentrum Poggio Ballone. Die sind dort nämlich ausgesprochen hippelig. Sie haben bei uns wenige Minuten nach dem Absturz nachgefragt, ob wir Genaueres wissen. Obwohl sie doch eigentlich doppelt so weit vom Absturzort weg sind wie wir.«

»Und weiter?«

»Das war recht merkwürdig. Die haben nämlich zunächst gar nicht nach der DC 9 gefragt, sondern nach drei anderen Flugzeugen. Die sind ganz nahe am Korridor Ambra 13 geflogen, der Flugbahn, die der DC 9 zugewiesen war. Eines womöglich sogar direkt unter dem Ziviljet. Könnte sein, daß es sich so vor der Entdeckung durch die Radarschirme schützen wollte. In Grosseto haben sie deshalb sogar Abfangjäger hochgeschickt.«

»Und die haben die DC 9 abgeschossen?«

»Das kann ich nicht sagen. Aber die Leute in Grosseto waren total durcheinander. Und einer hat auch gesagt, er werde Himmel und Hölle in Bewegung setzen, damit die Wahrheit rauskommt.«

»Wie heißt der Kerl?«

»Weiß ich nicht. Aber es war entweder der diensthabende Radarlotse von Poggio Ballone oder sein Stellvertreter.«

Tassini dachte noch einen Augenblick nach. Dann stieg er in sein Auto. Von der nächsten Zelle aus rief er den Nachtdienst in seinem Amt an und ließ sich per Direktschaltung ins Radarzentrum von Grosseto durchstellen. »Ich möchte mit dem diensthabenden Radarlotsen von heute ...«, er verbesserte sich, »... von gestern abend sprechen.«

»Einen Augenblick bitte.« Die Telefonmuschel wurde abgedeckt. Nach einiger Zeit meldete sich eine andere Stimme: »Hier ist die Leitstelle, es spricht der Kommandant. Mit wem bin ich verbunden?«

»Oberleutnant Tassini vom Militärischen Geheimdienst.

Ich muß mit dem diensthabenden Lotsen von gestern abend sprechen.«

»Geben Sie mir bitte Ihre Dienstnummer. Ich muß mich erst vergewissern.«

»Himmel ...« Tassini bremste sich gerade noch – gegen einen solchen Kommißkopf war nichts auszurichten. Er nannte seine Nummer.

Es dauerte eine Weile, dann kam die Stimme wieder. »In Ordnung. Der diensthabende Lotse ist Feldwebel Neri.«

Tassini tat überrascht. »Neri? Ach der? Das ist ein alter Kumpel von mir.« Das war glatt gelogen, sollte aber eine freundlichere Atmosphäre schaffen.

»So? Na ja. Jedenfalls haben wir ihn vor zwei Stunden nach Hause geschickt. Es ging ihm nicht besonders gut.«

Das muß der Bursche sein, dachte Tassini. An dem abweisenden Tonfall merkte er, daß der Kommandant nicht zu weiteren Auskünften bereit war.

»Wann kann ich ihn sprechen?«

»Morgen. Oder übermorgen. Und jetzt entschuldigen Sie mich bitte. Sie müssen auf jeden Fall eine schriftliche Order bringen.«

Tassini war klar, daß der Radarkommandant kein weiteres Wort mehr verlieren würde. »Also gut. Dann sagen Sie aber dem guten Claudio ...«

»Welchem Claudio?«

»Na, dem Claudio Neri ...«

»Entschuldigen Sie, Herr Oberleutnant, da muß ein Irrtum vorliegen. Unser Neri heißt Andrea.«

»Ach ja, richtig ...« Tassini legte auf. Immerhin wußte er jetzt den vollständigen Namen des Mannes.

Über sein Amt ließ er nachforschen, ob es in Grosseto oder Umgebung einen Andrea Neri gab. Es gab derer fünf, ein Allerweltsname. Tassini wählte sie nacheinander an.

Bei den ersten drei meldeten sich Teilnehmer, die höchst verwundert reagierten, wenn er nach Feldwebel Neri fragte, und die ihm alle möglichen Höllenqualen an den Hals wünschten, weil er mitten in der Nacht anrief. Beim vierten war eine Frauenstimme dran, und die sagte gleich: »Feldwebel Neri ist nicht zu sprechen. Er hat einen Schwächeanfall.«

Tassini schaute auf die Uhr. Es war kurz vor zwei. Bis nach Grosseto war es eine gute Stunde. In der Ausbildung hatten die Psychologen immer geraten, Menschen möglichst in den unerwartetsten Momenten in die Mangel zu nehmen. Wenn er den Mann um vier, halb fünf Uhr in die Finger bekam, mußte das geradezu ideal sein. Daß er keinen formellen Auftrag hatte, tat nichts zur Sache. In einem derartigen Notfall hatte er als Geheimdienstoffizier relativ freie Hand.

Er brauste mit seinem FIAT 125 Richtung Flughafen Fiumicino, nahm kurz davor die Autobahn Civitavecchia und legte sich auf dem Weg seine Strategie zurecht: Der Mann mußte sofort verstehen, daß er den Mund zu halten hatte. Also einschüchtern und draufhalten, bis sein Schweigen gesichert war. Gerade wenn es sich um einen labilen Charakter handelte. So empfahl es jedenfalls das Handbuch.

Kurz nach Tarquinia überholte ihn ein Ford Mustang und schnitt ihn beim Einscheren sehr knapp. »AFI« las Tassini auf dem Nummernschild. »American Forces in Italy«, brummte er, »die führen sich noch immer auf wie Besatzer. Die Straßenverkehrsordnung gilt für die nicht.«

Er brauchte dann doch länger als eine Stunde, bis er den Wohnblock in einem Neubaugebiet gefunden hatte. An den Klingeln standen nicht wie in Rom Etagenkürzel, sondern Initialen.

A.N., das mußte Andrea Neri sein. Auf sein Klingeln

rührte sich nichts, dennoch hatte Tassini das bestimmte Gefühl, es müsse jemand da sein. Er klingelte im Appartement darüber, brummte etwas von einem Wasserrohrbruch in die Gegensprechanlage und bekam den Türöffner betätigt, auch wenn die Stimme aus dem Lautsprecher ein »So eine Sauerei« hören ließ. Er stieg zwei Treppen hoch, bis er Neris Appartement gefunden hatte. Er legte sein Ohr an die Tür und horchte, ohne zu klingeln. Klar doch, da drinnen wurde leise geredet. Er drückte auf den Klingelknopf und klopfte gleichzeitig gegen die Tür. Sofort verstummten die Stimmen. Er klopfte wieder. »Aufmachen«, sagte er so laut, daß es die Leute drinnen, nicht aber die Nachbarn hören konnten. »Dies ist ein dienstlicher Befehl.«

Eine Frauenstimme fragte von drinnen: »Wer ist da?«

»Öffnen Sie. Ich muß mit Andrea reden.«

»Andrea kann jetzt mit niemandem sprechen. Wer sind Sie?«

»Ein Offizier. Machen Sie auf.« Er überlegte, ob er die Tür eintreten sollte, aber derlei Gewalt schätzten seine Vorgesetzten meistens auch dann nicht, wenn Not am Mann war.

»Keine Angst. Es handelt sich nur um eine Information wegen gestern abend. Aber die brauchen wir sofort.«

Drinnen wurde geflüstert. Die Frauenstimme meldete sich wieder: »Schieben Sie Ihren Dienstausweis unter der Tür durch.«

Tassini ballte wütend die Fäuste, nahm seinen Ausweis heraus und schob ihn halb unter die Tür, hielt ihn aber fest. »Lesen Sie«, sagte er, »das reicht.«

Die Frauenstimme entfernte sich von der Tür, rief leise etwas, wohl in ein hinteres Zimmer. Dann öffnete sie die Tür einen Spalt, ließ die Vorlegekette aber dran. »Meine Güte, sehe ich wie ein Gangster aus?« fragte Tassini und versuchte sein freundlichstes Lächeln. Die Frau machte keine Anstalten, ihn hereinzulassen.

»Andrea fühlt sich nicht wohl. Er ist furchtbar durcheinander und redet wirres Zeug. Es ist besser, wenn Sie morgen wiederkommen. Ich habe ihm eine Schlaftablette gegeben.«

»Hören Sie, Frau Neri, Ihr Mann ...«

»Ich bin nicht seine Frau, ich bin seine Schwägerin. Seine Frau liegt im Krankenhaus zur Entbindung ihres zweiten Kindes. Also bitte ...«

»Na gut. Sie haben die Wahl. Wenn Sie nicht aufmachen, hole ich mir innerhalb einer Stunde einen Durchsuchungsbefehl und komme im Morgengrauen mit den Carabinieri wieder.«

Die Frau blickte unschlüssig zu Boden. »Also gut, ich lasse Sie rein, auf Ihre Verantwortung. Und nehmen Sie einfach nicht alles ernst, was er sagt. Er ist sehr sensibel.«

Sie schloß die Tür, nahm die Kette ab und öffnete wieder. Die Frau trug einen langen blauen Rock und eine helle Bluse und darüber einen gelben Morgenmantel, den sie mit der einen Hand zusammenhielt, während sie mit der anderen ihre dichten, schwarzen Haare nach hinten schob. Sie bat ihn ins Wohnzimmer und bot ihm Platz an. »Ich heiße Mina«, sagte sie. »Soll ich einen Espresso machen?«

»Ja, während ich mit Neri ... mit Andrea rede.«

Die Frau verschwand. Nach ein paar Minuten, während derer der Oberleutnant schon wieder nervös wurde, schob die Frau einen etwa vierzigjährigen Mann mit schütterem Haar und zusammengekniffenen Lippen herein. Er hatte ganz offensichtlich Mühe, sich auf den Beinen zu halten.

»Guten Morgen«, sagte Tassini. »Wir kennen uns nicht. Ich komme von einer Spezialeinrichtung des Militärs ... Sie können sich schon vorstellen, von welcher.«

»Ja ... nein ...« Der Mann hielt sich an der Lehne des Sessels fest, Tassini deutete auf den Stuhl.

»Was ... was ... was habe ich verbrochen?« fragte Andrea Neri.

»Nichts, nichts, keine Angst. Sie wissen aber wohl ... he, wach bleiben! Sie wissen wohl, was gestern abend passiert ist.«

»Ja ... ja doch ... Es wäre beinahe der Krieg ausgebrochen ... Sind wir jetzt im Krieg?«

»Aber nein! Ich bin nur jemand, der heute nacht noch alle Fluglotsen ... danke«, er wandte sich wieder an die Frau, die gerade den Espresso hereinbrachte. »Lassen Sie uns bitte allein. Es ist besser, wenn ich unter vier Augen mit Andrea spreche.« Er wartete, bis die Schwägerin draußen war, dann guckte er Neri von schräg unten an, weil dessen Kopf langsam auf die Brust herabsank. »Jetzt reißen Sie sich doch zusammen. Also erstens: Die Armeeführung hat allen, die heute nacht Dienst hatten, strenges Stillschweigen auferlegt. Haben Sie verstanden? Strenges Stillschweigen. Zu niemandem auch nur ein Wort. Ja?«

»Zu ... zu niemandem ...«

»Auch nicht zu Ihrer Frau, zu Ihrer Schwägerin, zu Ihren Kindern ...«

»Ich bin doch so erschrocken ... Für mich ist Frieden das Wichtigste ...«

»Das ist doch verständlich. Was uns Sorgen macht: Nach unseren Informationen haben Sie kurz nach dem ... na, sagen wir mal, dem Unfall der DC 9 mit jemandem telefoniert und diesen Vorfall erzählt. Wer war das?«

Andrea Neri richtete sich mit einem Ruck auf. »Ich habe mit niemandem ... ich meine, mit niemandem gesprochen ... Ich habe nur meine Frau angerufen ... Ich meine ...«

»Tun Sie doch nicht so, wir haben es nachgeprüft, im

Krankenhaus ist zu dieser Zeit kein Anruf von Ihnen eingelaufen.« Das war ein Bluff, aber er zeigte keine Wirkung. Tassini überlegt, ob der Mann überhaupt mitbekam, wovon die Rede war.

In diesem Augenblick hatte Tassini das Gefühl, daß im Flur das Telefon schnarrte. Auch Neri fuhr zusammen. »Nicht rangehen«, rief er seiner Schwägerin zu, die aus der Küche kam.

»Gehen Sie ran«, verfügte Tassini in einer plötzlichen Ahnung, und mit einem Satz sprang er neben die Frau, als diese den Hörer abnahm. Er konnte aber nicht verstehen, was die Stimme auf der anderen Seite sagte. »Nein, er ist noch immer nicht zu sprechen, er schläft ... Nein, ich bin nicht seine Frau, ich bin seine Schwägerin ... Nein, habe ich gesagt.« Sie legte so schnell auf, daß Tassini nicht dazwischengehen konnte. Er holte rüde mit der Hand aus, bremste sich aber. »Macht mir hier keine Schweinereien«, sagte er. »Ich nehme an, es ist der, mit dem er heute abend gesprochen hat.«

Als Tassini und die Schwägerin wieder ins Zimmer kamen, hatte sich Andrea Neri ganz ins hintere Eck des Wohnzimmers verkrochen. »Ich wollte nur mit meiner Frau sprechen«, sagte er, und dabei zitterte er, als hätte er zweiundvierzig Grad Fieber.

»Gut«, sagte Tassini, »wenn Sie nicht wollen, bitteschön. Ich sage Ihnen nur eins: Wenn morgen oder übermorgen irgendwelche Dinge in der Zeitung stehen, die nur von Ihrem Kontrollturm kommen können, dann sind Sie dran. Dann mache ich Sie zur Schnecke.« Er erhob sich, tat, als wolle er gehen. Andrea Neri zog die Schultern hoch und schüttelte leicht den Kopf. Seine Schwägerin öffnete schnell die Tür, die Erleichterung über Tassinis Abgang stand ihr regelrecht ins Gesicht geschrieben. Also machte er kehrt und setzte sich wieder. »Ich vermute, daß der Anrufer, den Sie eben abgewimmelt haben, jetzt hierherkommt. Ich warte auf ihn ... Sie können beide ins Bett gehen.«

Mina nickte sanft, dann nahm sie ihren Schwager an der Hand. »Komm, Andrea, geh ins Bett.« Der Mann ließ sich fast widerstandslos hinausschieben.

Wenig später kam Mina zurück. »Ich weiß nicht, ob es richtig ist, wenn ich Ihnen jetzt etwas sage. Aber bevor er noch mehr Schwierigkeiten bekommt: Er hat tatsächlich mit jemandem gesprochen, jedenfalls sagte er mir das, als er nach Hause kam. Mit einem Journalisten, ich glaube vom Corriere oder von der Repubblica.«

»So ist es schon besser«, Tassini setzte sofort wieder sein freundlichstes Gesicht auf. »Erzählen Sie mir einfach, was Andrea Ihnen gesagt hat, das wird dann wohl ungefähr das sein, was er dem Journalisten erzählt hat.«

»Er kam gegen Mitternacht heim, war total verwirrt, und ich dachte schon, er habe getrunken, vielleicht war ja das Baby angekommen. Aber er war ganz nüchtern. Und er sagte mir das, was er vorhin auch zu Ihnen gesagt hat: ›Mina, heute nach wäre fast der dritte Weltkrieg losgegangen.‹ Dann ging er ins Bad und erbrach sich. ›Ich kann dir gar nicht erzählen, was da los war ... Die haben alle verrückt gespielt, bei uns ist ein beschädigtes Flugzeug mit Atombomben an Bord heruntergekommen, und am Ende haben sie auch noch eine Passagiermaschine abgeschossen, hundert Tote oder so müssen das sein, die ist immer total voll. Da unten im Mittelmeer herrscht immer noch Kriegsalarm.‹ Dann hat er wieder erbrochen.«

»Und sonst?«

»Nichts sonst. Er hat mich umarmt und ist ins Schlafzimmer gegangen. Wenn bei ihm in Sachen Frieden nur das Kleinste passiert, beginnt er mit Selbstzweifeln. Er fühlt sich mitschuldig, als Angehöriger des Militärs. Er ist nur zu den Streitkräften gegangen, weil er glaubte, damit dem Frieden zu dienen.«

Tassini konnte ein kurzes Lächeln nicht unterdrücken. Er hatte seine Berufswahl aus ganz ähnlichen Gründen getroffen. Dann sagte er mit leichtem Kopfnicken: »Gutgut. Oder auch nicht gut, aber immerhin klarer als vorher. Hat der Journalist vorhin am Telefon noch etwas gesagt, bevor Sie aufgelegt haben?«

»Ja, daß er herkommen will.«

»Dachte ich mir doch ...«

»Sie denken sehr schnell.« Sie goß ihm noch einen Schluck Espresso nach, holte aus der Vitrine im Eck ein paar Erdnüsse und stellte sie auf den Tisch.

Es dauerte doch noch fast eine Stunde, bis es klingelte. Tassini stürzte ins Schlafzimmer, hob Andrea aus dem Bett, drückte ihm einen nassen Waschlappen ins Gesicht und tätschelte ihn. »Da draußen ist der Zeitungsfritze. Dem sagst du jetzt, daß du nur einen Scherz gemacht hast und sonst nichts weiter war. Verstanden?« Er duzte den Mann, das unterstrich die Anordnung.

Andrea Neri brachte kaum die Augen auf. »Aber es war doch ...«

»Halt den Mund, ich weiß alles, deine Schwägerin hat es mir erzählt.«

»Diese ...«

»Nein, sie hat dir einen großen Dienst erwiesen. Jetzt raus. Und keine Sperenzchen, denk daran: Wir kriegen dich. Du hast zwei kleine Kinder ...«

»Was? Ist das zweite schon da?«

»Nein, aber bald. Los.« Sie standen an der Tür, Tassini ließ Neri los und versteckte sich in der Küche. Draußen wurde gegen die Tür getrommelt – der Reporter hatte sich wohl bereits Zutritt zum Inneren des Appartementhauses verschafft.

Neris Schwägerin kam zu Hilfe, schob Neri zur Tür. »Ach, du«, sagte der, als er die Tür einen Spalt weit geöffnet hatte. Er blickte kurz zur Küchentür, bemerkte, daß Tassini ihn unverwandt anstarrte, sah wieder nach draußen und schüttelte den Kopf.

»Du bist ein Rindvieh«, sagte er, »hast du das wirklich ernstgenommen?«

Der Reporter versuchte hereinzukommen, aber Neri hielt die Tür so weit zu, daß er es nicht einmal schaffte, die Vorlegekette zu straffen. »Andrea, was ist mir dir?« fragte der Journalist. »Du wankst ja. Alles in Ordnung?«

»Alles in Ordnung, ich bin nur saumüde. Nächstes Wochenende treffen wir uns zum Fußball, ja? Ich geh' wieder schlafen.« Er versuchte, die Tür zu schließen. Doch der Mann draußen stellte seinen Fuß dazwischen.

»Mensch, Andrea, über achtzig Leute sind tot, und du schläfst. Sag mir doch, was du gesehen hast. Es geht um Menschenleben.«

»Wovon redest du eigentlich? Ich hab' genug anderes im Kopf. Hau ab, ich bin saumüde.« Es gelang ihm, den Reporter hinauszubugsieren und die Tür zu schließen. Dann drehte er sich langsam zu Tassini um. »Sie Sau, Sie dreckige«, brach es plötzlich aus ihm hervor. »Was seid ihr nur für Menschen.« Er sackte im Flur zusammen und begann zu weinen.

Tassini kam aus der Küche heraus. »Geh jetzt schlafen«, sagte er. Der Mann tat ihm plötzlich unheimlich leid. Er riß sich aber sofort wieder zusammen, dachte daran, wieviel von ihm in dieser Sache abhing, in die er so unvermutet hineingestolpert war, und herrschte Neri erneut an: »Zu keinem Menschen eine Silbe. Weder über den Abschuß, noch über die Flugbewegungen heute nacht. Verstanden? Ihr habt nichts gesehen und gehört.«

Er nickte der Schwägerin noch einmal zu und verließ die Wohnung.

Es war jetzt fast halb sechs. Trotz des Hochsommers fror er ein wenig. Er stieg in seinen Wagen, nahm wieder die Via Aurelia Richtung Rom. An der nächsten Raststätte versuchte er, seine Frau anzurufen. Sie nahm nicht ab. Verdammt, dachte er, sie ist beleidigt. Kein Wunder, er hatte den Kinobesuch ja nicht einmal abgesagt. Jetzt war sie mal wieder abgehauen, zu ihrer Mutter oder zu ihrer Schwester. Er ging zum Auto zurück.

Was hatte der Mann aus Ciampino gesagt? Die hatten in Grosseto sogar Jäger hochgeschickt, um nichtidentifizierte Flugzeuge abzufangen? Aus dem Lotsen hier war sicherlich nichts mehr herauszukriegen. Aber die Piloten der Abfangjäger? Hatten vielleicht sogar sie geschossen und die DC 9 heruntergeholt? Zumindest konnten sie alles mitgekriegt haben ...

Aber wenn sie in die Sache verwickelt waren, war mit Sicherheit bereits der Generalstab informiert. Tassini schüttelte den Kopf. Kann sein, kann auch nicht sein. In unserem Militär ist nichts sicher. Seine Vorgesetzten würden auf jeden Fall erfahren, daß er in Grosseto gewesen war. Und wenn die Flieger irgendeine faule Sache machten, würde es in seinem Amt allerhand setzen, wenn er sich nicht davon überzeugt hatte, daß auch in diesem Umfeld alles unter Kontrolle war.

Er schüttelte noch einmal den Kopf, nahm die nächste Ausfahrt und fuhr wieder in Gegenrichtung nach Norden.

Am Eingangstor zur Radarstation von Poggio Ballone bei Grosseto zeigte er seinen Ausweis und verlangte, zum Kommandanten vorgelassen zu werden. Der Feldwebel telefonierte einige Zeit und sagte dann zu Tassini: »Der Kommandant wartet auf Sie. Fahren Sie bis zu dem hohen Gebäude da hinten, ein Soldat wird Sie dort abholen.« Tassini nickte und legte den Gang ein. Dann stutzte er: Aus dem Areal brauste ein Ford Mustang heraus, streifte ihn beinahe. Er hätte schwören können, daß es der mit dem amerikanischen Kennzeichen war, der ihn vorhin auf der Autobahn beinahe gerammt hatte.

Grosseto, Radarbase Poggio Ballone
28. Juni 1980, 6 Uhr

Der Kommandant des Radarstützpunktes von Grosseto war Mitte dreißig, freundlich und offen. Dennoch schien er großen Zugeständnissen unbürokratischer Art nicht sehr zugeneigt. Ja, es habe am Vorabend Alarm gegeben, sagte er, man habe drei Maschinen zur Abklärung einiger Flugbewegungen hochgeschickt, die seien aber unverrichteter Dinge wieder zurückgekehrt, weil die verdächtigen Objekte bereits zu weit entfernt waren. »Unsere T 104 sind lahme Enten, die haben kaum vierhundert Kilometer Reichweite«, sagte er, »und wenn Sie auf die Sache mit der DC 9 anspielen, die heute nacht abgestürzt ist, muß ich Ihnen gleich sagen, daß die Flieger selbst bei größter Anstrengung gar nichts hätten sehen können – der Unfallort liegt weit außerhalb ihrer Reichweite.«

Tassini nickte. »Es gibt aber Gerüchte, daß da noch andere Ereignisse waren ... ein amerikanischer Bomber ...«

»Darüber darf ich aber selbst Ihnen nichts sagen«, lächelte der Kommandant, »da bin ich bereits zum Schweigen verdonnert worden.«

Der Ford Mustang, schoß es Tassini durch den Kopf. Die

Amis waren wieder einmal schneller. So ein Mist. Aber wie hätte er das auch ahnen können – von der Unruhe in Grosseto hatte er ja erst nach Mitternacht erfahren. Trotzdem machte er noch einen Versuch. »Kann ich wenigstens mit den Piloten sprechen, die zur Abfangaktion aufgestiegen sind?«

Zu seiner Überraschung nickte der Kommandant. »Ich werd's versuchen.« Er hob den Telefonhörer ab, wartete einen Augenblick, sagte dann: »Sind Ivone und Nardoni noch bei euch auf der Airbase? Oder Marone? – Gut, schikken Sie sie bitte rüber in mein Büro.« Er legte auf und wandte sich wieder an Tassini. »Zumindest einer der drei ist noch da. Oder schon wieder, ich habe den Einsatzplan nicht vor mir.«

»Könnten Sie mir den Plan vielleicht überlassen?«

»Gerne. Ich muß aber erst beim Generalstab anrufen. Sie verstehen, wegen der Geheimhaltung ...«

Tassini nickte. Der Kommandant telefonierte erneut; dann drückte er auf einen internen Rufknopf: »Bringen Sie mir bitte die Flugregister von gestern abend. Wie? Was heißt, Sie finden sie nicht? Dann suchen Sie, das Register kann doch nicht einfach verlorengehen. Ich will das Ding in zehn Minuten auf meinem Schreibtisch haben.« Er lächelte Tassini etwas unsicher zu.

Es klopfte. Ein Offizier in Fliegeruniform trat ein. »Hauptmann Ivone, Oberleutnant Tassini«, stellte der Kommandant vor. »Hauptmann, Oberleutnant Tassini ist vom Militärischen Geheimdienst, und er hat einige Fragen an Sie.«

Der Flieger nickte. »Bitte.«

»Sie waren heute nacht im Dienst?«

»Ja.«

»Sie hatten einen Einsatz zu fliegen?«

»Bedaure, darüber darf ich nichts sagen.«

»Nun, ich weiß, daß Sie zu einer Abfangaktion aufgestiegen sind.«

»Bedaure.«

Tassini sah den Kommandanten an, der sichtlich erstaunt wirkte. »Ivone, der Oberleutnant ist vom Geheimdienst.«

»Bedaure«, sagte Ivone, »auch ihm gegenüber darf ich nichts sagen.«

»Wer hat das angeordnet?« fragte der Kommandant. »Schließlich bin ich der Leiter des Stützpunkts.«

»Jawohl, Herr Oberst. Aber auch zu Ihnen darf ich ...« Er zuckte vielsagend mit den Schultern.

Der Kommandant dachte einen Augenblick nach. »Können Sie einen Augenblick draußen warten?« fragte er Tassini.

Der war dem Platzen nahe. »Was soll denn das? Sie wissen doch, daß Sie dem Geheimdienst ...«

»Könnten Sie trotzdem einen Augenblick draußen warten?«

Widerwillig stand Tassini auf, machte die Tür auf – und stand draußen vor einem weiteren Offizier, der hastig einen Schritt zurücksprang. Hatte der Mann gelauscht – oder war er einer der beiden anderen Flieger von gestern abend? Im ersten Fall mußte er ihn gleich dingfest machen, als möglichen Spion, im zweiten konnte er den Augenblick nutzen. Er beschloß, auf den zweiten Fall zu setzen. Er nahm den Mann am Arm, legte seinen Finger auf die Lippen und schob ihn um die nächste Korridorecke. Da ließ er ihn los, weil ihnen einige andere Männer entgegenkamen. »Ich weiß, warum Sie gelauscht haben«, sagte er. »Sie waren heute nacht im Einsatz, nicht wahr?«

»Ich ... ich ... ich habe nicht gelauscht ... ich wollte ...«

»Ist mir klar. Sie waren bei der Abfangaktion dabei, und

nun kam dieser Mensch, dieser Ami, und hat Sie zum Schweigen vergattert ...«

»Jjjjein, das heißt ja, aber wir wissen überhaupt nicht, was los ist und was wir verschweigen sollen. Der kam einfach daher und hat uns fürchterlich bedroht ...«

»Ich bin vom italienischen Abwehrdienst, Sie können mir vertrauen, wir helfen Ihnen. Wie hieß der Kerl?«

»Keine Ahnung. War jedenfalls einer, der noch nicht allzulange hier in Italien lebt. Mit starkem Akzent und vielen amerikanischen Worten in seinen Sätzen.«

Tassini versuchte sich zu erinnern, wie der Mann in dem Ford Mustang ausgesehen hatte. Aber es war einfach zu schnell gegangen.

»Also, ihr sollt den Mund halten wegen heute nacht?«

»Ja, aber wir wissen gar nicht, warum.«

»Was heißt, ihr wißt gar nicht, warum?«

»Ja, weswegen. Wir sind aufgestiegen ... Aber halt, wenn ich Ihnen das jetzt alles sag...«

»Schon gut, ich bin vom Generalstab zu dieser Einvernahme autorisiert.« Das war gelogen, wirkte aber.

Der Mann knetete sein Fliegerkäppi in der Hand und wiederholte: »Wir sind aufgestiegen, weil es Alarm gab, haben aber nichts mehr gesehen, die waren schon weg. Kurz danach ist Leutnant Marone aufgestiegen und hat die F 111 heruntereskortiert, Sie wissen schon, das ist ein ...«

»... Atombomber«, nickte Tassini, der so tat, als sei er über alles auf dem Laufenden.

»Die F 111 wurde sofort ganz nach hinten gefahren und zugedeckt. War wohl irgend etwas passiert, sie hatte jedenfalls einen der Zusatztanks verloren. Den Kollegen Marone haben sie auch gleich nach der Landung ins Büro gebracht und sind dann mit ihm weggefahren, wohin weiß ich nicht. Was ist daran so wichtig, daß wir schweigen sollen? Und vor allem: Wer will denn überhaupt etwas über das alles wissen?«

Tassini klopfte dem Mann auf die Schulter. »Das hat schon seine Ordnung, das mit dem Schweigen. Heute nacht ist etwas passiert, und es kann sein, daß es besser ist, wenn die Öffentlichkeit nicht weiß, wer da alles in der Luft war. Allerdings haben Sie solche Befehle nicht von jemandem entgegenzunehmen, der gar nicht zu unseren Streitkräften gehört.«

Der Mann begann sich wieder zu fassen. »Das dachte ich ja auch. Aber Ivone, ich meine, unser Einsatzoffizier, der sagte gleich ...« Er brach ab und machte mit dem Kopf eine Bewegung zum Büro des Kommandanten, in dem Ivone mitunter so laut sprach, daß man Wortfetzen heraushören konnte.

»Was meinte Ivone?«

»Nun, daß es sich vielleicht lohnen würde, dem Mann zu gehorchen.«

»Was soll das heißen?«

»Das weiß ich auch nicht.«

»Hat der Ami euch etwas versprochen?«

»Mir nicht.« Der Mann vermied Tassinis Blick.

»Aber Ihrem Kollegen?«

»Weiß ich nicht. Jedenfalls ist mir jetzt wohler, wo auch Sie mir gesagt haben, daß ich schweigen soll.«

»Gut so. Ich will Ihnen nur sagen: Wenn der Mann Ihnen etwas versprochen hat, werden wir Ihnen etwas Besseres bieten. Ich werde dafür sorgen, daß Sie es nicht bereuen.«

Der Mann lächelte ihn dankbar an.

Sie warteten eine Weile schweigend, währenddessen mehrere Boten ins Büro des Kommandanten gingen und wieder herauskamen. Dann trat Hauptmann Ivone auf den Korridor. »Der Chef will Sie wieder sehen.«

»Und Sie?«

»Ich gehe jetzt. Ich habe nichts zu sagen.« Er sah seinen Kameraden scharf an, und der wurde puterrot. »Du hast doch nicht etwa geschwätzt, Nardoni?«

Der Mann begann wieder zu zittern.

»Nein«, sagte Tassini, »er hat nicht geschwätzt. Er hat seine Pflicht getan. Die Sie übrigens vergessen haben.« Er sah Ivone scharf an: »Ihr Fahneneid lautet auf die Republik Italien, nicht auf die Vereinigten Staaten von Amerika.«

Hauptmann Ivone erwiderte seinen Blick ebenso feindselig.

»Das stimmt. Nur daß leider die USA mehr Schutz bieten und stärkere Druckmittel besitzen als die Republik Italien.«

Tassini hielt ihm seinen Zeigefinger unter die Nase. »Hören Sie, Hauptmann, Sie machen einen großen Fehler. Denn was immer Ihnen der Amerikaner versprochen hat: Gedeckt werden Sie am Ende nicht von den Amis, sondern von uns. Sie werden aber nicht gedeckt, wenn wir finden, daß Sie es nicht wert sind.« Er wußte, daß der Flieger ihn wegen Insubordination anzeigen konnte, schließlich stand der Hauptmann einen Rang höher als er. Aber er bezweifelte, daß der Mann sich das einem Geheimdienstler gegenüber traute. Er ließ die beiden grußlos stehen und ging ins Büro des Kommandanten.

Der saß etwas unschlüssig hinter seinem Schreibtisch und nestelte an seinem goldenen Armkettchen herum. »Also, Herr Oberleutnant, da ist leider eine Sache passiert, von der ich vorhin noch keine Ahnung hatte und die ich ...«

»Heraus mit der Sprache. Die Amerikaner haben die Flieger bereits vor mir in die Finger gekriegt.«

»Ich weiß das leider auch erst, seit ich soeben mit Ivone gesprochen habe. Darüber werde ich mich beim Verteidigungsministerium beschweren. Aber da ist noch mehr.« Er schob zwei Kugelschreiber auf seiner Schreibtischplatte hin und her.

Tassini sah ihn scharf an. Die Sache begann sich dramatisch zuzuspitzen. »Was?«

»Die Flugeinsatzregister sind weg.«

»Was heißt weg?«

»Der Mann ... der Amerikaner hat sie mitgenommen.«

»Was? Wie bitte? Sie händigen einem Ausländer ...«

»Ich selbst habe überhaupt nichts ausgehändigt. Der diensthabende Offizier des Flugregisters ...«

»Und der macht so etwas, ohne Sie zu informieren?«

»Nun, die Sache ist ja erst wenige Minuten vor Ihrem Eintreffen passiert.«

»Aber der Mann am Register muß doch zuallererst Sie informieren ...«

»Müßte er, ja. Aber der Amerikaner wies sich als General des Nato-Stabes in Neapel aus ...«

»Und Ihre Untergebenen sind alle Experten im Erkennen von solchen Ausweisen?«

»Natürlich nicht. Aber offenbar hat der Mann die Feldwebel am Register derart überrumpelt, daß sie gar nicht daran dachten, mich zu informieren.«

»Haben Sie wenigstens den Namen dieses famosen Generals?«

»Ja.«

»Dann rufen wir jetzt sofort die Nato-Zentrale in Neapel an.«

»Schon geschehen.«

»Und wie begründen die den Vorgang?«

»Gar nicht. Es gibt zwar einen General dieses Namens. Aber er liegt seit Wochen mit Gelbsucht im Krankenhaus.«

Tassini sprang auf. »So eine Scheiße«, rief er, »und ihr ...«

Der Kommandant breitete die Arme aus. »Mäßigen Sie sich bitte«, sagte er, »die Sache ist unangenehm genug. Ich habe die Registerunteroffiziere natürlich erst mal alle vom Dienst suspendiert und sofort ein Untersuchungsverfahren eingeleitet. Die Mitglieder der Disziplinarkommission sind bereits informiert.«

Daraufhin führte Tassini einen wahren Veitstanz auf. »Auch das noch ... auch das noch! Sie haben sie wohl nicht alle ... Verzeihen Sie. Informieren Sie die Kommissionsmitglieder sofort wieder, daß es keine Untersuchung gibt. Ist Ihnen nicht klar, was passiert, wenn da ein Dutzend weiterer Mitwisser entsteht? Aus wird es sein mit der Geheimhaltung ...«

»Aber die Order zur Geheimhaltung kam doch von einer Stelle, die uns nichts ...«

»Klar doch, aber darum ist die Order an sich doch nicht unsinnig. Verdonnern Sie alle, die auch nur die kleinste Kleinigkeit von gestern wissen, bei allen nur möglichen Höllenstrafen zu absolutem Stillschweigen.«

»Aber warum denn?«

Tassini konnte es nicht fassen. »Ja, ist Ihnen das denn nicht klar? Weil um keinen Preis der Welt herauskommen darf, daß die DC 9 abgeschossen wurde ...«

»Aber wir waren es doch gar nicht ...«

»Natürlich waren Sie es nicht. Aber dann war es einer unserer Verbündeten. Oder fällt Ihnen sonst jemand ein, der in unserem Luftraum mit Raketen herumballern kann? Noch dazu, wo ein paar Dutzend unserer Flieger in der Luft sind?«

Der Kommandant schüttelte den Kopf. »Ich weiß nicht, ob das so läuft«, sagte er, »und ich weiß auch nicht, ob die Loyalität unserer Offiziere so weit geht, daß sie alle ihren Mund halten.«

Tassini breitete nun seinerseits die Arme aus. »Das lassen Sie nur unsere Sache sein. Sie geben jedenfalls jetzt diesen Ukas hinaus.« Er stand auf. »Sie hören von uns.«

Als er schon die Tür in der Hand hielt, rief ihn der Kommandant noch einmal zurück. »Wollten Sie denn nicht das Register der gestrigen Flugeinsätze?«

»Doch.« Tassini drehte sich verwirrt um. »Aber das hat doch der Ami mitgenommen.«

»Das Original ja. Aber unser Mann war wenigsten so geistesgegenwärtig, vorher eine Kopie zu ziehen. Hier.« Er reichte ihm mehrere Formblätter mit vielen Rubriken und handschriftlichen Einträgen. Tassini warf einen Blick darauf. Tatsächlich, da standen unter dem 27. Juni abends drei Einsätze, und alle drei mit dem Kürzel »int.«, was intercettazione, Abfangaktion, bedeutet, dahinter die Flughöhen, in denen sie stattfinden sollten. Allerdings lagen die Zeiten, zu denen die Aktionen stattfanden, Stunden vor dem Absturz der DC 9.

Der Kommandant bemerkte Tassinis Irritation. »Die Zeiten sollten Sie nicht stören. Sehen sie, hinter den Zeitangaben steht ›Zulu‹, das ist das Kürzel für die Greenwich-Zeit, in der die Register normalerweise geführt werden. Die Greenwich-Zeit aber liegt eine Stunde hinter unserer Zeit. Zudem haben wir jetzt auch noch Sommerzeit, was eine weitere Stunde ausmacht. Die Abfangaktion begann tatsächlich nur eine Viertelstunde vor dem ... vor der Sache mit der DC 9.«

Als Tassini aus dem Militärgelände hinausfuhr, stand die Sonne schon hoch über dem Horizont. Acht Uhr. Von der nächsten Raststätte aus rief er zu Hause an. Keine Antwort. Normalerweise ging Giovanna nicht vor halb neun aus dem Haus. Er hob resigniert die Arme. Sie war tatsächlich wieder einmal ausgebüxt, vor Wut. Verständlich. Trotzdem versuchte er es noch einmal. Nun kam das Belegtzeichen. Als nach mehr als einer Viertelstunde immer noch belegt war, vermutete er, daß sie ausgehängt hatte. Sie war beleidigt, aber immerhin nicht wieder abgehauen. Er lächelte. Für August würde er ihr eine wunderbare Ferienwoche auf den Äolischen Inseln ankündigen. Am besten auf Stromboli, da wollte sie schon immer hin. Einen Augenblick stellte er sich ihren Lockenkopf vor, ihr leises Atmen, während sie schlief; ihr oft verkrampftes Lächeln, wenn er ihr wieder mal sagen mußte, daß er keine Zeit für sie hatte – und ihre wilden Augen, wenn sie sich dann darüber erregte, daß sie nichts im voraus planen konnte, weil immer irgend etwas dazwischen kam.

Er wollte gerade wieder in sein Auto steigen, da bemerkte er an der Ausfahrt, etwas abseits geparkt, den Ford Mustang mit dem AFI-Kennzeichen. Er verschloß seinen Wagen wieder, ging in die Raststätte hinein und auf der anderen Seite wieder hinaus. So konnte er sich im toten Winkel an den Wagen heranschleichen. Es war nicht zu erkennen, ob jemand darin saß, die Kopflehnen waren zu hoch. Er trat vom Bürgersteig auf die Straße und ging gemächlich an dem Wagen vorbei. Der Fahrersitz war leer, und auf dem Beifahrersitz saß eine Frau, die sich schminkte. War sie schon vorher mit im Wagen gewesen? Oder war das ein anderer Mustang? Tassini blieb in einiger Entfernung stehen und tat so, als mache er ein paar Minuten Morgengymnastik. Dann ging er wieder an dem Wagen vorbei zurück. Die Frau schminkte sich noch immer. Er beschloß, den Wagen von seinem Auto aus im Visier zu behalten.

Als er seinen Wagen aufschließen wollte, bemerkte er, daß das Schloß geöffnet worden war. Die Papiere aus Grosseto, die er auf den Beifahrersitz gelegt hatte, waren im ganzen Wagen verstreut. Fieberhaft suchte er nach der

Flugliste. Sie war noch da, dem Himmel sei Dank. Auch sonst fehlte nichts. Tassini sandte eine Art Dankgebet zum Himmel – hätte gerade noch gefehlt, daß man ihm seine Pretiosen geklaut hätte. War das eine Warnung nach dem Motto: Wir wissen, was du willst, wir kennen dich, wir können jederzeit zuschlagen? Er schaute wieder nach vorne, um den Ford Mustang zu beobachten.

Dann stieß er einen kräftigen Fluch aus. Der Wagen war weg.

**Autobahn Civitavecchia-Rom
28. Juni 1980, 8 Uhr 15**

Tassini überlegte einige Minuten, er war hundemüde und total verunsichert. Dann stieg er noch einmal aus und ging wieder zu der Telefonzelle, behielt aber diesmal seinen Wagen ständig im Auge. Er rief in seiner Dienststelle an, wies sich aus und ließ sich mit Oberst Rango verbinden. Es dauerte ziemlich lange, dann kam die Stimme des Telefonisten wieder: »Oberst Rango ist vor wenigen Minuten in eine wichtige Besprechung gegangen, er kann auf keinen Fall gestört werden.«

»Aber auch meine Sache ist von höchster ...« Mitten im Satz brach die Verbindung ab, Tassini wollte schon auflegen, als er es erneut knacken hörte, dann war da die scharfe Stimme von Oberst Rango. »Wer ist dran? Sind Sie das, der Offizier, der mich gestern abend wegen der DC 9 angerufen hat?«

»Ja, Oberleutnant Tassini.«

»Gut. Zum Himmel noch mal, wo stecken Sie denn, Mann?«

»Ich ... ich ...« Tassini merkte, wie ihm der Schweiß ausbrach. »Ich bin auf der Autobahn, auf der Fahrt von Grosseto zurück zu Dienststelle.«

»Grosseto? Und was haben Sie da gemacht? Etruskergräber bestaunt?«

Wenn der Vorgesetzte Witze machte, hieß das normalerweise, daß er nur so tat, als wisse er nicht, worum es ging – in solchen Fällen mußte man besonders vorsichtig sein. Tassini schilderte so knapp wie möglich, was er in den letzten Stunden getan hatte, bis hin zum Eingeständnis des Kommandanten von Grosseto, daß die Flugregister weg waren.

»Aber ich habe eine Kopie erwischt und mitgenommen«, sagte Tassini.

»Sie haben ... was?«

»Das Flugregister ... ich meine, eine ...«

»Sie haben das Flugregister? Das ist doch Top-Secret. Einfach so haben Sie das mitgenommen, quasi beschlagnahmt? Ohne Anordnung?«

»Ja ... aber ich dachte ...« Tassini fühlte, wie der Schweiß zu wahren Bächen wurde. Der Oberst schwieg, und Tassini überlegte, ob er noch etwas zu seiner Rechtfertigung sagen sollte, aber es fiel ihm nichts ein.

»Donnerwetter«, sagte der Oberst, »nicht schlecht.«

Tassini, der seinen Kopf vor dem erwarteten Donnerwetter bereits eingezogen hatte, schüttelte sich, dann noch einmal, und lauschte den Worten des Oberst nach. Hatte er wirklich »nicht schlecht« gesagt?

»Machen Sie, daß Sie herkommen«, sagte Oberst Rango, »und zwar direkt ins Hauptquartier der Luftwaffe. Da ist jetzt Krisenbesprechung. Nein, warten Sie«, er dachte einen Augenblick nach, »wie lange brauchen Sie bis hierher nach Forte Braschi?«

»Eine Stunde.«

»Gut, dann kommen Sie hierher, und wir fahren zusammen zur Luftwaffe.« Er legte auf.

Tassini sprang in sein Auto, ordnete hastig die auf den Sitzen verstreuten Blätter und brauste, so schnell es sein Wagen zuließ, nach Rom zurück.

Seine Müdigkeit war verflogen, und er brachte es auch fertig, eine Weile nicht an den Krach zu denken, den er später mit Giovanna haben würde: Seine Frau würde nicht so leicht umzustimmen sein wie Rango, für den der Erfolg einer Aktion alles war.

Beim Einparken vor dem Dienstgebäude sah er auf die Uhr: Er hatte fünfundfünfzig Minuten gebraucht, nicht schlecht bei dem einsetzenden starken Verkehr. Er stürmte am Einlaßbeamten vorbei, steckte seine Karte in den Identifikationsschlitz, hastete zum Lift und fuhr hinauf in den zweiten Stock. Auf dem Korridor grüßte ihn ein Feldwebel: »Der Chef wartet schon ungeduldig.«

Oberst Rango hing am Telefon, an jedem Ohr einen Hörer, und brüllte Anordnungen hinein. Tassini wartete ehrerbietig an der Tür, unsicher, ob der Oberst sein Klopfen überhaupt wahrgenommen hatte. Dann hörte er plötzlich, wie der Oberst sagte: »Ich habe diesen Offizier da, diesen ...«, er machte eine ungeduldige Handbewegung. Tassini flüsterte seinen Namen. »Tassini heißt er, ein Oberleutnant, ich bringe ihn mit. Bis gleich.« Er drehte sich um, warf die Hörer so heftig auf den Tisch, daß sie neben der Gabel landeten, grapschte sich eine Aktenmappe und zwei weitere Faszikel und stürmte an Tassini vorbei. »Los, Mann.« Draußen hielt er gerade noch einen Beamten an, der ihnen zufällig entgegenkam: »Legen Sie in meinem Büro die Telefonhörer auf.« Dann rief er Tassini, der kaum mit ihm Schritt halten konnte, neben sich. »Im Auto erzählen Sie mir alles. Alles, verstanden, haarklein.«

Tassini erstattete Bericht, während der Fahrer in halsbrecherischem Tempo mit Blaulicht durch die Außenbezirke Roms hastete, dann ins Viertel hinter dem Vatikan einschwenkte und auf die östliche Tiberseite hinüberhielt. Als die Sache mit dem Ford Mustang und dem seltsamen Einbruch in Tassinis Auto zur Sprache kam, ließ sich Oberst Rango die Geschichte gleich dreimal erzählen. Jedesmal wurde er fröhlicher. »Das war natürlich ein Fehler«, sagte er, »und zwar ein großer.«

Tassini zog wieder den Kopf ein. »Ja, ich weiß, ich hätte die Sachen bei mir behalten sollen, als ich ausstieg ...«

»Nein, nicht Ihr Fehler. Allenfalls, wenn man die Dienstvorschriften eng sieht. Nein, es war ein Fehler der anderen.« Welcher »anderen«, ließ er offen. »Wir wissen jetzt, daß die Dreck am Stecken haben.« Dann informierte er Tassini, soweit er es für angebracht hielt, über das, was er selbst inzwischen ermittelt hatte.

In der Viale Pretoriano am Luftwaffenamt, das mit seiner klotzigen Architektur und dem martialisch flügelschlagenden Marmorvogel unter dem Architrav noch immer die aggressive Entwicklungszeit der militärischen Luftfahrt in der faschistischen Epoche ausstrahlte, sprang Oberst Rango aus dem Wagen. Er winkte Tassini hinter sich her: »Sie gehen in die Mensa. Ich lasse Sie holen. Wir haben jetzt Krisensitzung, das wird gut eine Stunde dauern. Danach sage ich Ihnen, wie wir Sie weiter einsetzen, und erzähle Ihnen, was Sie dafür wissen müssen.«

»Jawohlja«, sagte Tassini militärisch stramm, salutierte und ging einen starken Espresso trinken.

Aus der geplanten Stunde Krisensitzung wurden freilich deren drei, und am Ende hatte Oberst Rango Mühe, Tassini einigermaßen geordnet zu erzählen, wie es darin zugangen war.

Als Oberst Rango in den abhörsicheren Konferenzraum trat, kam ihm der Chef des Geheimdienstes, General Finto, bereits entgegen: »Wir haben auf Sie gewartet!« Die versammelten hohen Militärs wußten, wie sehr sie jetzt alle von den Fähigkeiten des Chefs der Desinformationsabteilung abhingen. Freundlich nickte ihm der Leiter des Generalstabs der Luftwaffe, General Grassi, zu. Hinter ihm wurde Oberstleutnant Baldi sichtbar, dem die Gegenspionage der Luftwaffe unterstand. Neben ihm stand ein Generalmajor, den Oberst Rango nicht kannte, das mußte der neue Kommandant Oberes Mittelmeer sein, Grenca – Oberst Rango hatte bei seiner Amtseinführung nicht dabeisein können, wußte aber, daß der Mann zu der Krisensitzung geladen war.

Generalstabschef Grassi lud mit einer Handbewegung ein, um den ovalen Tisch Platz zu nehmen. »Der Amerikaner kommt in einer halben Stunde, er ist eben gelandet, der Franzose müßte schon hier sein«, sagte er, »und der Deutsche ist eben von der Botschaft losgefahren. Wir haben also noch ein paar Minuten. Ich würde Generalmajor Grenca bitten, uns kurz zu erklären, was wir bisher über die Ereignisse der vergangenen Nacht wissen.«

Generalmajor Grenca stand auf und trat an die große topographische Karte, die er vorher an die Wand gehängt hatte.

»Soweit wir inzwischen klären konnten, war die Lage die folgende: Neben und unter der DC 9 sind bereits kurz nach Bologna, etwa auf der Höhe von Florenz oder Siena, mindestens drei nichtidentifizierte Flugzeuge geflogen, zwei davon parallel zur Maschine, eines direkt darunter. Von Grosseto aus«, er zeigte auf die Militärbase, »sind drei Abfangjäger aufgestiegen. Zwei kamen bereits vor dem Absturz wieder zurück, einer eskortierte einen amerikanischen

F-111-Bomber auf die Base. Dieser wurde dann von US-Personal in Empfang genommen, das aus Rom angereist war. Gleichzeitig mit der DC 9 waren im Luftraum um Sardinien mindestens acht weitere Flugzeuge zu erkennen, die vom französischen Militärflugplatz von Solenzara auf Korsika gestartet sein müssen, jedoch die Freund-Feind-Kennung ausgeschaltet hatten. Weitere zwei Flugzeuge erschienen unvermittelt über dem Meer südlich von Sardinien. Sie müssen von einem dort liegenden Flugzeugträger aufgestiegen sein und sind wohl auch dorthin zurückgekehrt, als die DC 9 abgestürzt war, denn ihre Radarspur verschwand, ebenso wie sie erschienen war, auf offenem Meer. Wir nehmen an, daß es sich bei diesen Flugbewegungen um französische Aktivitäten handelt.«

Er wartete, weil sich die anderen Teilnehmer des Treffens erst an der Landkarte orientieren mußten.

»Auf der anderen Seite hatten wir im zentralen Mittelmeer etwa dreißig Flugbewegungen militärischer Art, die mit großer Wahrscheinlichkeit von der US-Lufwaffe oder -Marine durchgeführt worden sind. Aber auch hier war überall der Identifikations-Code ausgeschaltet.«

Es klopfte, die Tür wurde vorsichtig geöffnet, ein Mann im dunklen Anzug, eine Aktenmappe fest unter dem Arm geklemmt, schlüpfte in den Raum und grüßte freundlich nach allen Seiten. »Ah, Kollege Berg vom deutschen Abwehrdienst«, stellte General Finto den Mann vor. »Wir sind gerade dabei, das Szenarium von heute nacht durchzugehen.« Oberst Berg nickte und schaute schweigend zu.

Dann zeigte der Generalmajor eine weitere Karte: die Bewegungen der DC 9 bis kurz vor ihrem Absturz. Sie hatte ohne Abweichung den vorgeschriebenen Korridor Ambra 13 eingehalten. Dann tauchten über dem Meer, an der Kreuzung mit einem weiteren Flugkorridor, der mit Delta Whisky bezeichnet war, plötzlich nebeneinander drei Punkte auf der Radarkarte auf, daneben stand »20 Uhr 59 MEZ«.

Die Tür öffnete sich erneut, diesmal aber weit und ohne daß man vorher ein Klopfen gehört hatte. Der Mann, der mit großen Schritten in den Raum stürmte, war um die vierzig, hatte einen fast kahlen Kopf und eine randlose Brille ganz vorne auf der Nase. Obwohl er keine Uniform trug, sprangen alle auf und salutierten. Sie kannten ihn alle – und fürchteten ihn, dabei wußte man nicht einmal seinen Namen: ein US-Beamter, der direkt aus Washington kam und der immer dann auftrat, wenn es besonders heikle militärische Probleme gab. Sein Italienisch war ausgezeichnet, selbst fluchen konnte er wie ein Droschkenkutscher, und weil er eine entfernte Ähnlichkeit mit dem legendären italoamerikanischen Gangster Lucky Luciano hatte, hatten ihm die italienischen Militärs und Geheimdienstler den Spitznamen LL verpaßt, hüteten sich aber, ihn jemals so anzusprechen.

»Jetzt fehlt nur noch der Franzose«, sagte Generalstabschef Grassi. »Vielleicht sehen wir uns inzwischen an, was die Fernsehnachrichten bringen?« Er nickte dem Amerikaner fragend zu. Der zuckte nur mit den Schultern, trommelte aber mit den Fingern ungeduldig auf den Tisch.

Der erste Kanal der RAI zeigte Bilder von den Suchaktionen im Mittelmeer: Schiffe, Hubschrauber, Beobachtungsflugzeuge. Man habe erst gegen sieben Uhr früh die ersten Wrackteile der Maschine gesichtet, sagte der Sprecher, und daß man sich wundere, warum man angeblich mehr als zehn Stunden brauchte, den Ort des Desasters zu finden, wo doch das Radar von Ciampino die Maschine bis zum Absturz im Visier hatte, schließlich sei es doch derzeit, im Juni, bereits vor halb fünf Uhr hell.

Der Generalstabschef schaltete den Ton ab, als die Sendung sich anderen Themen zuwandte. Währenddessen war auch der Franzose gekommen. Er schob seinen Stuhl genau gegenüber von LL an die andere Tischseite – die beiden Großmachtvertreter stellten sofort klar, wer hier das Sagen hatte. »Also«, begann der Amerikaner, »ich will wissen, warum der Libyer gestern nacht entkommen ist.«

Der Franzose nickte zustimmend. Die Italiener zogen die Köpfe ein, der Deutsche nestelte in seinen Papieren.

»Nun, das Flugzeug ist an einer bestimmten Stelle abgedreht und auf Malta gelandet«, sagte Generalstabschef Grassi schließlich.

»Das wissen wir«, blaffte LL. »Und das, obwohl alles perfekt vorbereitet war. Der MIG-Jäger, der sich ihm annähern sollte, war sogar mit den libyschen Farben bemalt, der Beduine konnte gar nicht Lunte riechen.«

Allgemeines Kopfschütteln.

»Wir haben den Verdacht, daß ihn jemand gewarnt hat.« LL blickte in die Runde. MAD-Oberst Burg hob die Hände. »Also wir waren nur für die Ausschaltung der Elektronik in Libyen selbst zuständig, wenn der Putsch gegen Ghaddafi losgehen sollte, denn die stammte ja von uns ... Wir mußten nicht einmal genau, was da ...«

»Sie meine ich ja auch nicht«, sagte LL und bohrte seinen Blick in den von Geheimdienstchef Finto. »Wir vermuten, daß ihr den Beduinen gewarnt habt.«

General Finto hielt dem Blick stand. »Dann müßten Sie mir erst einmal erklären, woher wir denn wissen sollten, daß ihr den Mann abschießen wolltet«, sagte er gefährlich leise. »Ihr ordnet einfach ein Manöver über dem Mittelmeer an, vor unserer Haustür, ohne uns zu sagen, was ihr genau vorhabt, verbietet uns gar daran teilzunehmen, – und dann, wenn ihr Murks macht, sollen wir es gewesen sein. Nein, lassen Sie mich ausreden ...«, fuhr er den Amerikaner an, der ob des »Murks« aufbrausen wollte. »Solange Sie uns nicht informieren, übernehmen wir auch keine Verantwortung.«

Der Franzose mischte sich ein: »Tun Sie doch nicht so. Wir haben lediglich der Tatsache Rechnung getragen, daß eure Geheimdienste unseren Erkenntnissen nach ständig undicht sind ...«

General Finto lächelte fein. »Sehen Sie, und nun, wo ihr alles geheim gehalten habt, ist der Libyer doch gewarnt worden. Die undichte Stelle muß also bei euch liegen ...«

Der Franzose hatte die Falle zu spät bemerkt. LL kam ihm zu Hilfe: »Wir vermuten, daß ihr unsere Manöver auf euren Radarschirmen verfolgt und euch ein Bild gemacht habt, was da geplant war ...«

»Und die Libyer konnten sich mit ihren Radarschirmen oder mit Hilfe der Sowjets kein Bild machen?« fragte Finto. Im Pokern ist er unübertrefflich, dachte Oberst Rango.

In dem Moment klopfte es. Ein Unteroffizier steckte den Kopf herein, bat den Generalstabschef zu sich und flüsterte ihm etwas zu. Grassi drehte sich zu seiner Krisenrunde um und sagte: »Die Filmaufnahmen von den ersten Beobachtungen heute nacht liegen vor. Wollen wir sie ansehen?«

»Später«, beschied LL, »ich möchte hier erst noch weiter Klarheit schaffen.« General Grassi blickte etwas verlegen ob der brüsken Abfuhr in die Runde.

Oberst Rango hob die Hand. »Dann hätte ich gerne, daß mein persönlicher Mitarbeiter, Oberleutnant Tassini, sie provisorisch sichtet.«

»Ein Oberleutnant?« fragte der Franzose. »Ist das angesichts der Schwere des Falles nicht zu niedrig angesiedelt?«

General Finto lächelte. »Wenn unser Desinformationschef einem Mann vertraut, ist der Rang doch wirklich gleichgültig«, sagte er, »außerdem kann man ihn, wenn etwas schiefläuft, besser opfern als einen ranghohen Offizier. Nicht wahr?«

Oberst Rango sah ihn an, ohne zu nicken. »Der Mann hat heute nacht in dieser Sache bereits wie ein Berserker gearbeitet, mir wertvollstes Material gebracht, die wichtigsten Weichen für ein langes Hinhaltemanöver gestellt und steht, obwohl er seit mehr als dreißig Stunden im Dienst ist, noch immer bereit. Das soll ihm erst mal einer nachmachen.« Er stand auf. »Ich bringe ihm die Filme persönlich, in zehn Minuten bin ich wieder da.« Er ging zur Tür, ohne die Erlaubnis seines Chefs oder des Stabsleiters abzuwarten.

»Lassen Sie sich von niedrigeren Dienstgraden immer so auf der Nase herumtanzen?« hörte er den Franzosen fragen. »Bei uns wäre das Insubordination.« Oberst Rango schloß die Tür so langsam, daß er gerade noch die Antwort von General Finto mitbekam: »Oberst Rango, meine lieben Freunde, ist im Geheimdienst fast wichtiger als ich selbst. Ohne ihn wäre es aussichtslos, das Desaster von heute nacht zu verbergen. Das sollten Sie sich bitte alle merken.«

**Rom, Sitz des Generalstabs der Luftwaffe
28. Juni 1980, 11 Uhr 30**

Tassini saß noch in der Mensa, als ihm sein Chef das Material vorbeibrachte und ihm kurz berichtete, an welchem Punkt die Krisensitzung angekommen war. Als Oberst Rango ihm zum Abschluß noch die Geschichte mit der »Insubordination« erzählte, lachten beide so herzlich los, daß die anderen Offiziere in der Mensa irritiert zu ihnen herüberblickten. »Sehen Sie sich das Material an, vielleicht läßt sich ja schon etwas erkennen. Vor allem aber sichten Sie, was man davon freigeben kann und was im Giftschrank verschwinden muß.« Er entfernte sich wieder in Richtung Konferenzsaal.

Tassini suchte den Filmsaal und ließ den Unteroffizier rufen, den Rango ihm als vertrauenswürdigen Filmvorführer genannt hatte.

Auf den ersten Aufnahmen war kaum etwas zu sehen: Die Maschinen flogen zwar sehr langsam, aber immer noch zu schnell, um in der Dunkelheit und bei dem bewegten Meer etwas erkennen zu können. Da, wo die Hubschrauber so tief flogen, daß sie mit ihren Scheinwerfern das Wasser beleuchteten, kräuselte sich die See vom Wirbeln der Rotorblätter so sehr, daß man nicht unterscheiden konnte, ob da nur ein paar Plastiktüten herumtrieben oder Gegenstände aus dem Flugzeug. Erst gegen fünf Uhr, als der Tag dämmerte, wurden die Bilder konkreter. Ein riesiger Ölfleck breitete sich aus, zerriß immer wieder, um dann offenbar aus der Tiefe weiter gespeist zu werden. Einige der umhertreibenden Gegenstände waren jetzt als Wrackteile zu erkennen, darauf einige Buchstaben und die italienischen Nationalfarben. Dann kam auch der erste menschliche Körper in Sicht, mit abgewinkelten Armen trieb er an der Oberfläche. Später waren gut ein Dutzend weiterer Körper oder Körperteile zu erkennen. Tassini kämpfte gegen eine gewisse Übelkeit. Er dachte unwillkürlich daran, daß auch er in dieser Maschine hätte sitzen können. Dutzende Male war er nach Palermo geflogen, zweimal auch von Bologna aus, wie diese Maschine. Vielleicht hatte er sogar einmal genau in dieser gesessen.

Als die Sonne alles voll beleuchtete, sah man auf verschiedenen Einstellungen auch schon die große Zahl von Hilfsmannschaften, ein Dutzend Schiffe, vier oder fünf Hubschrauber und drei Seenotrettungsmaschinen.

Alle Filme waren rechts unten mit genauer Zeitangabe

versehen, die meisten auch mit den geographischen Koordinaten. Bei einigen Sequenzen war das Sigel für die Freigabe eingeprägt; die würde man offiziell der Presse übergeben. Tassini sah sich diese Filme besonders oft an, schließlich mußte man sie zuallererst in den Rahmen der »offiziellen« Version des Absturzes einbinden.

Er ließ die Aufnahmen immer wieder anhalten und besah sich die Wrackteile eingehend: Nirgendwo waren Einschußlöcher zu sehen, keines der Blechstücke sah so aus, als sei eine Rakete hindurchgerast. Auch die Körper der Menschen wiesen, jedenfalls in den Aufnahmen aus ein paar Dutzend Metern Entfernung, keine Perforationen oder Verletzungen auf, die von Explosionen stammen konnten. Einige spätere Aufnahmen an Deck der Bergungsschiffe zeigten die Toten aus der Nähe, aber auch hier waren keine Wunden zu sehen. Außerdem waren diese Teile der Aufnahmen noch nicht freigegeben, die Negative sollten in besonders gesicherte Panzerschränke verbannt werden.

Trotzdem: Irgend etwas rumorte in Tassinis Kopf, ohne daß er hätte sagen können, was. Nachdem er die Aufnahmen dreimal durchgesehen hatte, schlug er sich plötzlich an die Stirn. Nicht von den deutlich sichtbaren Aufnahmen war ihm etwas in unklarer Erinnerung geblieben, sondern vorher, dort, wo man eigentlich fast nichts hatte erkennen können. Er ließ den Film erneut einlegen, stoppte ihn immer wieder. Dann bat er den Techniker, eine Reihe einzelner Bilder aus dem Film zu ziehen und einen Ausschnitt besonders zu vergrößern.

Es dauerte eine knappe Viertelstunde, bis der Filmspezialist die ersten Polaroid-Abzüge brachte. »Kompliment«, sagte er, und Tassini sah ihn fragend an. Auf dem Foto war nicht viel mehr zu sehen als auf dem laufenden Film. Aber der Techniker hatte nicht nur den Abzug mitgebracht, sondern auch das Kontaktnegativ. Das legte er nun neben den Abzug, und plötzlich wurde etwas erkennbar, was vorher nur höchst schemenhaft zu sehen war: ein längliches Gebilde, an den Rändern etwas verzerrt, das in etwa die Form eines Fisches hatte. »Sehen Sie da«, erklärte der Fotospezialist, »Dunkel auf Hell sieht man besser als Hell auf Dunkel.« Er fuhr mit einem Stift die Umrisse nach. »Die Ausfransung am Rand kommt wohl daher, daß das Ding unter der Wasseroberfläche schwimmt und sich durch das Kräuseln des Wassers die Konturen brechen.«

»Wie groß ist der Gegenstand wohl?« Der Techniker wiegte den Kopf: »Sehen Sie da«, er zeigte wieder auf den Abzug. »Das da könnte eine Wasserflasche sein, dieser Gegenstand links oben. Danach wäre dieser Schemen da, na, sagen wir mal, sicher an die fünfzehn, zwanzig Meter lang.« Tassini sprang auf.

Er schlug dem Fotomann auf die Schulter, sagte: »Zu niemandem ein Wort«, und stürmte mit den Bildern aus dem Raum.

Vor dem Konferenzsaal hielt ihn ein Beamter auf. »Da können Sie nicht hinein. Da ist gerade ...«

»Weiß ich. Bitten rufen Sie Oberst Rango, es hat höchste Dringlichkeit.«

»Was ist?« fragte Oberst Rango, als er nach draußen kam. »Da drinnen ist die Hölle los«, sagte er halblaut und zog Tassini von der Tür weg. »Was haben Sie so Wichtiges?«

»Herr Oberst, ist die Runde darüber informiert, daß an der Absturzstelle offensichtlich schon wenige Stunden nach dem Unglück ein Unterseeboot herumgeschwommen ist?«

»Ein – was?«

»Ein U-Boot.«

Oberst Rango war es gewohnt, seine Gefühle nicht zu zeigen. Trotzdem war ihm die Überraschung anzumerken.

»Nein, ganz und gar nicht. Wir haben vor wenigen Minuten geradezu beklagt, daß da keines von uns in der Gegend war.«

»Es war aber eines da.« Er zeigte die Fotos, die am Bildrand die Uhrzeit und das Datum trugen: 28-06-80, 04:31 EST, letzteres stand für European Summer Time.

»Und dieser Ami«, grunzte Oberst Rango, »behauptet, das nächste sowjetische U-Boot liege bei Alexandria, vor Ägypten.« Er schüttelte den Kopf.

»Wie sollen wir die Geschichte denn hinbiegen«, fragte Tassini, »wenn die Russen eh alles auffliegen lassen können?«

»Fragen Sie mich etwas Einfacheres«, sagte Oberst Rango. »Aber das ist ja nicht das einzige. Diese Aktion heute nacht ist offenbar von vorne bis hinten nach dem berühmten Murphy-Prinzip abgelaufen: Alles, was schiefgehen konnte, ging schief.«

Tassini sah ihn fragend an, wollte aber nicht direkt nachstoßen, der Oberst sollte nicht den Eindruck bekommen, er sei allzu neugierig. Den Vertrauensposten, den er, der kleine Oberleutnant, in dieser international hochbrisanten Affäre bekommen hatte, wollte er auf keinen Fall aufs Spiel setzen.

Aber der Oberst informierte ihn von sich aus: Nicht nur, daß der Abschuß der Maschine des libyschen Präsidenten nicht geklappt hatte. Einer der MIG-Jäger, die als Lockvögel für die Maschine des libyschen Staatschefs gestartet waren, war nicht, wie geplant, nach Abbruch des Manövers ins Meer »gestürzt«, damit das Ganze so aussah, als sei ein libyscher Dissident beim Angriff auf seinen Präsidenten von dessen Begleitung getroffen worden. Nein, die MIG war im Sila-Gebirge in Unteritalien zu Bruch gegangen, wo man nun eine riesige Aktion starten mußte, um sie zu bergen, bevor die Einwohner der umgebenden Dörfer die Presse informierten.

»Und zu allem Überfluß«, fuhr Oberst Rango fort, »haben die« – damit waren wohl die Amerikaner gemeint – »für diese Aktion auch noch eine Maschine vom Typ MIG 23 benutzt, die sie von den Ägyptern ausgeliehen und libysch angemalt hatten. Die aber hat gerade mal eine Reichweite von vierhundertfünfzig Kilometern, könnte also auch mit Zusatztanks nicht an die Grenze Italiens und zurück fliegen. Dem Piloten des libyschen Präsidenten muß wohl sofort klar gewesen sein, daß die nicht von Libyen aus gestartet sein konnte.«

Oberst Rango machte eine Pause. »LL hat gewütet, daß man jeden Filmrequisiteur in Hollywood fristlos rauswerfen würde, wenn ihm ein solcher Patzer unterliefe.« Darüber hinaus war dieser Fauxpas nicht den alten Flughasen in der Krisenrunde aufgefallen, sondern dem deutschen MAD-Mann, der selbst noch nie in einem Flugzeug gesessen hatte. Nun brüteten die Krisenberater, wie man die Sache mit der MIG verheimlichen konnte: Da bisher niemand einen Absturz gemeldet hatte, wollte man versuchen, das Wrack abzuschirmen und nach ein paar Tagen mit einer Explosion in der Nähe einen Absturz zu »inszenieren«, so daß die zeitliche Nähe zum DC 9-Desaster verwischt wurde.

»Alles verquer, wie das gelaufen ist«, brummte Oberst Rango. »Und jetzt auch noch ein U-Boot. Wahrscheinlich rasten sie jetzt total aus.« Er schaute auf die Uhr. »Längst Mittag. Sie werden hundemüde sein.«

»Ach nein«, sagte Tassini, aber er klang nicht sehr überzeugend.

»Gehen Sie in den Ruheraum und legen Sie sich eine halbe Stunde aufs Ohr, ich lasse Sie rufen.«

Tassini nickte dankbar. Im Sekretariat bat er darum, einen Anruf machen zu können. Diesmal war Giovanna sofort am Apparat. »Ciao, cara«, sagte er, bereit, sich alle möglichen Entschuldigungen einfallen zu lassen.

Aber sie unterbrach ihn sofort. »Alles in Ordnung Enrico?« Er wunderte sich über ihre Besorgnis. »Irgendwie war ich plötzlich ganz unruhig«, sagte sie, »heute nacht hat immer wieder das Telefon geläutet, und ich dachte, du wärst es, weil du mich wieder mal vergessen hattest. Da habe ich nicht abgenommen. Ich war so wütend. Geht's dir wirklich gut?«

»Aber ja doch. Warum fragst du? Ist etwas?«

»Du bist jetzt aber nicht in deiner Dienststelle? Du bist in einem anderen Amt, stimmt's?«

Giovanna hatte immer ein gutes Ohr für Hintergrundgeräusche; meist vermutete sie ihn jedoch eher außerdienstlich unterwegs. Es fiel ihm auf, daß sie ihm diesmal nichts dergleichen unterstellte.

»Nein, ich bin woanders, im Zentrum von Rom. Ich weiß auch noch nicht, wann ich heimkommen kann. Hier ist allerhand los.«

»Paß auf dich auf. Da war vorhin so ein merkwürdiger Anruf.«

Nun war plötzlich auch Tassini nervös. Wer hatte da angerufen?

»Einer, der sagte, daß du vorsichtig sein sollst, sie hätten eben zwei seiner Kollegen ziemlich unsanft weggebracht.«

»Wie hieß der Mann?«

»Hat er nicht gesagt.«

Tassini überlegte. Bartolo? Andrea Neri? Oder einer, der ihn einschüchtern wollte?

»Hör mal, Giovanna, tust du mir einen Gefallen?«

»Gerne.«

»Fahr zu deiner Mutter und bleib dort, bis ich dich wieder abhole. Sofort.« Absurd, dachte er, ausgerechnet jetzt, wo sie mir einmal nicht davongelaufen ist, schicke ich sie weg.

Er hörte, wie Giovanna schneller atmete. »So gefährlich?«

»Frag jetzt nicht. Ich sag' dir später alles, was du wissen mußt.«

Tassini ging in den Ruheraum. Er war unruhig, hatte das Gefühl, nicht schlafen zu können, merkte aber, wie übermüdet er war. Seine Augen brannten, im Nacken hatte er Schmerzen, und auch seinen Gliedern tat es gut, sich auf einer Liege auszustrecken. Wer war hier alles am Werk? War dieser sogenannte Krisenstab da überhaupt kompetent, hatte er alles im Griff? Beziehungsweise: Hatte er überhaupt etwas im Griff?

Ohne daß er es merkte, fielen ihm die Augen zu, und er sank in einen tiefen Schlaf, bis ihn jemand kräftig rüttelte. »Der Herr Oberst will Sie sehen, Herr Oberleutnant«, sagte ein Mann, »wachen Sie auf.« Tassini schaute auf die Armbanduhr, er hatte nicht einmal eine halbe Stunde geschlafen, aber alles, was geschehen war, kam ihm seltsam unwirklich vor. Er schüttelte den Kopf, um wach zu werden, sprang auf, ordnete seine Kleidung und trat auf den Flur, an dessen Ende er Oberst Rango sah, der einem Uniformierten gestenreich Anweisungen gab, um dann Tassini zu sich zu winken. Er legte ihm seinen Arm um die Schulter und fragte in ganz ungewohnt herzlichem Ton: »Wenigstens ein wenig geschlafen?«

»Ja, ein paar Minuten.«

»Gut so. Sie werden Ihre Kräfte brauchen. Wir haben nämlich beschlossen, daß, zumindest fürs erste, Sie die Sache mit der Desinformation koordinieren.«

Tassini blieb stehen.

»Ich? Aber ich ...«

»Natürlich gab es gewisse Bedenken, weil Sie noch so jung sind, nur Oberleutnant, und Ihrer Personalakte zufolge auch erst ein Dutzend einigermaßen wichtiger Operationen durchgeführt haben.«

Tassini konnte ein kurzes Schmunzeln nicht unterdrükken. Offenbar hatte sein Chef bereits in der Nacht ein umfassendes Dossier über ihn angefordert.

»Aber ich denke, Sie könnten's schaffen«, drang Rangos Stimme wieder an Tassinis Ohr, »und deshalb erzähle ich Ihnen jetzt auch alles, was Sie von dieser Sitzung wissen müssen.«

Oberst Rango hatte sich in seiner Einschätzung nicht getäuscht. Die Krisenstäbler schrien in heller Aufregung wild durcheinander, als sie von dem U-Boot hörten. LL flippte total aus, weil seine Leute ihm versichert hatten, die Sowjets hätten zur fraglichen Zeit kein Schiff in der Nähe gehabt. Über das abhörsichere Telefon ließ er sich mit Washington verbinden und veranlaßte, daß die Russen – egal was und wie viel sie mitbekommen hatten – massiv unter Druck gesetzt wurden, über den Vorfall zu schweigen.

Als der Amerikaner sich wieder soweit im Griff hatte, daß sie die Unterredung fortsetzen konnten, nahmen sie den Faden wieder auf.

»Also, wo waren wir ...«

»Ich hatte, bevor die Nachricht von dem U-Boot hereinkam, gefragt, warum die DC 9 zwei Stunden Verspätung hatte«, meldete sich Oberst Berg vom MAD mit seiner gewohnt leisen Stimme zu Wort.

Generalstabschef Grassi blätterte in seinen Unterlagen. »Nun ja, die Militärübung sollte ja erst um diese Zeit zu Ende gehen. Offiziell wurden noch einige Container zugeladen, so daß die Passagiere sehen konnten, daß da etwas geschah und nicht allzu unruhig wurden.«

Oberst Berg dachte nach. Dann wurde er noch leiser. »Könnte es nicht sein, daß jemand nun gerade dieses Beladen verdächtig fand?«

»Wer denn?« knurrte LL, dem die Fragerei gehörig auf die Nerven ging.

»Nun ja, jemand, der zum Beispiel dachte, daß die Container vielleicht gefährliches Gut enthielten, Waffen oder ... tja, spaltbares Material? Gab es da nicht vor einiger Zeit eine Connection nach Syrien, die über Palermo lief ...?«

Wie von der Tarantel gestochen fuhren alle auf. »Die Schutzanzüge«, stammelte Generalstabschef Grassi, »die Leute, die zugeladen haben, trugen Schutzanzüge, damit es wichtiger aussah.«

»Und die Israelis könnten gedacht haben ...«, setzte der französische Militärattaché hinzu.

LL schüttelte den Kopf. »Nein, nein, das glaube ich nicht. Die hätten zuerst uns konsultiert. Und selbst ein Flugzeug hinschicken und die DC 9 abschießen ... unmöglich, das hätten wir bei unserem Manöver hundertprozentig gemerkt. Soweit unsere Radars zeigen, ist von nirgendwo ein unbekanntes Flugzeug in den fraglichen Luftraum eingedrungen.«

Oberst Berg gab nicht nach. »Und wenn die Israelis keinen eigenen Jäger hingeschickt haben, sondern jemand in eurer Fliegertruppe haben ...«

Der Franzose lief rot an. »Hören Sie gefälligst auf, unsere Leute zu verdächtigen. Jeder am Einsatz Beteiligte wurde genauestens abgecheckt, da gibt es nicht einen, der dafür in Frage käme. Und ich denke, ich sage das auch im Namen unserer amerikanischen Verbündeten.« Die Italiener ließ er wieder einmal aus. Und die Deutschen auch.

Oberst Berg legte unbeeindruckt nach: »Sie dürfen nicht vergessen: Wer immer geschossen oder die Rakete abgefeuert hat, er konnte sich auf zweierlei verlassen: erstens, daß keine der beteiligten Nationen ein Interesse hat, durchsickern zu lassen, was da geschehen ist, denn alle, wir alle«, er betonte das »wir«, »wir alle wären aufs höchste kompromittiert mit dem, was wir vorhatten. Und zweitens, daß es in jedem Fall eine ganze Menge Verdächtiger geben würde, die geschossen haben konnten. So daß es sehr schwer sein würde, den wirklich Schuldigen zu ermitteln.«

Die Runde schwieg.

Oberst Rango atmete tief durch. »Also, wenn jetzt niemand mehr eine brauchbare Idee hat, möchte ich bitte an die Arbeit gehen.«

»Welche Arbeit?« fragte LL, dann biß er sich auf die Lippen, merkte, daß er, der CIA-Hase, so etwas doch nicht fragen durfte.

»Na, die Vertuschung«, sagte Oberst Rango. »Auch wenn das natürlich leichter wäre, wenn wir wüßten, was wirklich geschehen ist. Aber da sich die Schuldigen verstecken ...« Er sah in die Runde, legte ziemlich viel Abscheu in seinen Blick und stand auf. »Ich habe Oberleutnant Tassini mit der Koordination der notwendigen Manöver beauftragt, und ich bitte Sie alle«, er sah besonders den Franzosen und den Amerikaner an, »ihm behilflich zu sein. Oder ihn zumindest nicht allzusehr zu behindern.«

Als die Angesprochenen aufbrausen wollten, stoppte er sie mit einer derart wegwerfenden Bewegung, daß sie sich wieder setzten.

Abwehrchef Finto erhob sich halb. »Tun Sie, was Sie für richtig halten. Wir alle«, er blickte in die Runde, »haben volles Vertrauen zu Ihnen. Und zu Ihrem Koordinator.«

Oberst Rango unterließ es nicht, Tassini auch diese abschließende Bemerkung von Geheimdienstchef Finto wortwörtlich zu wiederholen.

»Fürs erste haben wir jetzt freie Hand. Unternehmen Sie alles Notwendige, damit alle Dokumente verschwinden, die das Militärmanöver der vergangenen Nacht betreffen; wir werden später entscheiden, wie wir sie für die Öffentlichkeit und vor allem für die Gerichte aufbereiten. Sorgen Sie dafür, daß alle unsicheren Kantonisten aus den Radarstellen verschwinden oder zum Mundhalten gebracht werden, und organisieren Sie eine Gruppe, die sich mit Gegenmaßnahmen für alle nur denkbaren Szenarien von Enthüllungsberichten in der Presse rüstet.«

Tassini hatte einen Notizblock aus der Tasche gezogen und schrieb mit. »Herr Oberst, da ist noch etwas.«

»Und zwar?«

»Meine Frau hat einen Anruf gekriegt, der wohl eher für mich bestimmt war. Jemand sagte, ich solle vorsichtig sein.«

»Ach so«, sagte Oberst Rango, »das wissen wir. Es war Ihr erster Informant, der angerufen hat. Wir überwachen ihn. Und wir haben vor Ihrer Wohnung eine diskrete Wache aufgestellt.«

Tassini kam etwas ins Stottern. »Ich habe meiner Frau gesagt, sie soll einstweilen ...«

»... zu ihrer Mutter fahren, richtig. Dort ist sie auch schon, und auch dort sind unsere Leute.«

Tassini wußte nicht mehr, was er sagen sollte. Oberst Rango lächelte kurz. »Fahren Sie zu ihr, beruhigen Sie sie, schlafen Sie ein paar Stunden, dann kommen Sie hierher zurück ... was ist denn?«

Ein Beamter war auf sie zugekommen. »General Finto will Sie noch einmal sprechen.«

»Kommen Sie mit«, sagte Rango und winkte Tassini hinter sich her. Vor dem Konferenzsaal sah er die Krisenstäbler noch aufgeregter diskutieren als vorher. General Finto löste sich von der Gruppe und schob seinen Bauch angestrengt keuchend auf Oberst Rango zu. »Jetzt ist die Sauerei komplett«, stieß er hervor.

»Was ist passiert?«

»Das U-Boot war gar kein sowjetisches.«

»Sondern?«

»Ein amerikanisches.«

»Und das hat man unserem Alleswisser aus Washington nicht mitgeteilt?«

»Nein, er springt im Quadrat. Er ist soeben zur Botschaft abgebraust.«

»Na ja, im Grunde ist es ja auch besser so. Dann können wir davon ausgehen, daß die Russen nichts wissen, und daß wir nun aus erster Hand erfahren, wer ...«

»Nix is' besser, beim Heiligen Gennaro«, schnappte General Finto in bestem Neapolitanisch. »Der US-Präsident hatte die Sowjets bereits warnen lassen, etwas über den Abschuß in die Öffentlichkeit zu lancieren ...«

Oberst Rango prustete los: »Und dadurch haben die es überhaupt erst erfahren?«

General Finto breitete die Arme aus. »Und nun schimpft LL wie ein Rohrspatz auf uns, daß wir ihm diese Fotos gebracht haben.«

Oberst Rango schüttelte den Kopf. Dann wandte er sich an Tassini: »Machen Sie sich keine Gedanken. Mit Querschüssen der Amerikaner müssen wir sowieso immer rechnen. Die Blamage liegt auf deren Seite. LL hat uns zehnmal versichert, das U-Boot könne nur von den Sowjets sein. Fahren Sie zu Ihrer Frau ...«, er sah auf die Uhr, »um zwanzig Uhr sehen wir uns zur ersten Einsatzbesprechung.«

2. Tag

**Rom, Hochsicherheitsgerichtssaal am Foro Italico
Voruntersuchung gegen Oberst Enrico Tassini**

»Und so wurden Sie zum ersten Koordinator für die Desinformation der ganzen Sache«, stellte der Staatsanwalt lapidar fest. »Fühlten Sie sich geschmeichelt oder eher etwas überfordert?«

»Natürlich sah ich es als Riesenchance an. Bis dahin hatte ich mich vor allem mit der Herstellung von sogenanntem Spielmaterial befaßt, gefälschte Dokumente und Informationen, die man dem Feind zukommen läßt, zum Beispiel über seine Agenten oder über Gespräche, von denen man weiß, daß sie abgehört werden. Das war schon eine interessante und verantwortungsvolle Arbeit. Aber es war doch etwas ganz anderes, mit einer solchen Aktion wie der Vertuschung der Schuld an dem DC-9-Absturz betraut zu werden.«

»Moralische Zweifel hatten Sie dabei keine?«

»Damals, 1980, dachte man nicht so intensiv wie heute über den Sinn der Arbeit in Geheimdiensten nach. Gute Spürnase beweisen, Zufriedenheit und Lob bei den Generälen wecken, das war das Prinzip. Die Fronten waren klar: Dort das Reich des Bösen, die Diktatur der Roten, hier wir, die Vertreter der freien Welt. Heute sehe ich das anders. Speziell, seit sich die Verantwortlichen einfach davonstehlen.«

Der Untersuchungsrichter überhörte die erneute Spitze gegen die Abtrennung der anderen Verfahren.

»Nun, wenn man Sie aber so erzählen hört«, sagte der Staatsanwalt, »bekommt man den Eindruck, daß Sie damals selbst allerhand Eifer entwickelt haben, um diese Sache ... na, sagen wir, mitzugestalten. Die Vertuschung, meine ich.«

Tassini schwieg.

Der Untersuchungsrichter lächelte. »Na ja, das mit der Entdeckung des U-Bootes auf dem Film hatte Sie ja als gewieften Analytiker ausgewiesen, dem man allerhand zutrauen konnte. Sowas kann ja auch blind machen für die moralische Seite. Aber das ist, wie gesagt, hier nicht unser Thema.«

Tassini schüttelte den Kopf.

»Dabei war die Sache mit dem U-Boot eine unserer allergrößten Pleiten. Da die Amerikaner inzwischen mit den Sowjets über die Sache gesprochen hatten, mußten wir ständig damit rechnen, daß auch von dieser Seite Enthüllungen drohten. Das hat viele unserer Handlungen bestimmt. Völlig ohne Grund, wie sich später herausstellte.«

»Wieso denn das?« wunderte sich der Untersuchungsrichter. »Wenn ich mich recht erinnere, gab es doch zu dieser Zeit gerade diese hitzige Debatte über die sogenannte Nachrüstung, die Stationierung weiterer amerikanischer Raketen in Europa als Antwort auf die angebliche Aufstellung neuer sowjetischer Flugkörper im Ostblock. Es wäre doch ein Riesenaufschwung für die Stationierungsgegner gewesen, hätten die Sowjets den Abschuß einer Zivilmaschine durch Nato-Flugzeuge beweisen können.«

»Sicher. Moskau hatte ja diesen übereilten Anruf des amerikanischen Verteidigungsministers erhalten. Aber mit dem konnten sie nicht viel beweisen. Aber sie hatten alles sogar noch viel direkter mitgekriegt.«

»Also nun verstehe ich gar nichts mehr«, sagte der Staatsanwalt.

»Wir haben das auch erst viele Jahre später erfahren.«

»Na, machen Sie's nicht so spannend.«

»Die Nato-Geheimdienste hatten korrekt ermittelt, daß das nächste U-Boot der Feinde vor Ägypten lag. Nur, die Sowjets hatten heimlich ein neues, satellitengestütztes Aufklärungssystem entwickelt, mit dem sich auch aus großer Distanz alles verfolgen ließ.«

»Und warum haben sie es nicht an die Öffentlichkeit gebracht?«

»Weil sie, wie alle Geheimdienste, immer im eigenen Netz gefangen sind: Hätten die Sowjets die Erkenntnisse über die Nacht von Ustica vorgelegt, hätten die Amerikaner gewußt, daß sie dieses superpotente Aufklärungssystem besitzen. Deshalb haben sie ihr Wissen für sich behalten.«

»Und wann wurde das bekannt?«

»Erst nach der Auflösung der Sowjetunion Anfang der neunziger Jahre.«

»Und wo sind die Beweise jetzt? Sie wären doch für unsere Prozesse überaus nützlich.«

»Sie wurden entweder bei den vielen Schredder-Aktionen der sowjetischen Geheimdienste zerstört oder nach der Auflösung des KGB irgendwohin ausgelagert, wo sie bislang noch nicht wieder aufgetaucht sind. Wir wissen es nur durch die Aussagen einiger Ex-Agenten.«

Der Staatsanwalt stöhnte, klopfte mit dem Kugelschreiber auf den Tisch und blätterte wieder in seinen Akten.

»Nun, wir haben hier ja auch nicht über die vertanen Chancen der Sowjets zu verhandeln, sondern über Sie, Herr Oberst. Und darum kehren wir jetzt zurück zu Ihren Tätigkeiten. Wie sind Sie bei Ihrer Vertuschung konkret vorgegangen?«

Tassini schlug die Beine übereinander; der Vernehmungsstuhl war ziemlich unbequem. »Ich hatte einen Stab von mehr als einem Dutzend Mitarbeitern. Als nach einem guten Vierteljahr die Raketenthese erstmals öffentlich erörtert wurde, stellte mir der Dienst auch eine Liste von Personen zur Verfügung, die in den diversen Untersuchungsausschüssen von uns gesteuert werden konnten.«

»Was waren speziell Ihre Aufgaben?«

»Wir hatten einerseits festzustellen, wer wie und in welchem Umfang etwas über die Vorgänge am fraglichen Abend wußte und inwieweit er möglicherweise zur Quelle von Indiskretionen werden konnte. Danach hatten wir Gegenmaßnahmen zu planen.«

»Und welche Maßnahmen haben Sie selbst konkret angewandt oder verantwortlich angeordnet?«

Tassinis Verteidiger räusperte sich wieder. »Sie müssen nicht aussagen, Herr Oberst, wenn Sie sich damit selbst belasten«, sagte er.

Tassini nickte. »Das weiß ich. Aber leider zwingt mich das Verhalten meiner damaligen Vorgesetzten, mich zu äußern. Es geht hier auch um meine persönliche Integrität. Nicht nur als Soldat, sondern auch und vor allem als Mensch.«

Er hörte, wie sein Anwalt zischte: »Seien Sie ja vorsichtig.« Er zögerte einen Augenblick, denn er wußte, wie gefährlich seine ehemalige »Firma« ihm werden konnte. Aber dann fuhr er doch fort: »Wir sind arbeitsteilig vorgegangen. Ein Teil meines Stabes hat analytisch gearbeitet, Dossiers über möglicherweise aussagewillige Personen zusammengestellt, um diese notfalls unter Druck setzen zu können. Andere haben Anrufe bei Redaktionen oder bei Ermittlern veranlaßt, die vor allem verwirren sollten. So ließen wir einen Flugkapitän berichten, die Maschinen der betreffenden Luftfahrtgesellschaft seien niemals richtig gewartet worden. Ein anderer erzählte, er habe Tage zuvor in eben dieser Maschine ein Ächzen und Knarren gehört. Dann ließen wir auch noch einen Anruf los, wonach ein bekannter Rechtsterrorist im Flugzeug gesessen habe, so daß nun neben der Version eines Auseinanderbrechens aus Altersschwäche auch die Möglichkeit eines Bombenattentats im Raum stand – für den Fall, daß man auf einigen Wrackteilen Sprengstoffspuren finden würde.«

»Der Rechtsterrorist saß jedoch gar nicht im Flugzeug?«

»Nein, aber wir wußten, daß er in Frankreich im Untergrund lebte und sich auf einen Einsatz in Bolivien zum Sturz der dortigen Regierung vorbereitete; wir waren also sicher, daß er sich nicht sofort als lebend melden würde.«

»Und es klappte auch?«

»Nein, auch da ging wieder etwas daneben. Zunächst fielen zwar sogar einige Terroristen darauf herein; eine Splittergruppe behauptete, sie hätten den Mann seit geraumer Zeit als Spitzel der Geheimdienste verdächtigt und ihn daher liquidiert. Aber dann meldete sich seine Mutter in einem Radio zu Wort und ließ ein Tonband abspielen, auf dem sie mit ihm über den Absturz der DC 9 sprach.«

Der Staatsanwalt blätterte wieder in seiner Handakte. »Was haben Sie sonst noch veranlaßt?«

»Na, wir haben uns die Radaraufzeichnungen aller Stationen im fraglichen Raum vorgenommen: Rom, Neapel, Syrakus, Marsala und Martinafranca. Die waren natürlich für uns hochgefährlich. Die Ermittler wollten sofort an sie heran. Da mußten wir ein Riesen-Verwirrmanöver durchführen. Den ersten Erfolg konnten wir bereits in den Folgetagen verbuchen: Es gelang uns, aller Welt weiszumachen, die DC 9 sei in der Nähe der Insel Ustica abgestürzt, obwohl der Absturz wesentlich näher an der nördlich gelegenen Insel Ponza geschah. Die liegt aber noch im Bereich der Radarstation von Ciampino in Rom. Zwischen Ponza und Ustica gibt es ein Empfangsloch von etwa fünf Minuten, in dem die Radarstation von Rom das Flugzeug nicht mehr auf dem Schirm hatte, die nächste, in Marsala auf Sizilien, aber noch nicht. Mit der »Verlagerung« des Absturzortes konnten wir begründen, warum es keine zuverlässigen Aufzeichnungen gab.«

Der Staatsanwalt schüttelte mal den Kopf, dann nickte er wieder, unklar, ob aus einer gewissen Bewunderung heraus oder aus Abscheu vor so viel Infamie. »Weiter«, sagte er dann.

»Was die Auswertung der Aufzeichnungen selbst betraf, haben wir vor allem auf Zeit gespielt. Die Radarstationen sollten behaupten, daß die fraglichen Bänder erst übertragen werden müßten, weil sonst das gesamte Sicherheitssystem des Mittelmeers in Gefahr geraten würde. Dann haben wir den Ermittlern falsche Bänder und Aufzeichnungen ausgehändigt. Das fiel den Staatsanwälten zunächst nicht auf, denn so eine Aufzeichnung besteht ja nur aus Leuchtpunkten, und die Übertragung ergibt unendliche Zahlenreihen, die ein Laie niemals entschlüsseln kann. Bis die herausgefunden hatten, was wir ihnen untergeschoben hatten, hatten wir längst die diversen Untersuchungskommissionen unterwandert. Es war mir gelungen, genau die Firma zum Untersuchungsführer zu machen, die das Militär mit elektronischem Gerät ausstattet, und da saßen natürlich genug Verbindungsleute zu unserem Dienst. Die Firma hat die Bänder erstmal monatelang liegenlassen, dann sehr langsam untersucht und am Ende jeweils die von uns gewünschten Ergebnisse produziert.«

Er machte wieder eine Pause, wartete, ob jemand Fragen hatte. Als niemand etwas sagte, fuhr er fort: »Leider war da schon nicht mehr alles perfekt. Weil die wenigsten von uns im Geheimdienst selbst Experten in Radarauswertungen sind, haben wir versehentlich den verschiedenen Kommissionen auch unmanipulierte Aufzeichnungen ausgehändigt und statt dessen die Fälschungen bei uns behalten. Als sich ein Experte der Kommissionen darüber hermachte, mußten wir ihm in aller Eile die Aufzeichnungen klauen und sie durch die gefälschten ersetzen.«

Der Staatsanwalt schlug eine kurze Espresso-Pause vor, die vor allem Tassini dankbar wahrnahm, weil er so von seinem unbequemen Stuhl aufstehen und sich ein wenig die Beine vertreten konnte. Er wußte aus früheren Verhören, daß noch einige peinliche Fragen auf ihn warteten, zum Beispiel, wie weit man bei der Einschüchterung möglicher Zeugen gegangen war, ob man sie mit dem Tod bedroht oder gar ab und zu tätlich angegriffen hatte. Er selbst hatte seinerzeit hierzu keine Anordnungen gegeben, und seine Mitarbeiter hatten in ihren Berichten nicht angegeben, wie man zu dem jeweils gewünschten Ergebnis gekommen war. Manchmal war allerdings vermerkt, daß man sich im Gegenzug für bestimmte persönliche Interessen der angesprochenen Personen einsetzen würde: Versetzungen, Beförderungen, Bankkredite. Tassini wußte tatsächlich nicht hundertprozentig, welche Mittel seine Mitarbeiter angewendet hatten. Oberst Rango hatte ihm für solche Fälle ein paar »Experten« zugesellt.

Zu seinem Erstaunen beschränkte sich der Staatsanwalt nach der Pause fast ausschließlich darauf, Tassinis Aussagen in früheren Ermittlungen zu verlesen und ihn zu fragen, ob er im Protokoll korrekt wiedergegeben worden sei. Dann fragte er: »Jedenfalls hat die Kampagne ›eisernes Schweigen‹ offenbar längere Zeit Erfolg gehabt?«

»Ja, aber nicht durchweg. Die größte Gefahr ging nicht von den unmittelbaren ... na, wie soll ich sagen, Mitwissern aus, sondern von denen, die nur etwas vom Hörensagen mitbekommen hatten.«

»Ein Beispiel?«

Tassini kramte in seinem Gedächtnis. »Der Staatsanwalt hatte eine Liste der damals diensthabenden Lotsen in allen betroffenen Radarstellen angefordert. Die bekam er auch, aber natürlich gefälscht. Wir hatten sämtliche unsicheren Kantonisten einfach ›beurlaubt‹, das heißt ihre Namen getilgt und statt dessen Personen eingesetzt, auf die wir uns verlassen konnten. Einige davon gehörten sogar direkt zum Geheimdienst der Luftwaffe. Als er sie fragte, was sie in jener Nacht gesehen hatten, kamen sie mit den schönsten Ausreden daher. Der eine war gerade auf die Toilette gegangen, als es passierte, der andere hatte seine Brille gereinigt, ein dritter hatte zwar alles gesehen, aber angeblich geglaubt, der Bildschirm sei kaputt, er habe sich daher nach einem anderen Monitor umgesehen ...«

»Und wo war nun die Schwachstelle?«

»Der Staatsanwalt sagte in einer Pressekonferenz, er habe alle damals diensthabenden Lotsen vernommen, und keiner habe etwas gesehen. Plötzlich meldete sich eine Frau, die sich daran erinnerte, daß ihr Mann in jener Nacht im Dienst gewesen, aber nicht vernommen worden war. Das war wohl eine Art Rache für einen vermuteten Seitensprung des Mannes, jedenfalls war der danach vollkommen fertig.«

»Und was haben Sie dagegen unternommen?«

»Wir haben der Frau ein paar Fotos geschickt, die umgekehrt sie mit einem anderen Mann in verfänglichen Situationen zeigten. Diese Bilder mußten wir allerdings arrangieren, das heißt, die Frau erst einmal in eine solche Situation bringen. Auf jeden Fall hat sie danach dem Reporter gesagt, sie habe sich alles nur ausgedacht, um sich an ihrem Mann zu rächen. Damit war die Sache vom Tisch. In anderen Fällen ging das aber nicht so einfach.«

Der Staatsanwalt wiegte den Kopf hin und her: »Eigentlich muß man doch sagen, daß Ihnen bei aller Umsicht doch eine ganze Reihe von Pannen passierten. Hat das Ihre Vorgesetzten nicht veranlaßt, Sie mal kräftig zu rüffeln oder Ihnen gar die Koordinierung zu entziehen?«

Tassini lächelte kurz. »Herr Staatsanwalt, ich glaube, Sie machen sich ein völlig falsches Bild von der Arbeit der Desinformation. Den Geheimdienst, der in absoluter Vollkommenheit Aktionen durchführt, die niemals auffliegen, den gibt es nicht. Und das gilt auch für Fälschungen. Unsere Arbeit – meine ehemalige Arbeit – vollzieht sich in der Regel in großer Hektik, ist vorwiegend reaktiv, das heißt, Antwort auf unvorhersehbare

Ereignisse. Es ist faktisch unmöglich, an alles zu denken und jede Eventualität auszuschalten.« Er machte eine kleine Pause, überlegte, wie er fortfahren sollte, um das alles zu erklären. »Hinzu kommt, daß die meisten Mitarbeiter im Geheimdienst nicht solche Supergenies sind, wie man sie in den Filmen immer sieht. Viele sind über alle möglichen Schienen, oft über Empfehlungen von gerade regierenden Parteien oder irgendwelchen Ministern eingestellt worden, ohne daß sie über eine besondere Qualifikation verfügen. Pannen sind daher eher die Regel, als daß etwas perfekt klappt. Aber wir haben bei alledem immer eine Gewißheit.«

»Welche?« fragte der Staatsanwalt, weil Tassini abbrach und erneut überlegte, ob er frei von der Leber weg reden oder es diplomatisch formulieren sollte. Er entschied sich für die erste Version.

»Wir haben gelernt, daß es keine noch so große Panne, keine noch so große Dummheit der Geheimdienste gibt, die nicht übertroffen wird von der Dämlichkeit und Betriebsblindheit der Öffentlichkeit, insbesondere der Presse und – Pardon, Herr Staatsanwalt – auch der Strafermittler.«

Der Staatsanwalt fuhr auf, Tassini machte eine beruhigende Geste. »Das geht nicht gegen Sie persönlich« – er merkte, daß das wie eine Retourkutsche für die frühere Bemerkung des Anklägers klang – »sondern ist ein allgemeiner Erfahrungswert. Von zwei Versionen sind die Öffentlichkeit und die Staatsanwaltschaft fast immer geneigt, die abstrusere zu glauben. Sie müssen also nur in Folge immer tollere Interpretationen lancieren, und schon tappen alle in die Falle. So einfach ist das.«

Der Untersuchungsrichter schüttelte mehrmals den Kopf, dann nickte er. »Ich weiß nicht, ob man das so platt sagen kann. Aber es scheint, daß es zumindest im Fall der DC 9 geklappt hat, jahrelang.«

»So ist es«, sagte Tassini. »Die Kampagnen haben trotz der vielen Pannen ihren Zweck erfüllt: Wochenlang hetzte die Presse einerseits hinter angeblich altersschwachen Maschinen der Fluggesellschaft her, bis diese schließlich Konkurs anmelden mußte; andererseits recherchierten die besten Enthüllungsjournalisten über eine eventuelle Beteiligung Rechtsradikaler. Und dann passierte etwas, was den Absturz der DC 9 fast total in Vergessenheit geraten ließ.«
»Ja?« fragte der Untersuchungsrichter.
»Der Bombenanschlag auf den Bahnhof von Bologna am 2. August 1980, bei dem fünfundachtzig Menschen umkamen.«
Der Staatsanwalt atmete tief durch. »Viele Beobachter meinen, diesen Anschlag hätte just Ihr Dienst verübt, um die Aufmerksamkeit von dem DC-9-Abschuß abzulenken.«
Tassini senkte den Kopf. »Ausschließen kann ich es nicht. Ein General und ein Oberst des Militärischen Geheimdienstes wurden inzwischen rechtskräftig verurteilt, weil sie falsche Spuren gelegt hatten, um die Urheberschaft dieses Attentats zu vertuschen. Aber ich kann Ihnen da beim besten Willen nicht weiterhelfen. Im Dienst kursierten eher Gerüchte, die Amerikaner oder die Israelis hätten mit einer neuen Destabilisierungkampagne gegen Italien begonnen, weil sich eine starke Friedensbewegung gegen die Stationierung der Marschflugkörper auf der Base von Comiso auf Sizilien gebildet hatte und die Regierung nicht entschieden genug dagegen einschritt.«
Der Staatsanwalt nickte dem Untersuchungsrichter zu: »Ich habe keine Anhaltspunkte, daß der Angekl...«, er verbesserte sich, »der Beschuldigte in dieses Attentat oder seine Vertuschung verwickelt gewesen sein könnte.«
Tassini zuckte die Schultern. »Allerdings kam uns dieser Anschlag damals durchaus zupaß. Danach hat sich monatelang niemand mehr um die DC 9 gekümmert. In der Folgezeit mel-

deten sich jedoch bei mir erstmals ein paar Skrupel. Es wurde nämlich gemunkelt, man wisse durchaus, welche Rechtsterroristen den Anschlag in Bologna durchgeführt hätten und daß die eine oder andere ›Seilschaft‹ im militärischen Abwehrdienst bereits vorab über die Planung informiert gewesen sei.« Er machte eine Pause. »Aber dann wieder beruhigte ich mich mit dem Gedanken, daß man mir als dem Koordinator der Vertuschungsaktionen in Sachen DC 9 doch wenigstens Andeutungen über eine solche Mordaktion gemacht hätte.«

»Was sagte denn Ihr Vorgesetzter Oberst Rango dazu?«

»Er sagte nur einmal etwas, etwa zwei Tage nach dem Anschlag von Bologna. Da zeigte er mir einen Zeitungsbericht, in dem alle rechtsterroristischen Anschläge seit dem ersten tödlichen Bombenattentat auf die Landwirtschaftsbank von Mailand 1969 aufgelistet waren, und sagte nur knapp: ›Wollen hoffen, daß sich da niemand am Ende an den DC-9-Abschuß erinnert.‹ Mehr nicht.«

Der Staatsanwalt machte sich Notizen, nickte: »Das werden wir den Herrn Oberst ... nein, mittlerweile ist er ja General, auch fragen müssen, wenn sein Verfahren beginnt. Bisher jedenfalls streitet er derlei ab.«

Der Untersuchungsrichter klopfte mit den Fingerknöcheln auf den Tisch, offenbar überlegte er eine Frage, von der er nicht wußte, ob sie ihm als Parteilichkeit ausgelegt werden könnte. »Ich muß die vorherige Frage des Staatsanwaltes noch einmal wiederholen, Herr Oberst«, sagte er schließlich leise und sehr langsam. »All das schien Ihnen gerechtfertigt? Daß Sie jemanden erpressen, die Unwahrheit zu sagen, Druck ausüben, vielleicht sogar Morddrohungen ausstoßen?«

Der Verteidiger griff ein: »Ich muß meinem Mandanten raten, hier die Aussage zu verweigern. Er müßte sonst eingestehen, daß er die strafrechtliche Erheblichkeit seines Handelns damals schon eingesehen hat und trotzdem weitermachte.«

Tassini sah ihn ruhig an, schüttelte den Kopf und wandte sich wieder an den Untersuchungsrichter. »Ja, das schien mir gerechtfertigt. Heute sehe ich es als große Gemeinheit an, aber damals dachten wir anders: Jenes Gut, das wir aufgrund unseres Fahneneides zu schützen hatten, nämlich die nationale Sicherheit, rechtfertigte so ziemlich alles. Die Wahrheit über den DC-9-Absturz, gleich wie sie aussehen mochte, sahen wir als verteidigungspolitisch unheimlich gefährlich an. Und so erblickten wir in jedem, der diese Wahrheit enthüllen wollte, einen Feind, mindestens genauso böse wie die Sowjets.«

Der Untersuchungsrichter schüttelte den Kopf, der Staatsanwalt machte eine Geste wie »Unglaublich, unvorstellbar«, und der Verteidiger zischte erneut etwas von »Nicht so dick auftragen«.

Tassini lächelte kurz. »Aber im Grunde kam das alles erst relativ spät auf uns zu. In den ersten Monaten gab es kaum Anlaß zu fürchten, daß die DC-9-Affäre noch einmal hochkommen könnte: Alle Welt ging ja inzwischen davon aus, daß es sich um Materialermüdung, also einen normalen Unglücksfall handelte. Es gab nur einen kitzligen Moment: Als der Vorstandssprecher der betroffenen Fluglinie im Herbst 1980 behauptete, es sei eine Rakete im Spiel gewesen, und einige Fachzeitschriften das nachdruckten. Doch da konnten wir den damals ermittelnden Staatsanwalt veranlassen, den Vorstandssprecher mit einem Verfahren wegen Verbreitung aufrührerischer Falschmeldungen zu belangen. Darauf war lange Zeit Ruhe.«

Er dachte einen Augenblick nach. »Sie dürfen nicht vergessen, daß es Anfang der achtziger Jahre auch politisch viele Veränderungen gab, die die Zeitungen viel mehr beschäftigten als irgendwelche Flugzeugabstürze. In Amerika wurde Präsident Carter abgewählt, ihm folgte der Aufrüstungsfanatiker Reagan, der überall den Antichrist am Werk sah, kongenial mit dem ebenfalls neuen Papst Johannes Paul II. aus Polen. In Frankreich kam der Sozialist Mitterrand an die Macht, der zuerst alles verstaatlichen wollte, dann aber ebenso spektakulär wieder alles zurücknahm: genügend Grund für Verwirrungen auch dort. In Deutschland kündigte sich nach einem Jahrzehnt sozialdemokratischer Herrschaft der Wechsel zu den Konservativen an. In Italien kam es zu einem politischen Erdbeben, als plötzlich Listen von Geheimbünden auftauchten, in denen sich die Creme de la creme unserer Politiker, Militärs, Polizeispitzen, Topmanager, Bankiers und Medienherrscher zusammengeschlossen und rechtslastige Putschpläne ausgeheckt hatten. Die Regierung mußte abtreten, erstmals kam danach ein Ministerpräsident ins Amt, der nicht von den seit Kriegsende regierenden Christdemokraten gestellt wurde.«

»Natürlich, das war alles sehr verwirrend«, sagte der Untersuchungsrichter, »jede Woche eine neue politische Wende, jeden Tag ein neuer Skandal, ich erinnere mich gut.«

Tassini nickte. »Und doch stand auf einmal die Raketenthese wieder voll im Raum.«

**Rom, Sitz des Militärischen Geheimdienstes
27. Juli 1982**

Die Tür flog auf, Oberst Rango stürmte in Tassinis Büro und knallte einen Stapel Blätter auf den Tisch. »Wie konnte das passieren? Haben Sie das gesehen? Wissen Sie, was das bedeutet? Sie sind ein Versager, ein totaler Versager. Ich weiß nicht, was ich mit Ihnen machen soll.«

Tassini stand auf, salutierte und wartete, bis der ob der ruhigen Haltung seines Untergebenen überraschte Oberst »Rühren« anordnete.

»Unsere Macht reicht auch nicht überallhin«, sagte Tassini, »und schon gar nicht nach England und in die USA. Ich denke, statt uns aufzuregen, sollten wir vor allem herausfinden, wer dahintersteckt und was die überhaupt wollen.« Er zeigte auf den Fernsehschirm. Da lief, vom Aufzeichnungsband, die Sendung der britischen BBC, deren Manuskript – in Übersetzung – der Oberst gerade auf den Tisch geknallt hatte. »Mord am Himmel« lautete der Titel. »Das Ganze ist nämlich ausgesprochen merkwürdig«, sagte Tassini.

»So?« erregte sich der Oberst wieder. »Die Engländer strahlen zur besten Sendezeit Beweise aus, daß es sich bei dem Absturz der DC 9 um einen Raketenabschuß gehandelt hat, und Sie finden das lediglich merkwürdig?«

»Genau das. Sehen wir es uns doch einmal in Ruhe an.« Er ließ das Band zurücklaufen.

Die Sendung holte weit aus, zeigte den Mittelmeerraum und die verschiedenen darin vorgesehenen Flugrouten für Zivilflugzeuge und die entlang der italienischen Küste und auf Sizilien gelegenen Radarstationen und zeichnete dann die Flugroute nach, die die DC 9 an jenem Abend genommen hatte. Anschließend wurden verschiedene Experten interviewt, die erklärten, daß Sprengstoffspuren auf den bisher geborgenen Trümmern der DC 9 eindeutig eine Explosion an Bord ausschlossen, weshalb logischerweise nur noch eine Detonation außerhalb des Flugzeugs in Frage kam. Dann erklärten wieder andere Fachleute umständlich die Funk-tionsweise der unterschiedlichen Radargeräte in den verschiedenen Überwachungsstationen.

Tassini grinste. »Sehen Sie, Herr Oberst, so macht man das: Zunächst wird der Zuschauer mit Tausenden von unwichtigen Details überschwemmt. Der Zuschauer denkt ab einem bestimmten Punkt nicht mehr kritisch mit, weil sein Gehirn völlig damit beschäftigt ist, dem roten Faden der Sendung zu folgen – mit dem Ergebnis, daß er am Ende alles glaubt, was ihm die Leute auftischen.«

Der Experte zeichnete nun nicht nur den Flug der DC 9 bis zu dem Moment nach, wo sich die Leuchtpunkte plötzlich nicht mehr weiterbewegten und dann ganz verschwanden, sondern auch eine andere Reihe von Flimmerpünktchen, die sich von der Seite her näherten und dann in einem engen Bogen wieder in die alte Richtung flogen.

Oberst Rango schnaubte ungeduldig. »All das habe ich hier schon gelesen. Worauf wollen Sie hinaus?«

Tassini stoppte das Band. »Wir kommen gleich an die Stelle, an der es interessant wird. Zuvor aber, Herr Oberst, ein paar grundsätzliche Beobachtungen: Der Experte da ist ein ehemaliger Pilot, der inzwischen zum Berater des amerikanischen Präsidenten in Sachen Luftsicherheit und Untersuchung von Absturzursachen aufgestiegen ist.«

»Um so schlimmer, dem kann man also kaum was anhaben. Das Ganze ist doch eindeutig ein Manöver, um uns zu diskreditieren. Die üben Druck aus, weil unsere Regierung bei der Stationierung der Pershing-Raketen und der Marschflugkörper nicht richtig mitzieht: Den Amerikanern und den Engländern ist es doch vollkommen egal, ob irgendein

Nato-Jäger bei uns ein Flugzeug herunterschießt, zumal ja keine Landsleute von ihnen drinsaßen. Aber wir kriegen jede Menge innenpolitischer Schwierigkeiten.«

»Nicht nur wir«, unterbrach Tassini ihn, »auch die Deutschen sind anscheinend ganz schön nervös.«

»Wieso die Deutschen?« fragte Oberst Rango. »Die wechseln doch demnächst eigens ihre Regierung aus, damit die Nachrüstung brav über die Bühne geht.«

»Das weiß ich noch nicht. Aber ich entnehme es der Tatsache, daß sich Oberst Berg vom Militärischen Abwehrdienst gemeldet hat und in ein paar Minuten hier sein wird. Er schien sehr aufgeregt.«

Oberst Rango dachte nach. Tassini schlug weiter in die Kerbe: »Wenn für die Deutschen von dieser Reportage wirklich eine Bedrohung ausgeht, dann muß es etwas anderes sein, als das, was wir bisher vermutet haben. Denn wenn jemand mit dem Abschuß selbst nichts zu tun hatte, dann doch die Deutschen.«

»Stimmt. Aber was dann?«

Tassini zuckte die Schultern. »Ich kann da auch nur Mutmaßungen anstellen.«

»Und?« Der Oberst zeigte deutliche Unsicherheit, weil Tassini so wenig beunruhigt schien. »Lassen Sie mal hören.«

»Man kann es nur erahnen, und zwar wenn man auf alles in diesem Film ganz genau achtgibt. Ich zeige es Ihnen.« Er ließ das Band weiterlaufen. Der amerikanische Experte hatte den ersten Durchlauf der Radarpunkte abgeschlossen und analysierte das Ganze nun anhand einer zweiten, verlangsamten Version. Auf dem Monitor tauchten periodisch kleine Leuchtpunkte auf, die sich von oben nach unten bewegten. Alle Leuchtpunkte waren mit Nummern versehen.

»Es ist zwanzig Uhr achtundfünfzig und fünfundvierzig Sekunden«, dozierte der Experte, »und noch scheint alles regulär: Die Radarechos der DC 9 bewegen sich regelmäßig von Norden nach Süden, die leichten Schwankungen rühren vom Seitenwind her. Nun sehen Sie aber hier, knapp eine Minute vor dem Absturz: Da haben wir plötzlich einen neuen Leuchtpunkt. Er kommt vom Osten her, kreuzt die Flugbahn der DC 9, um danach wieder umzukehren und zurück gen Osten zu fliegen. Dabei ist das Radarecho am Anfang wesentlich schwächer als gegen Ende der Aufzeichnung: Ein Zeichen, daß die Maschine zunächst wohl in niedriger Höhe geflogen ist, die Flugbahn der DC 9 sozusagen ›unterkreuzt‹ hat, und dann bei ihrer Wende zurück in etwa die gleiche Höhe wie das Passagierflugzeug aufgestiegen ist. Kurz bevor sie die Flugbahn der DC 9 erneut kreuzt, explodiert das Passagierflugzeug.« Der Experte machte eine kurze Pause, fuhr dann fort: »Das zweite Flugzeug ist, seiner Geschwindigkeit von etwa sechshundert Knoten pro Stunde nach zu urteilen, ein Militärflugzeug, das knapp an der Schallgrenze fliegt. Es führt ein sogenanntes ›klassisches‹ Kriegsmanöver aus.«

Es klopfte, und Tassini stellte den Apparat ab. Oberst Berg vom MAD trat ein. Ganz anders als bei der ersten Krisensitzung vor zwei Jahren strahlte er diesmal keinerlei überlegene Ruhe aus, er wirkte eher abgehetzt und verwirrt. »Sie kommen gerade recht«, sagte Tassini, »wir analysieren soeben den Bericht der BBC. Schauen Sie zu.«

Er stellte das Aufzeichnungsgerät wieder an und ließ es einige Sekunden zurücklaufen.

»Es handelt sich um ein klassisches Angriffsmanöver von Jagdmaschinen«, sagte der Experte. »Der Pilot hat die DC 9 auf seinem Radarschirm gesehen. Er ist aufgestiegen und hat sich in die beste Schußposition gebracht: genau vom Westen her, da hat er die Sonne im Rücken, so daß er sein Ziel gut sehen kann. Der Rest ist Routine: Der Pilot startet die Rakete.«

Der Moderator der Sendung schaltete sich nun wieder ein: »Offenbar war das also diese Maschine, die die DC 9 abgeschossen hat. Entweder hat der Pilot sie mit einem feindlichen Kriegsflugzeug verwechselt, oder er meinte, von dort angegriffen zu werden. Was für eine Maschine kann das nun gewesen sein?«

Ein weiterer Sachverständiger trat ins Bild, der sich als ehemaliger Chef der Abteilung für Kriegsanalysen des amerikanischen Verteidigungsministeriums vorstellte. Er sagte klipp und klar: »Nach den Manövern, die diese Maschine ausführte, muß es eine MIG 23 oder MIG 25 gewesen sein.«

»Ein Flugzeug sowjetischer Bauart also?«

»Ja.«

»Und woher kann sie gekommen sein? Schließlich überwachen unsere Radarstationen alle sowjetischen Bewegungen minutiös.«

»Aus dem arabischen Raum, höchstwahrscheinlich aus Libyen.«

Tassini schaltete das Gerät aus. Er setzte sich an den Tisch und begann mit seiner Erklärung: »Ich habe vor einer halben Stunde mit unserem Radarexperten telefoniert, er hat die Kopie der Sendung schon gesehen. Er sagt, wenn der Jäger von ganz niedriger Höhe auf neuntausend Meter hochgestiegen wäre, müßte die Sequenz der Leuchtpunkte ganz anders aussehen.«

Oberst Rango und Oberst Berg nickten. Tassini fuhr fort: »Außerdem kommt die Maschine aus dem Osten, also von Unteritalien, und nicht – wie behauptet – aus Libyen. Und wenn der Pilot die Maschine für ein feindliches Flugzeug gehalten hätte, wäre ihm sein Irrtum spätestens beim Unterfliegen aufgefallen.«

Er blickte kurz auf seine Aufzeichnungen und fuhr dann fort: »Hinzu kommt, es war einundzwanzig Uhr Sommerzeit. Ende Juni steht die Sonne da genau im Nordwesten, knapp über dem Horizont. Hätte der Pilot die Sonne ausnützen wollen, hätte er sich der DC 9 von schräg hinten nähern müssen. Er nähert sich aber eher aus dem Südwesten, der gewünschte Effekt tritt also gar nicht ein.«

Oberst Rango legte Tassini die Hand auf den Rücken, wohl eine Geste, die seine Schimpfkanonande von vorhin zurücknehmen sollte.

»Und was schließen Sie daraus?«

»Der Mann ist bei seiner Analyse gar nicht von der Aufzeichnung ausgegangen, die er hier zeigt – das ist übrigens unsere, ich meine, die gefälschte –, sondern von einer anderen.«

»Warum hat er dann aber unsere gefälschte Version benutzt?«

Tassini lächelte. »Wir hatten damals den rechten Teil der Radarechos des Jäger weggeschnitten, so daß es aussah, als wäre der Jäger ganz unvermittelt nahe der DC-9-Flugbahn aufgestiegen. In Wirklichkeit war sie schon viel länger zu erkennen, weit über dem italienischen Festland. Aber dann hätte unser famoser Experte erklären müssen, wieso die libysche Maschine aus Italien kam, wahrscheinlich von Martinafranca oder von Gioia del Colle in Apulien, und nicht aus Libyen. Sie konnte auch gar nicht aus Libyen kommen, denn sie hat normalerweise nur gut vierhundert Kilometer Reichweite.«

»Und woraus entnehmen Sie, daß er noch eine andere Aufzeichnung hatte?«

»Weil der Jäger genau die Flugmanöver, die auf eine Maschine vom Typ MIG 23 schließen lassen, nicht in diesem Teil des Fluges durchgeführt hat, sondern viel früher, über dem Festland: einen rasanten Tiefflug über den Bergen, mehrere Schwenks in Tälern, einen spiralförmigen Aufstieg.«

Oberst Rango begann langsam die Tragweite dieser Beobachtungen zu verarbeiten. »Woher könnte der Mann die echten Aufzeichnungen bekommen haben? Ich dachte, wir haben sie alle manipuliert, auch die Originale?«

Tassini nickte. »Das stimmt auch.«

Oberst Berg mischte sich ein: »Aber es gibt andere, zuhauf: vor allem von den AWACS- und Nimrod-Radarflugzeugen der USA und Frankreichs, die während der gesamten Aktion südlich von Korsika gekreist sind.«

»Ist das sicher?«

»Ja«, bestätigte Tassini.

Oberst Rango breitete die Arme aus. »Also haben wir bei uns hier alles ganz umsonst gefälscht und manipuliert?«

»Das würde ich nicht sagen«, wandte Oberst Berg sanft ein.

»Inwiefern?«

»Auch wir haben die Sendung analysiert. Wir sind der Meinung, daß der Experte zwar andere Aufzeichnungen hatte als die, die er hier vorführt, aber höchstwahrscheinlich auch manipulierte.«

»Wie? Was?« Nun waren Tassini und Rango gleichermaßen überrascht.

»Er benutzt in seiner Analyse eine Spur, die auf keinen Fall von der libysch angemalten MIG 23 ausgehen kann, sondern von einer von einem Flugzeugträger aufgestiegenen Maschine.«

»Langsam gerate auch ich aus dem Konzept«, sagte Tassini.

»Sehen Sie«, sagte Oberst Berg, »die Aufzeichnungen, die wir uns beschafft haben ...« Er bemerkte die großen Augen der beiden und sah sich zu einer Erklärung genötigt. »Na, immerhin stellen wir doch den stellvertretenden Nato-Oberbefehlshaber Europas ...« Tassini und Rango sahen einander an. Wieder mal typisch, wir als Betroffene erhalten auf tausend Anfragen an die Nato-Stäbe nicht einmal eine Antwort, und die Deutschen klauen sich das Material einfach.

Oberst Berg fuhr fort: »Diese Radaraufzeichnungen zeigen mindestens vier Jäger oder Jagdbomber, die auf die DC 9 und das vielleicht darunter fliegende Flugzeug vom Typ F 111 zustürzen. Jeder von denen hätte die Rakete abfeuern können. Und mindestens zwei ließen sich wesentlich besser als die Spur eines libyschen Angreifers darstellen als ausgerechnet die, die er hier nun anführt.«

»Und warum benutzt er die Spur der MIG 23?«

»Ein guter Gegengutachter hätte bei den richtigen Radarprotokollen bemerkt, daß die Spuren von den Amerikanern oder Franzosen kommen müssen, jedenfalls nicht aus Libyen.«

Oberst Rango setzte sich. »Wir sind also jetzt auch nicht schlauer als vorher.« Dann lud er Oberst Berg ein, sich auch zu setzen. »Dürfen wir die Frage stellen, was denn euch so an der Sache interessiert?«

Oberst Berg zuckte die Schultern, rückte seinen Stuhl zurecht und druckste ein wenig herum. »Nun, wir haben den Eindruck, der amerikanische Experte wurde ausgeschickt, um den Verdacht des Abschusses auf Libyen zu lenken. Wir haben verläßliche Informationen, daß Präsident Reagan den Kurs wechselt. War bisher der Iran der Todfeind Amerikas, muß der Präsident nun milder mit den Ajatollahs umspringen – schließlich haben sie zu seinem Wahlsieg beigetragen: Sie haben während des Wahlkampfs die in der Teheraner Botschaft festgehaltenen US-Geiseln nicht freigelassen und damit Carter als unfähig vorgeführt. Wenige Tage nach seinem Amtsantritt haben sie Reagan die Geiseln dann aber überstellt, ein prima Einstand für den neuen Präsidenten. Seither konzentrieren sich die Amerikaner auf Libyen als Oberteufel. Nun muß Ghaddafi als Begründung für ihre immer massivere Präsenz im Mittelmeer herhalten, obwohl sie natürlich in Wirklichkeit dem Aufmarsch gegen die Sowjets dient. Diese aber senden derzeit unentwegt Friedenssignale aus, und viele Europäer glauben ihnen. Andererseits wissen die Amis, welch enge Beziehungen vor allem Italien und Deutschland zu Libyen haben, schon wegen des Erdöls, das wir von dort beziehen. Und daß wir bei dieser Verteufelung nicht so gerne mitmachen.«

»Aber das alleine begründet doch nicht Ihre Nervosität, oder?«

»Nun ...« Man merkte, daß der MAD-Mann gewisse Schwierigkeiten hatte, die Sache beim Namen zu nennen. »Nun ... wir haben ... hintenherum allerlei Fabriken gebaut und Materialien geliefert, mit denen die Libyer recht unappetitliche Waffen zu bauen imstande sind. Die Amis wissen das, aber die endgültigen Beweise könnten sie erst nach einem Angriff auf Libyen und der Besetzung zumindest eines Teils des Landes liefern ...« Er bemerkte den belustigten Blick der beiden und setzte sofort scharf nach: »Wie übrigens auch für eure heimlichen Waffenlieferungen.«

Das Lächeln in den Augen der beiden Italiener verschwand. »Wenn die Amerikaner nachweisen können, daß Italien und Deutschland die Libyer trotz aller internationalen Embargos und Sperrklauseln bei der Aufrüstung unterstützt haben, stehen wir in aller Welt als doppelzüngige Geschäftemacher da. Das möchten wir verhindern. Und deshalb sehen wir die Aufwärmung der ›libyschen Spur‹ in Sachen DC-9-Absturz als Druck gegen uns an, wenn wir bei der massiven Nachrüstung in Europa nicht mitmachen.«

»Großer Gott«, sagte Oberst Rango, stand auf und lief unruhig im Zimmer hin und her. »Was können wir dagegen tun? Haben Sie eine Ahnung?«

Der Deutsche stand nun ebenfalls auf. »Viel ist uns auch noch nicht eingefallen. Wir raten erst mal, die alten Versionen in Sachen DC-9-Abschuß so lange wie möglich durchzuhalten: Altersschwäche oder Bombe an Bord; notfalls weiter vernebeln. Ansonsten müssen wir eben in den sauren Apfel beißen und die von den USA geforderte Aufstellung von Mittelstreckenraketen und Marschflugkörpern so schnell wie möglich akzeptieren.«

Tassini sah Oberst Rango an. Dessen Gesicht drückte tiefe Verachtung für soviel Duckmäusertum aus. Doch dann sagte er: »Wird wohl nichts anderes übrigbleiben.«

Nun war es Tassinis Gesicht, das dieselbe Verachtung ausdrückte, die er eben bei seinem Chef gesehen hatte. Ihm schoß der Gedanke durch den Kopf, ob all das, was sie da unternahmen, wirklich einen Sinn hatte. Dann riß er sich zusammen und nahm einen Stift zur Hand, um Oberst Rangos weitere Anweisungen entgegenzunehmen.

Tivoli bei Rom
5. August 1982

Wenn Enrico Tassini seine Frau überraschend zu einem Ausflug nach den Castelli Romani oder zum Besuch neu eröffneter Trakte von Ausgrabungen in Tarquinia oder Cerveteri einlud, wußte Giovanna, was dahinter steckte: Ihr Mann brauchte sie, als Alibi oder als Deckung; oder er mußte sie über irgend etwas informieren, wozu sie dann aber keine Fragen stellen durfte.

»Wir fahren heute mal zur Villa Adriana«, sagte er, »wir haben schon lange keine Spritztour mehr gemacht. Ich hab' mir frei genommen.« Sie verdrehte die Augen zum Himmel. Er legte den Finger auf den Mund, nahm die Autoschlüssel vom Haken hinter der Tür und schob sie hinaus. »Tu bitte so, als würdest du dich freuen«, flüsterte er ihr zu.

Zehn Minuten später saßen sie im Auto und kutschierten langsam aus der Stadt hinaus. Tassini mochte die Strecke: Nach einer etwas mühseligen Ausfahrt über die oftmals geflickte, trotz zahlreicher Versprechen noch immer nicht zur breiten Ausfallstraße ausgebaute Via Tiburtina und am tristen Hochsicherheitsgefängnis Rebibbia vorbei erreichte man bald grüne Felder und sah die Erhebungen der Sabiner Berge. Wenn man dann den üblen Geruch der Schwefelquellen von Bagni di Tivoli hinter sich hatte, konnte man sich gar nicht mehr vorstellen, daß die oft smogverseuchte Dreimillionenstadt Rom nur ein Dutzend Kilometer hinter einem lag. Sie nahmen die Abzweigung zur Villa Adriana, lösten Tickets und fuhren auf den internen Parkplatz an der alten Kaiserresidenz Hadrians.

»Tun wir wie Verliebte«, sagte er, als sie in die Ausgrabungsgebiete hineinwanderten, und faßte sie um die Hüfte.

Giovanna begann zu lachen. »Aber ich muß gar nicht so tun« sagte Giovanna, »ich bin doch noch immer in dich verliebt. Du nicht?«

»Doch. Warum?«

Sie schüttelte leicht den Kopf. »Enrico, Enrico, Schatz. Gibt es denn überhaupt noch etwas, was du ohne Hintergedanken tust, ohne Fintieren, Taktieren? Ich soll so tun, als würde ich mich freuen, dabei freue ich mich doch wirklich, etwas mit dir zu unternehmen; ich muß so tun, als sei ich verliebt, dabei mag ich dich wie bei unserer ersten Begegnung auf der Hochzeit meiner Schwester. Ich warte nur noch darauf, bis du eines Tages sagst, du gingest auf die Toilette, nur um zu verschleiern, daß du eigentlich in die Küche willst.«

Nun lachte auch Tassini. »Es geht einem in Fleisch und Blut über. Nur nie erkennen lassen, was man tut. Du hast recht. Ich gelobe Besserung.« Gleichzeitig aber machte er ihr erneut eine Geste, vorsichtig zu sein. Zwei Männer, die hinter ihnen hergingen, hatten seinen Argwohn erregt. Zügig schob er Giovanna durch die imposanten Ruinen der Herrschaftsgebäude, am berühmten kleinen Rundtempel inmitten einer künstlichen Insel vorbei und dann schon wieder dem Ausgang zu. Schweigend stiegen sie in den Wagen. Er schaute in den Rückspiegel, als er losfuhr, dann brauste er kreuz und quer durch die Gassen und Sträßchen der Ortschaft, um danach unvermittelt wieder auf die Staatsstraße hinauszuschießen und die Serpentinen hinauf nach Tivoli zu nehmen. Vor der Villa D'Este bremste er scharf, ließ Giovanna aussteigen und fuhr schnell weiter. Am oberen Ausgang der Stadt fand er einen Parkplatz. Kurz danach traf er sich wieder mit Giovanna. Sie erwartete ihn unter dem Portikus der Kirche neben dem Eingang zur Villa D'Este. Sie wußte, wie wichtig es war, daß niemand sie belauschte. Der Park im Inneren der hochherrschaftlichen Sommerresidenz des Ippolito D'Este aus dem sechzehnten Jahrhundert war ein unübertrefflicher Platz, um nicht abgehört zu werden: Dutzende ohrenbetäubend rauschender Wasserspiele übertönten jedes andere Geräusch. Bei einem der Springbrunnen konnte man sogar unter einen mächtigen Vorhang aus Wasser treten – wunderbar erfrischend mitten im Hochsommer und gleichzeitig absoluter Schutz gegen fremde Blicke und gegen jedes Mikrofon.

»Wir mußten einige Stunden von zu Hause fort«, erklärte er Giovanna, »damit jemand einbrechen kann.«

»Wie bitte?«

»Ja, es ist wichtig. Ich habe Dokumente aus dem Archiv kommen lassen, und zwar so, daß bestimmte Leute es mitbekommen. Seit Tagen laufen in England und Amerika Berichte über den Absturz der DC 9 vor zwei Jahren, und wir müssen unbedingt herauskriegen, wer dahintersteckt. Nach dem Einbruch werden wir es wissen.«

Giovanna begann plötzlich zu zittern. »Laß uns rausgehen«, sagte sie, »hier unter dem Wasser friere ich.«

Tassini merkte, daß etwas nicht stimmte. »Sei beruhigt«, sagte er, bevor sie wieder unter dem Wasservorhang hervortraten, »die werden keine Unordnung anrichten. Das sind Profis. Die wollen nur sehen, was ich mitgebracht habe, und es fotografieren, dann hauen sie wieder ab. Und wir filmen das alles mit, die Kollegen von der Lauschabteilung haben es eingerichtet.«

Giovanna setzte sich auf eine Steinbank neben dem Wasserfall. »Und wenn sie auch sonst herumschnüffeln?«

»Sicher werden sie das tun. Aber sie werden nichts klauen. Keine Angst um deinen Schmuck.«

Sie sah ihn an, nahm seine Hand. »Aber vielleicht finden sie doch etwas.«

»Was sollten sie denn finden? Ich habe nichts zu Hause, was für sie wichtig sein könnte.«

»Aber ich«, sagte sie und drückte seinen Arm.

»Wieso?«

»Ich habe vielleicht etwas zu Hause ...«

Er sprang auf. »Was soll das heißen? Was hast du zu Hause? Was könnten sie finden?«

Sie zog ihn neben sich auf die Bank. »Fotos könnten sie zum Beispiel finden.«

»Was für Fotos?«

»Von mir ...«

Er merkte, wie ihre Verwirrung langsam auf ihn übersprang. »Welche Fotos?«

»Fotos von mir ... aber nicht mit dir ...«

»Wie bitte?« Er fühlte ein Würgen im Hals und sprang wieder auf. »Mit einem ... anderen?«

»Ja.«

»Mit wem?«

»Enrico, Liebster ...« Sie suchte wieder seine Hand. Er entzog sie ihr, blickte plötzlich nach links und rechts, musterte die Leute, die herumgingen, ob sie jemand beobachtete oder gar abhörte. Dann setzte er sich wieder neben seine Frau. Er merkte, wie seine Knie zitterten. Wie oft hatte er selbst dafür gesorgt, daß Menschen mit Hilfe kompromittierender Fotos erpreßt wurden – und nun hatte seine eigene Frau eine solche Vorlage geliefert. Mühsam faßte er sich, und allmählich drang in sein Geheimdienstlergehirn auch noch etwas anderes als die Angst vor Erpressung: Das bedeutete ja, daß sie ...

»Seit wann geht das schon?«

»Enrico, du verstehst mich falsch. Ich habe nichts mit ihm. Aber nach den Fotos könnte es so scheinen.«

»Giovanna, mach mich nicht wahnsinnig. Bei unserer Heirat haben wir einander versprochen, immer offen zueinander zu sein; mit Ausnahme meiner dienstlichen Geheimnisse. Ich habe dir deinen Beruf gelassen, obwohl man in Offizierskreisen meist scheel angesehen wird, wenn die Frau arbeitet ...«

»... und ich habe dafür niemals Fragen gestellt, wenn du tagelang weg warst, immer wieder angerufen hast, du kämest nicht nach Hause ...«, warf sie ein.

»Ich habe dir aber immer alles gesagt, was uns beide betroffen hat, auch wenn es oft nicht leicht war, über Beziehungen zu anderen Frauen zu sprechen, mit denen ich beruflich zu tun hatte ... Warum hast du das getan?«

»Liebster, ich sag' dir doch, es ist nicht so, wie es aussieht.«

»Und wie ist es?« Er hatte Mühe, ruhig sitzenzubleiben.

Sie strich sich die Haare aus der Stirn und fummelte mit dem kleinen Finger an ihren Wimpern herum, die feucht waren. Das Schwarz der Schminke löste sich auf. »Es ist ein Kollege aus der Mittelschule. Er mag mich sehr gern, und ich mag ihn auch. Am letzten Tag unseres Schulausfluges, da waren wir alle sehr ausgelassen ...«

»Und da ist es passiert? Und seither geht es weiter?«

»Nein, Enrico, es ist nichts passiert. Beinahe vielleicht, ja, es hätte auch sein können. Du warst ja in letzter Zeit oft tagelang nicht zu Hause. Ich war einsam, ich glaube, ich hätte allen Grund gehabt ... Aber es ist nicht so weit gekommen, und ich bin froh darüber.«

»Und die Fotos?«

»Die wurden am letzten Abend gemacht, als wir mit den Schülern in einer Diskothek waren. Wir haben getanzt, und ich bin ihm einige Male in den Arm gefallen, weil ich nicht die richtigen Schuhe anhatte und vielleicht auch leicht beschwipst war. Ein Fotograf hat das zufällig geblitzt. Auf einem Bild liege ich so in seinem Arm, daß er seine Hände auf meinem Busen hat ...«

Tassini lehnte sich zurück. Er wußte nicht, ob er eine solch harmlose Erklärung glauben konnte. Doch plötzlich war wieder die Frage da, wie gefährlich diese Fotos ihm werden konnten. »So eine Scheiße«, sagte er. »Wie soll ich das meinen Chefs erklären?«

»Das ist es ja«, sagte sie, »ich weiß ja, wie das bei euch ist: Die Ehe des Offiziers ist heilig, sie muß um jeden Preis aufrechterhalten werden, der Schein ist alles. Zwar kann jeder herumhuren, wie er will, aber immer hintenherum, nur nicht in der Öffentlichkeit, bloß ja keinen Scheidungsgrund liefern, sonst ist es aus mit der Karriere ...«

Er hörte ihr nur halb zu, im übrigen hatte sie ja recht ... Fieberhaft überlegte er, wie man die Fotos erklären konnte, wenn tatsächlich jemand versuchen sollte, ihn damit zu erpressen. »Warum hast du mir die Fotos denn nicht gezeigt?«

»Ich habe sie ja erst seit zwei Tagen. Und seitdem habe ich überlegt, ob ich sie einfach zerreißen oder wie ich sie dir erklären soll ...«

Er sah sie an, und er sah, daß sie spürte, wie verletzt er war. Aber dann sah er plötzlich auch die vielen Verletzungen, die er ihr in den vergangenen Jahren zugefügt hatte. »Scheiße«, sagte er noch einmal, »da müssen wir gemeinsam durch. Wir müssen so tun, als hätten wir die Fotos absichtlich gemacht, als Lockmaterial, um zu sehen, wer uns erpreßt«, sagte er schließlich. Aber er klang nicht recht überzeugend. Giovanna lächelte trotzdem wieder.

»Wir müssen so tun ...«, sagte sie. »Ja, wahrscheinlich müssen wir diesmal wirklich so tun ...«

In seinem Kopf drehte sich alles. Giovanna faßte nach seiner Hand, und die Berührung war ihm jetzt schon wieder weniger unangenehm als vorher. »Schwör mir, daß du nichts mit ihm hattest und nichts mit ihm hast.«

»Enrico, ändert denn ein Schwur etwas?« Noch bevor Tassini antworten konnte, begann sie plötzlich zu weinen. »Wie soll das nur weitergehen? Schau mal: In den ersten Jahren unserer Ehe bin ich immer davongelaufen, wenn ich mir deiner nicht sicher war. Aber seit ein paar Jahren zwinge ich mich, das nicht mehr zu tun. Dabei hat mir auch dieser Kollege geholfen. Ihn habe ich anrufen können, wann ich wollte, und er hat mich immer getröstet. Das mußt du mir zugestehen, auch künftig, Enrico. Ich will mich nicht immer bei meiner Mutter ausweinen oder bei meiner Schwester. Die sagen immer nur: Verlaß ihn doch. Er sagt das nicht.«

»Sag mir wenigstens, wie er heißt?«

»Nein, Enrico. Das ist allein meine Sache, ich möchte ihn auch weiter anrufen können.«

Er fühlte sich plötzlich wieder unbehaglich bei ihrer Berührung. Sie bemerkte es. »Wenn wir nur Kinder hätten«, sagte sie. Er spürte wieder dieses Würgen. Kinder? Ja, vielleicht. Aber Kinder nur als Bindemittel? Wie lange würde das halten? Er sprang so plötzlich auf, daß Giovanna fast von der Bank gefallen wäre.

»Vielleicht ist es noch nicht zu spät«, sagte er.

»Was? Mit den Kindern?«

»Nein, mit den Fotos. Komm, wir müssen sofort nach Hause.«

Nach einer halsbrecherischen Fahrt zurück nach Rom stürzte er an der Ecke ihres Wohnblocks aus dem Wagen. Giovanna übernahm das Steuer und suchte einen Parkplatz. Er stürmte die Treppen hoch, weil der Lift nicht gleich kam. Im zweiten Stock griff plötzlich eine Hand nach ihm und riß ihn in eine Wohnung. »Sind Sie verrückt?« flüsterte der Mann. »Die sind gerade drinnen.«

Tassini versuchte sich loszureißen. »Die müssen raus, sofort. Ich habe da etwas vergessen, was sie auf keinen Fall finden dürfen ...«

Der Mann ließ ihn los, aber als Tassini wieder zur Tür wollte, standen zwei andere Männer davor. »Machen Sie doch jetzt nicht alles kaputt«, sagte der eine. »Schauen Sie auf den Monitor«, er deutete auf einen kleinen Bildschirm, »das sind sehr schnelle Arbeiter. Die haben schon gefunden, was sie suchen. In fünf Minuten sind die wieder draußen.« Enrico ließ die Arme sinken. Zu spät, dachte er, zu spät.

Eine gute Stunde danach saß er mit dem Techniker und zwei Agenten des Außendienstes im Vorführraum des Geheimdienstes und sah sich den Einbruch an. Drei Männer, ausgemachte Profis. Mit Polaroidkameras fotografierten sie zunächst das gesamte Zimmer, um später alles wie vorher zu hinterlassen, dann machten sie sich an die Arbeit. Nach kurzem Stöbern stießen sie auf Tassinis Aktentasche mit dem Nummernschloß; fünf Minuten später hatten sie es auf und die Materialien hervorgezogen, dann machte sich einer der Männer daran, sie Blatt für Blatt mit einer Minox zu fotografieren.

»Waren die vorher in anderen Zimmern?« fragte Tassini.

»Nein, die haben Ihre Tasche relativ schnell gefunden«, sagte einer der beiden Agenten. Tassini atmete tief durch.

Der Techniker stutzte. »Warum, lag da sonst noch etwas herum?«

»Da liegen zwei meiner Pässe mit Decknamen, die ich mehrere Male benutzt habe.«

»Ach so. Nein, die haben sie offenbar nicht gefunden.«

Tassini versuchte, seine Erleichterung zu verbergen. »Also dann an die Arbeit«, sagte, er, »jetzt müssen wir nur noch herausfinden, wer die Klempner geschickt hat.«

Der Techniker, der den Monitor bedient hatte, zuckte die Schultern. »Auf der Polaroid-Packung, die sie zum Nachladen ihrer Kamera benutzt haben, ist ein französischer Aufdruck zu erkennen.« Er ließ die Aufzeichnung zurücklaufen und zeigte die Stelle. Tatsächlich waren einigermaßen deutlich Name und Adresse eines französischen Fotogeschäfts zu erkennen. Also Franzosen? Tassini zog daraus jedoch seinen eigenen Schluß: Unwahrscheinlich, daß ein Geheimdienst seine Filme in Einzelhandelsgeschäften kaufte. Zudem war es höchst unwahrscheinlich, daß man bei einem derart kurzfristig angeordneten Einbruch Leute aus dem Ausland kommen ließ; dafür gab es Spezialisten in Italien, mit denen auch französische oder amerikanische Geheimdienste zusammenarbeiteten. Konnte es sein, daß die Einbrecher Überwachungskameras erwartet hatten und mit dem unübersehbar mitten im Raum plazierten Päckchen auf eine falsche Fährte lenken wollten?

»Unsere Leute müßten den Einbrechern ja auch auf den Fersen sein und uns spätestens am Abend berichten, woher sie gekommen sind«, sagte der Agent und drückte auf den Rücklaufknopf des Videoplayers. »Ich mache Ihnen gleich noch eine eigene Kopie«, sagte er und legte ein neues Band in die Überspielvorrichtung. »Schauen Sie sich am besten alles noch mal an.« Dann setzte er so leise, daß es selbst Tassini kaum hören konnte, hinzu: »Und zwar ganz von vorne, ja?«

Der Tonfall des Mannes machte Tassini ausgesprochen nervös. In seinem Amtszimmer legte er die Kassette ein und stellte auf Return. Es dauerte verhältnismäßig lange, bis sie bis zum Anfang zurückgelaufen war und er sie wieder starten konnte.

Die Aufnahme zeigte zuerst sein leeres Wohnzimmer, schaltete dann zu seinem Arbeitszimmer, in die Küche, ins Schlafzimmer und dann wieder ins Wohnzimmer. Dann war ein Geräusch zu hören, und sie fixierte sich auf den Eingang. Die Türklinke bewegte sich langsam, die Wohnungstür wurde geöffnet, zwei Personen mit Masken vor dem Gesicht schlichen herein und schlossen die Tür hinter sich. Waren es vorher nicht drei gewesen? Tassini überlegte, dann sah er genauer hin: Nein, das hier waren nicht die mit der Polaroid. Sie machten auch keine Anstalten, lange herumzusuchen oder Fotos zu machen. Sie fanden seine Aktentasche, schüttelten sie, drehten einige Zeit an den Schlössern, bekamen sie aber nicht auf. Einer griff nach einem Walkie-talkie und sprach leise hinein. Dann gab er seinem Kollegen mit der Hand Ziffern durch, die dieser auf dem Kofferschloß einstellte, und siehe da, die Tasche sprang auf. Er zog die Dokumente aus der Aktentasche, warf kurz einen Blick darauf und nickte. Der andere Mann griff in seinen Overall, holte ebenfalls einen Schwung Papiere heraus – und steckte diese anstelle der anderen in den Aktenkoffer. Dann schloß er ihn wieder, die beiden warfen noch einen Blick auf den Schreibtisch, rückten einige Dinge ein wenig zurecht, nahmen die Dokumente an sich und verschwanden wieder. Dann war alles ruhig.

Tassini ließ den Recorder im Schnellgang durchlaufen, bis die Tür erneut geöffnet wurde – jetzt war das zu sehen, was ihm schon vorher gezeigt worden war. Er ließ das Gerät erneut zurücklaufen und lehnte sich zurück. Nach einigen Minuten wählte er seine Wohnungsnummer an. Giovanna antwortete. »Alles in Ordnung?« fragte er.

»Scheint so. Wo bist du?«

»Im Amt. Ich komme heute etwas später, aber ich komme. Also bitte ...«

Er hörte ein leises, sehr leises Lachen. »Ich hab' heute keinen Fototermin mehr«, sagte sie und legte auf.

Dann drückte er einen der Knöpfe auf der neuen Telefonanlage. »Hier Hauptmann Tassini«, sagte er, »ich bräuchte dringend einen Termin bei Oberst Rango.«

Die Stimme auf der anderen Seite flüsterte etwas, war dann wieder laut zu hören: »Sie können sofort kommen, Herr Hauptmann.«

Tassini nickte vor sich hin. Gerade dieser Poltergeist,

dachte er, hat plötzlich sofort Zeit für mich. Er rief noch mal seine Frau an. »Giovanna, ich liebe dich.«

Sie schwieg einen Augenblick. »Wirklich?« fragte sie.

»Ja, sehr.«

»Dann ist ja alles gut.« Sie legte auf.

Er wußte, daß sie jetzt ihren Koffer nehmen und dorthin fahren würde, wohin sie es vereinbart hatten. In Sicherheit.

3. Tag

**Rom, Hochsicherheitsgerichtssaal am Foro Italico
Voruntersuchung gegen Oberst Enrico Tassini**

»Ihre Frau hat bei der ganzen Sache ja auch allerhand mitgemacht«, stellte der Untersuchungsrichter fest. »Mußten Sie sie denn damals tatsächlich fortschicken?«

»Ja. Ich hatte zum erstenmal wirklich Angst, daß nicht nur ich in Gefahr war, sondern auch sie. Die Sache wuchs mir allmählich über den Kopf.«

»Wie lange mußte sie im Ausland bleiben?«

»Gut sechs Wochen. Zum Schulanfang ließ sie sich nicht mehr halten und kam wieder zurück. Aber bis dahin hatten wir auch wieder alles einigermaßen im Griff.«

»Wer waren denn nun die Einbrecher? Und wieso konnten Sie so absolut sicher sein, daß sie an diesem Tag zuschlagen würden?«

»Ich hatte in den Tagen nach der BBC-Sendung eine hektische, aber bewußt nicht allzu verdeckte Tätigkeit begonnen: aus dem Archiv zahlreiche Materialien kommen lassen, mehrmals in Anwesenheit bestimmter Personen das abhörsichere Telefon benutzt und Kontakt zu Agenten aufgenommen, die man nur in ›heißen‹ Fällen anspricht. Am Tag vor unserem ›Ausflug‹ hatte ich dafür gesorgt, daß einige der Leute, bei denen ich vertrauliche Kontakte zu amerikanischen und französischen Geheimdiensten vermutete, davon erfuhren, daß ich zu Hause eine wichtige Aktion vorbereiten wollte.«

»Klingt wie in einem billigen Geheimdienstkrimi.«

»Das stimmt. Aber leider ist die Realität oft nicht weit von der Fiktion entfernt. Geheimdienste sind, trotz ihres Rufes als Zentren dichter Zugeknöpftheit, oft nicht viel mehr als riesige Nester von Klatschbasen und Schwätzern, die sich aufplustern und in denen jeder jeden belauert.«

»Na, das sollten Sie Ihren Vorgesetzten aber nicht allzu laut sagen«, lachte der Staatsanwalt, wurde dann aber sofort wieder ernst – die deutliche Offenheit Tassinis ließ ihn mitunter seine Aufgabe als Ankläger vergessen. »Nun sagen Sie uns aber auch, wer die Einbrecher waren, die Franzosen oder die Amerikaner. Oder beide hintereinander?«

Tassini lächelte. »Keiner von beiden. Es waren unsere eigenen Leute. Zwei Teams von unserem eigenen Geheimdienst, unabhängig voneinander, jedes mit einem anderen Ziel. Und wenn mir der Techniker, bei dem ich wegen einer früheren Sache einiges gut hatte, nicht das ganze Videoband zugesteckt hätte, wäre ich nie darauf gekommen.«

»Das müssen Sie uns genauer erklären.«

»Der Schlüssel liegt in den Materialien, die die erste Gruppe austauschte.« Er rutschte herum, der Stuhl wurde immer unbequemer. »In der Mappe, die ich zu Hause gelassen hatte, war ein Dossier, das uns wenige Tage nach dem Absturz der DC 9 der libysche Geheimdienst zugespielt hatte – unser damaliger Chef hatte ja ausgezeichnete Beziehungen dorthin. Der Verdacht der Amerikaner, er habe damals den libyschen Staatschef vor einem Attentat gewarnt, war nicht ganz aus der Luft gegriffen.«

»Leider können wir ihn selbst ja nicht mehr fragen, er ist verstorben.«

»Ja, an Leberzersetzung.«

Der Untersuchungsrichter nickte. »Was enthielt das Dossier?«

»Sämtliche Bewegungen sowjetischer Schiffe und U-Boote im Mittelmeerraum in der Zeit des DC-9-Unglücks.«

»Nun gut, das wissen wir ja bereits, die waren tatsächlich alle weitab vom Geschehen.«

»Genau.«

»Was hatte es also für einen Sinn, ein Dossier ›entdecken‹ zu lassen, in dem sowieso nichts Neues stand?«

»Da müssen Sie sich in das Gehirn eines Geheimdienstlers hineindenken. Wenn ich mir ein Dossier hole, das offenkundig für niemanden etwas Belastendes enthält, dann in der Logik unserer Arbeit nur deshalb, weil ich es fälschen will.«

Staatsanwalt und Untersuchungsrichter schwiegen, man sah ihnen an, wie sie diesem Gedankengang zu folgen versuchten.

»Wenn ich aber ein Dossier über sowjetische Schiffsbewegungen fälschen will, und das im Zusammenhang mit unserem Flugzeugabsturz, dann habe ich wohl vor, es so zu fälschen, daß am Ende die Sowjets als Täter dastehen.«

Staatsanwalt und Richter schwiegen noch immer.

»Und da ich ja entweder Amerikaner oder Franzosen als Einbrecher erwartete, ging ich davon aus, daß sie mit dieser Reaktion auf die Enthüllungen der BBC ganz zufrieden sein würden. Wir keilten nicht zurück, sondern versuchten nur, die Stoßrichtung zu ändern. Damit wurde Libyen vielleicht erst einmal etwas entlastet, aber wenn wir dafür die Sowjets anschwärzten: auch gut. Das war jedenfalls die Botschaft, die wir über die Aktion lancieren wollten.«

»Und warum ist diese Botschaft nicht an die Amerikaner oder Franzosen gekommen?«

Tassini bat, einen Augenblick aufstehen zu dürfen, die Stuhlkante hatte seine Oberschenkel so eingeschnitten, daß seine Füße einzuschlafen begannen. Der Richter ordnete eine kurze Pause an.

»Da haben Sie die Herren aber mächtig beeindruckt«, sagte der Verteidiger zu Tassini, »auch wenn Sie sich mit solchen Enthüllungen immer tiefer in die Scheiße hineinreiten.«

Tassini verstand ihn falsch. »Na, das möchte ich doch gerade; ich will sie zwingen, das Hauptverfahren zu eröffnen. Nur dann kann ich den Betrieb öffentlich bloßstellen.«

Der Anwalt schüttelte den Kopf. »Das meine ich nicht. Ich meine, für Ihre frühere ›Firma‹ werden Sie damit noch gefährlicher. Passen Sie auf, daß die sich nicht ein wirksames Gegenmanöver ausdenken. Was hier in diesem Raum gesprochen wird, wird man dort jedenfalls Wort für Wort erfahren, auch wenn wir offiziell alle zum Schweigen verpflichtet sind, und auch wenn Richter und Staatsanwalt selbst dichthalten. Schließlich gibt es Protokolle und Akten ...«

»Das ist mir klar. Aber es ist meine einzige Chance. Nur wenn ich alles sage, kann ich einigermaßen darauf zählen, daß auch die höheren Chargen drankommen.«

Der Untersuchungsrichter kam wieder in den Raum, die Verhandlung wurde fortgesetzt.

»Also, woraus schließen Sie, daß es Leute aus Ihrem eigenem Amt waren?«

»Ein Indiz war, daß sie den Code meines Aktenkofferschlosses per Anruf abgefragt haben – da es sich um eine Dienstmappe handelte, konnten sie ihn im Amt erfragen. Das wesentlich Entlarvendere aber war, was sie anstelle des libyschen Dossiers in die Tasche gesteckt haben. Das nämlich konnte auf keinen Fall von den Sowjets kommen.«

»Was war es denn?«

»Es waren ein Umschlag mit zwei gestohlenen Originalseiten aus dem Logbuch des amerikanischen Flugzeugträgers, der zur Zeit des DC-9-Absturzes angeblich mit abgeschaltetem Radar zur Wartung im Hafen von Neapel lag. Das Register bewies, daß das Schiff in höchster Alarmbereitschaft und wahrscheinlich sogar ausgelaufen war und somit alles beobachtet haben konnte. Als die Amerikaner den Diebstahl entdeckten, ersetzen sie die fehlenden Seiten sofort durch zwei andere. Dabei ist ihnen übrigens wieder mal ein katastrophaler Fehler unterlaufen, den die Presse später bemerkt hat. Die beiden Seiten wurden durchgehend mit derselben Handschrift ausgefüllt. Da sich die Einträge aber über zweieinhalb Tage erstreckten, ist dies unmöglich – das Register wird vom jeweils wachhabenden Obermaat geführt, und der wechselt alle sechs Stunden. Die Fälschung war also leicht nachzuweisen.«

Der Staatsanwalt schüttelte den Kopf, schüttelte ihn erneut, schrieb ein paar Worte auf und machte für alle sichtbar ein großes Fragezeichen dahinter.

»Konnte es nicht sein, daß die Sowjets diese zwei Seiten auf dem Flugzeugträger gestohlen hatten und sie nun Ihnen unterschieben wollten, damit Sie Bescheid wußten?«

»Nein.«

»Warum nicht?«

»Ganz einfach deshalb, weil wir es waren, die diese Seiten geklaut haben. Eine Woche nach dem Absturz der DC 9. Und die Amerikaner wußten bis zu dem Einbruch bei mir noch immer nicht, daß wir das waren. Die verdächtigten ihrerseits die Franzosen.« Er machte eine Pause, weil er bemerkte, daß der Staatsanwalt und der Untersuchungsrichter ihm nur mühsam folgen konnten. »Natürlich gingen diejenigen, die mir die Blätter unterschieben wollten, davon aus, daß tatsächlich bald andere Einbrecher kommen würden, und sie vermuteten, daß dies Amerikaner sein würden. Für die sollte es dann wohl so aussehen, als hätte ich diese Seiten gestohlen und säße nun daran, den US-Streitkräften die Schuld am Absturz der DC 9 zuzuschieben.«

Er machte wieder eine Pause. »Ich habe Oberst Rango wegen dieser Schweinerei zur Rede gestellt, und er hat so ausweichend geantwortet, daß mir klar wurde, er mußte die Hand im Spiel haben. Schließlich gab er zu, daß er einen Trupp in meine Wohnung geschickt hat. Daraufhin haben wir trotz des Rangunterschiedes derart gestritten, daß die Fetzen flogen.

Ich habe ihm meinen Dienstausweis vor die Füße geknallt, und er hat mit einem Aschenbecher nach mir geworfen. Am Ende mußte uns der Adjutant des neuen Geheimdienstchefs voneinander trennen. Es fehlte wenig, und wir wären beide gefeuert worden.«

»Das kann ich mir denken«, sagte der Staatsanwalt. »Wie ging es weiter?«

»Am Tag danach holte uns der Chef zu einem Gespräch zusammen, las uns die Leviten und brachte eine Versöhnung zustande. Offenbar wollte der Dienst auf keinen von uns beiden verzichten. Während dieses Gesprächs wurde uns klar, daß wir von zwei ganz verschiedenen Dingen gesprochen hatten. Ich hatte vermutet, Rango hätte mir die beiden Logbuchseiten unterschieben lassen – während er sich auf den zweiten Einbruch bezog: Den hatte er angeordnet, ohne von dem ersten zu wissen. Er hatte mir einfach nicht ganz getraut und wollte lediglich kontrollieren, ob ich nicht noch anderes Material hatte mitgehen lassen und ein doppeltes Spiel trieb. Als er von zwei Einbrüchen hörte, dachte er noch, der zweite sei erst nach der Kontrolle durch seine Crew erfolgt. Tatsächlich aber war es umgekehrt. Die anderen waren schneller.«

»Und wer hat die ersten Einbrecher geschickt?«

»Es hat über ein Jahr gedauert, das herauszufinden. Es war ein Kollege, der schon lange auf meine Stelle scharf war. Der hatte von der Aktion Wind gekriegt und es als Chance angesehen, mich anzuschwärzen. Unmittelbar nach diesem Vorfall wußte ich das aber noch nicht. So mußte ich befürchten, daß mich jemand an die Amis oder die Franzosen ausliefern wollte. Was das bedeutete, konnte ich mir denken. Darum auch die Eile, meine Frau zu Verwandten nach Deutschland zu schicken. Die haben eine private Schutzgesellschaft und konnten auf sie aufpassen.«

Der Staatsanwalt hatte in den letzten Minuten Kreise auf ein

Blatt Papier gemalt und sie mit Pfeilen kreuz und quer miteinander verbunden. Als er den neugierigen Blick des Untersuchungsrichters sah, hielt er das Blatt hoch: »So ungefähr sieht das alles aus, was uns der Herr Oberst erzählt hat. Dutzende Mitspieler in dieser Partie, jeder davon noch unterteilt in diverse Grüppchen und Interessenklüngel, und alle irgendwie miteinander verbandelt und doch wieder feindselig gegeneinander eingestellt. Da kann doch kein Mensch mehr durchblicken.«

Tassini nickte. »Ja, das ist sehr schwierig.« Er nahm das Blatt, betrachtete es eine Weile und brachte noch ein halbes Dutzend weiterer Querpfeile an. »So wäre es wohl ganz richtig.«

Der Staatsanwalt griff sich an den Kopf, mußte aber doch wieder lachen. Nach einer Weile fragte er: »Sagen Sie mir noch eines: Wenn Sie die Amerikaner und Franzosen wissen lassen wollten, daß Sie wegen der Enthüllungsstory nicht zurückkeilen wollen – warum haben Sie da nicht einfach den CIA-Residenten hier in Rom aufgesucht und ihm gesagt: Also hören Sie, wir wollen dafür nicht das Kriegsbeil ausgraben ...«

Tassini lächelte sanft. »Weil Ihnen das kein Geheimdienstler auf der Welt abnimmt. Wir sind alle so ausgebildet, daß wir nie das glauben, was uns einer sagt. Wenn ein Geheimdienstler einem anderen sagt: Zweimal zwei ist vier, dann nickt der andere nicht etwa einverständlich mit dem Kopf. Statt dessen überlegt er fieberhaft, ob das vielleicht eine verschlüsselte Botschaft ist, ob der Mann eigentlich etwas ganz anderes sagen oder jemanden warnen will. Erst wenn Sie die Gleichung auf dem Klosett auf ein Blatt Papier schreiben, es in Ihren Tresor sperren, der Kollege von der anderen Seite bei einem Einbruch in Ihrer Wohnung den Tresor öffnet und das Blatt findet, wird er dem Satz glauben und ihn als große Entdeckung feiern ...«

Er hielt inne, weil Anwalt, Untersuchungsrichter und Staatsanwalt vor Lachen prusteten.

Der Untersuchungsrichter nahm den Faden wieder auf: »Wenn ich richtig sehe, ist aber am Ende weder das eine noch das andere Dossier in die Hände derer gelangt, für die es bestimmt war?«

»Richtig.«

»Trotzdem war nach der BBC-Sendung für einige Zeit Ruhe, es gab keine besonderen Enthüllungen mehr, jedenfalls ein, zwei Jahre lang.«

»Das stimmt. Aber das war nicht das Ergebnis unserer intelligenten Vernebelungsarbeit, sondern hängt damit zusammen, daß nur ein paar Wochen nach der Sendung erneut ein Anschlag geschah, der das ganze Land monate-, ja jahrelang beschäftigte. Ich meine den Mord am damals schon legendären Terroristenjäger Carlo Alberto dalla Chiesa. Den hatte die Regierung nach einer beispiellosen Mordserie zum Kampf gegen die Mafia nach Sizilien geschickt, wo er Anfang September 1982 umgebracht wurde. Von da an konzentrierten sich die besten Ermittler und auch die Presse nur noch auf den Kampf gegen die Mafia.«

»Der Fall der DC 9 geriet erneut in Vergessenheit?«

»Ja. Bis es dann – so etwa ab 1984, 1985 – mit einer neuen Regierung und vor allem mit einer neuen Führungslinie des Militärischen Geheimdienstes zu einer Änderung der Marschrichtung kam, die unvorhersehbare Folgen hatte. Auch für mich. Vielleicht sogar für mich vor allem.«

Rom, Via della Pineta Sacchetti
24. Juni 1984, 8 Uhr

Wenn in einer Geheimdienstangelegenheit Frauen auftauchen, das hatte Tassini schon in den ersten Monaten seiner Ausbildung gelernt, sollten bei jedem Agenten sofort die Alarmglocken schrillen: Das andere Geschlecht näherte sich den Agenten immer in undurchsichtiger Absicht. So war Tassini also höchst beunruhigt, als ihn kurz nach Beendigung des Nachtdienstes unweit seines Amtes eine weibliche Stimme von hinten ansprach: »Hauptmann Tassini?« Er fuhr herum: Keine Schönheit, auch nicht auffallend gekleidet, aber mit einem Blick zwischen forschend und hintergründig und mit einem winzigen Lächeln auf den Lippen, von dem man nicht wußte, ob es Überlegenheit oder Unsicherheit andeutete.

»Woher kennen Sie mich?« fragte er und überlegte, ob er sie, um Distanz zu schaffen, darüber informieren sollte, daß er inzwischen Major war. Doch irgendwie machte ihn dieses merkwürdige Treffen so nervös, daß er gar nicht wußte, was er sagen sollte. Er blickte sich um, ob ihn jemand beobachtete. Aber die Beamten des Dienstes, die gerade vom Schichtwechsel kamen, gingen an den beiden vorbei, ohne sie sonderlich zu beachten. Die Frau nahm ihn leicht am Arm und schob ihn aus dem Gedränge die Via della Pineta Sacchetti entlang, bis sie in die Via Cardinale einbogen.

»Wissen Sie«, sagte sie, »es ist eben so: Ihr Schlapphüte habt eure Methoden, und wir Journalisten haben die unseren.« Sie blickte ihm direkt in die Augen, während er mühsam einen Fluch unterdrückte – eine Journalistin, auch das noch. Wenn ihn einer seiner Kollegen sah und die Situation erkannte, würde es Ärger geben. Nun war er es, der die Frau weiterschob, ganz nach hinten zwischen die Autos, so daß sie vor neugierigen Blicken einigermaßen verborgen waren.

»Was wollen Sie?«

Die Frau zog einen Notizblock hervor. »Zunächst einmal, meine Name ist Doriana Laconi. Es geht um eine alte Geschichte, den Absturz einer DC 9 vor vier Jahren. Sie erinnern sich.«

Tassini merkte, wie ihm das Blut in den Kopf schoß. Dennoch versuchte er, so harmlos wie möglich auszusehen. »Der Fall ist doch geklärt«, sagte er, »Materialermüdung, soweit ich weiß.«

Die Frau lächelte. »Es könnte sein, daß der Skandal bald wieder hochkommt«, sagte sie, »die neue Regierung könnte den Fall benutzen, um sich in der Öffentlichkeit als Anwalt der kleinen Leute zu profilieren. Schließlich sind bei dem Absturz einundachtzig Menschen umgekommen.«

»Wieso Anwalt der kleinen Leute? Es war doch ein normaler Absturz.«

»Nein, es war ein Abschuß durch eine Rakete.«

»Aber das ist doch nie ...« Tassini merkte, daß er sich bereits auf all zu viel einließ. »Also hören Sie, Frau ...«

»Laconi, Doriana«, half sie aus. »Die Amerikaner hatten zu diesem Zeitpunkt ...«

»Hören Sie«, unterbrach er, »ich weiß darüber absolut nichts. Außer das, was in den Zeitungen stand. Was wollen Sie von mir?«

»Ja, sehen Sie«, sie blätterte in ihrem Notizblock zurück, »es gibt so ein paar Hinweise, daß Sie sich nach dem Absturz ganz stark engagiert haben, um die Wahrheit zu vertuschen.«

»Wer? Ich?« Die Sache wurde allmählich höchst unangenehm. Bluffte die Frau nur? Oder hatte jemand aus dem Amt sie mit Informationen versorgt – durchaus möglich;

seit er es ständig mit neuen Gesichtern zu tun hatte, war nichts mehr ausgeschlossen. Aber was und wieviel konnte sie wissen?

Er tat so, als wolle er weggehen. »Sie irren sich, ich habe damit nichts zu tun.«

»Aber Sie wissen doch, daß es da Hunderte von Vernebelungsmanövern gegeben hat.«

»Und wenn? Was soll ich ...« Er merkte, daß er schon wieder ein paar Worte zu viel gesagt hatte. »Lassen Sie mich in Ruhe. Sie haben den Falschen erwischt.« Er trat einige Schritte zur Seite.

Doriana Laconi lächelte. »Sagt Ihnen der Name Andrea Neri etwas?«

Großer Gott, sie kennt die ganze Geschichte. Der Kerl vom Radar hat das Maul nicht gehalten. »Wie bitte? Wie war der Name?«

»Tun Sie nicht so. Das ist ein Radarlotse, der in der fraglichen Nacht Dienst hatte. Und Sie haben ihn ...«

»Hören sie auf«, Tassini schubste sie hinter die parkenden Autos zurück, packte sie am Oberarm und drückte ihn so fest, daß sie eigentlich hätte schreien müssen. Aber sie sah ihn nur spöttisch an. »Was haben Sie in der Sache herumzustochern?« fuhr er sie wieder an, ließ aber ihren Arm los. »Ich weiß nicht, was er Ihnen erzählt hat, aber ...«

Doriana Laconi schüttelte der Kopf. »Er hat mir gar nichts erzählt. Sie sind es, der mir dauernd etwas erzählt. Sehen Sie, ich weiß nun, erstens: Sie sind Tassini; da war ich mir vorher nicht sicher. Zweitens: Sie hatten mit der Sache zu tun. Drittens: Sie haben auch mit dem Radarlotsen etwas angestellt, der seither höchst verwirrt ist. Und viertens: Sie haben eine saumäßige Angst, daß da einiges herauskommen könnte.«

Tassini trat wieder an die Frau heran. »Hören Sie. Wenn

Sie meinen, Sie könnten uns etwas anhängen, dann müssen Sie früher aufstehen. Wir haben keinen Dreck am Stecken. Wir haben unsere Pflicht getan, basta. Und wenn Sie weiter in dem Brei herumrühren, werden Sie schon sehen, wo Sie landen. An Ihrer Stelle würde ich mich hüten ...«

»Soll das eine Drohung sein?«

»Nehmen Sie's, wie Sie wollen«, brummte er und ging nun wirklich weg, hinunter zu seinem Wagen. Er war sicher, daß die Journalistin ihm folgen würde, aber er schaute sich nicht um. Erst als er in seinen Alfasud einstieg, suchte er sie im Rückspiegel. Aber sie war nicht zu sehen. Langsam dreht er sich um. Nein, sie war wirklich nicht mehr da. Er stieg wieder aus, doch er fand sie nicht mehr. Sie war einfach weg.

Die Alarmglocken in Tassinis Gehirn schrillten weiter. Wie war diese Person auf ihn gekommen? Er ging seine Erinnerung durch: Natürlich konnte sie mit dem Radarlotsen gesprochen haben, und der hatte geplaudert. Aber der Dienst hatte den Mann doch monatelang beobachtet und abgehört. Andrea Neri hatte sich langsam wieder gefangen und den Vorfall nie mehr jemandem gegenüber erwähnt, nicht einmal seiner Frau oder seiner Schwägerin gegenüber. Nein, der Mann war unmöglich ihre Quelle. Bartolo Empoli, der andere Lotse, der ihn überhaupt erst auf den Namen des depressiven Kollegen gebracht hatte? Aber wie sollte sie auf den gekommen sein? Die Listen der damals diensthabenden Lotsen im Tower von Ciampino hatte der Geheimdienst allesamt eingezogen und durch gefälschte ersetzt. Der Name Empoli war aus den Registern ebenso gelöscht worden wie der des labilen Andrea Neri. Von dort konnte sie ihre Informationen nicht haben.

Tassini beschloß, einigen neidischen Kollegen auf den Zahn zu fühlen, die Aktensicherheit zu kontrollieren und danach mit einem der Vorgesetzten zu sprechen, denen er noch vertraute.

Er ging zurück ins Amt, legte seinen Dienstausweis in die Metallschale vor den Pförtner, der ihn ansah, zurückgab und sagte: »Na, Herr Major, etwas im Büro vergessen?«

»So was Ähnliches«, sagte Tassini und fuhr in den dritten Stock. Im Büro saß sein Stellvertreter und machte eine überraschte Bewegung, als Tassini eintrat. Hatte der Kerl da nicht gerade etwas verstohlen unter die Zeitung geschoben? Tassini begann regelrecht zu fiebern. Der Bursche war nicht sauber, das hatte er schon immer vermutet. Seit sie ihm den Mann ins Zimmer gesetzt hatten, war so manches vertrauliche Gespräch unversehens zu Leuten gelangt, die es nichts anging.

Tassini schlenderte um den Schreibtisch herum und warf einen Blick auf die Zeitung. »Ach ja, wer wird denn nun Formel eins Weltmeister? Schafft's Alain Prost, jetzt, wo Niki Lauda weg ist?«

»Ich ... ich verstehe nicht viel davon ...«, stotterte der Mann, obwohl er die betreffende Seite aufgeschlagen hatte, »ich denke ... da ist doch auch noch ...«

»Stimmt«, sagte Tassini und grapschte nach der Zeitung; sein Stellvertreter versuchte dies zu verhindern, indem er die Arme darauflegte. Das Blatt zerriß. Tassini raffte auch noch den Rest hoch und griff nach den darunterliegenden Zetteln.

Es waren Toto-Scheine. »Sind Sie verrückt?« schimpfte der Mann. »Wieso zerreißen Sie meine Zeitung?«

»Verzeihen Sie.« Tassini drehte sich um. Verdammter Mist, auch das noch, ich sehe schon Gespenster.

Er setzte sich an seinen Schreibtisch und dachte nach. Dann schrieb er einige Anordnungen auf ein Formblatt und rief einen Boten: »Das alles, und bitte direkt und ohne Verzögerung.« Als der Mann die Tür schloß, blickte Tassini auf die Uhr.

Es gehörte zur Routine, Boten auch zeitlich zu überwachen – dauerte der Gang länger als unbedingt notwendig, sprach eine gewisse Wahrscheinlichkeit dafür, daß der Mann noch irgend jemandem stecken mußte, was er da gerade abzuliefern hatte und bei wem.

Der Bote kam jedoch schneller zurück als normalerweise möglich. »Wo haben Sie die Akten denn so schnell aufgetrieben?« fragte Tassini mißtrauisch.

»Die waren gerade vom Chef zurückgekommen«, sagte der Bote, »und noch nicht wieder im Archiv eingeordnet. So hat der Archivar sie nicht erst suchen müssen.«

Tassini merkte, wie sein Blut zu pulsieren begann. Wenn der Chef die Sache schon bei sich gehabt hatte ... Um Himmels willen, die Journalistin! Wahrscheinlich hatte ihn doch jemand beobachtet! Oder sie war von seinem eigenen Amt geschickt worden, um ihn zu überprüfen – das geschah routinemäßig immer wieder. Er hätte die Begegnung sofort melden müssen, Pressekontakte mußten unverzüglich dem Vorgesetzten angezeigt werden. Sein Kollege pfiff leise ein Liedchen vor sich hin, was Tassini noch nervöser machte. Er stand auf, setzte sich wieder, griff dann plötzlich so hastig nach dem Telefonhörer, daß er den ganzen Stapel Akten umriß und alles zu Boden fiel. »Können Sie mich bitte sofort beim Chef melden«, schnaufte er in den Hörer, »hier ist Major Tassini, Abteilung D. Bitte möglichst schnell, die Sache hat absoluten Vorrang.« Er hob die Akten auf und ärgerte sich, daß sein Stellvertreter auf der anderen Seite grinste, aber keine Miene machte, ihm zu helfen.

Noch während er die Akten wieder ordnete, läutete das Telefon. Er hob ab. »Ja. Ich komme sofort.« Die Telefonschnur verfing sich beinahe schon wieder, so schnell stürzte er hinaus. Plötzlich erinnerte er sich daran, daß man »Geheim«-gestempelte Akten nicht unversiegelt liegenlassen durfte, also kehrte er zurück, drehte eine Schnur um den Stapel, verknotete sie und drückte ein Dienstsiegel drauf, in das er sein Kürzel kritzelte. Dann lief er zwei Treppen hoch ins Allerheiligste seines Chefs.

Rom, Forte Braschi, Sitz des Militärischen Geheimdienstes
24. Juni 1984, 10 Uhr

Als Tassini eintrat, stand der neue Leiter des Militärischen Geheimdienstes neben seinem Schreibtisch. Er kam von der Marine, wo er als Admiral bereits eine Reihe wichtiger Aktionen bei Hilfsmaßnahmen für die Vereinten Nationen durchgeführt und sich ansonsten als umsichtiger Reformator hervorgetan hatte. Auf seinem Schreibtisch standen gleich mehrere Miniaturausgaben und Bilder von Kriegsschiffen, die er befehligt hatte, im Hintergrund hing neben der italienischen Fahne, wenn auch etwas kleiner, die Flagge der vier klassischen Marinerepubliken Italiens. Tassini hatte den Chef bei dessen Amtsantritt vor einigen Monaten zwar kurz kennengelernt, aber in seinem Amtszimmer war er noch nie gewesen. Von der Einrichtung der Vorgänger war nur der Schreibtisch geblieben, der der Legende nach unmittelbar nach Gründung des ersten Geheimdienstes nach dem Sturz der Faschisten angeschafft worden war. Admiral Cinzano hatte ihn wohl aus Pietät stehen lassen, er symbolisierte in seiner Einfachheit immerhin den Bruch mit der schwülstigen Klassizistik der Mussolini-Zeit, auch wenn an ihm bereits mehrere Chefs gesessen hatten, die alles andere als demokratisch gesinnt waren, einige von ihnen hatten gar Putschversuche unternommen.

Auf der anderen Seite des Schreibtisches stand der Leiter der Abteilung D, Tassinis Chef Rango, der mittlerweile zum General befördert worden war, neben ihm der persönliche Sekretär des Admirals. Und bei der Tür, so daß Tassini ihn im Rücken hatte, stand ein Mann in Zivil, der ihm nicht vorgestellt wurde. Der Admiral deutete auf einen Stuhl. »Setzen Sie sich, Herr Major«, sagte er und kam gleich zur Sache. »Ist Ihnen eine Frau ...«, er suchte in dem vor ihm liegenden Faszikel, »... Doriana Laconi ein Begriff?«

Tassini fühlte, wie er bis zu den Ohren puterrot anlief. »Nein ... das heißt ja ... ich meine, die kam, heute erst, verstehen Sie, heute erst kam sie daher, nach dem Nachtdienst, einfach so auf der Straße, die kannte mich, und ...«

Admiral Cinzano winkte ab. »Das wissen wir, wir haben die Szene beobachtet ...«

»Also doch ...«, entfuhr es Tassini.

»Was, also doch?«

»Sie war vom Dienst geschickt, um mich zu überprüfen, nicht wahr? Ich hätte sofort ...«

»Unsinn. Wir waren hinter der Frau her, nicht hinter Ihnen. Sie läuft seit einigen Wochen in der Gegend herum und sammelt Informationen ...«

»... zum Fall der DC 9«, beendete Tassini den Satz, froh, wenigstens hier einen Beitrag leisten zu können.

»Richtig. Wir haben nur keine Ahnung, warum sie das tut. Hier im Hause hat wohl keiner sie gespickt, wir beobachten sie seit Beginn ihrer Aktivität.«

»Ich habe, ehrlich gesagt, auch nicht genau herausgekriegt, was sie will. Ich habe sie natürlich abgewimmelt.« Tassini fühlte sich wieder auf etwas sichererem Boden. Es ging hier also um eine Art Feindaufklärung, nicht um Anschuldigungen gegen ihn wegen nachlässiger Meldung von Vorfällen.

»Ach ja«, sagte der Admiral, »Sie haben sie abgewimmelt. Das hat Ihnen allerdings niemand aufgetragen, oder?«

Tassini wurde wieder unsicher. »Ja, was hätte ich denn ... hätte ich ihr ... ich konnte doch nicht ...« Er fühlte, wie seine Hände feucht wurden. Mit General Rango kam er gut zurecht, auch in schwierigen Situationen. Aber der Admiral strahlte eine ganz andere Art von Autorität aus. Tassini fühlte sich fast wie ein Schuljunge, der gemaßregelt wurde.

»Jedenfalls sollten Sie sich in solchen Fällen erst mal vergewissern, was hier im Hause geplant ist.«

»Ja, sicher, aber der Umgang mit Journalisten ...«

»Natürlich, Sie dürfen der Presse gegenüber keine Aussagen machen, keine Stellungnahmen abgeben, nicht von sich aus mit ihr in Kontakt treten ... Geschenkt. Aber in diesem Fall ist die Frau mit Ihnen in Kontakt getreten und zwar so, daß Sie gar nichts machen konnten. In einem solchen Fall sollten Sie erst mal versuchen, Zeit zu gewinnen, und sich mit uns beraten. D'accordo?«

Eine kleine Pause entstand. »Sie werden sich wieder mit der Frau treffen«, sagte der Admiral, »und General Rango wird mit Ihnen abstimmen, was Sie ihr zugänglich machen.«

»Was? Ich soll ...?«

General Rango nickte. »Sie sollen die Frau unter Umständen mit Informationen versorgen. Natürlich nur mit solchen, die wir für angemessen halten.«

»Also Desinformationen.« Tassini fühlte sich wieder in seinem Element.

»Nein«, die Stimme des Admirals hatte plötzlich einen geradezu metallenen Klang. »Keine Desinformationen. Ich habe bereits bei meinem Amtsantritt gesagt, daß wir hier nicht mehr mit Unwahrheiten arbeiten. Es gibt Informationen, die dürfen Sie nicht herausgeben, die bleiben geheim, in solchen Fällen lautet die Parole: No comment. Es wird aber nicht gelogen. Und es gibt Informationen, die dürfen Sie geben, aber die müssen dann auch der Wahrheit entsprechen. Es wird nicht mehr gefälscht und nicht manipuliert in dieser Sache. Klar?«

Tassini nahm Haltung an und blickte etwas verlegen zu General Rango. »Klar doch. Zu Befehl.«

Der Geheimdienstchef kam wieder vom Admirals-Ton herunter. »Sie sollen das nicht tun, weil ich es Ihnen befehle, sondern weil es richtig ist. Wir haben in unserem Geheimdienst dafür zu sorgen, daß in unserem Militär keine Spione sind, daß unsere Verteidigungslinien nicht ausgespäht, unsere Waffen nicht analysiert werden können, wir müssen im Falle militärischer Einsätze den Feind täuschen und vielleicht auch ab und zu unsere eigenen Mitbürger von der Erkenntnis der Wahrheit fernhalten. Aber wir leben heute im Frieden, und es ist nicht unsere Aufgabe, das Fehlverhalten von Politikern und das Versagen von Militärs zu verschleiern. Weder der unseren noch unserer Alliierten. Wenn sie etwas ausgefressen haben, sollen sie es gefälligst selbst regeln. Und schon gar nicht werden wir unsere Köpfe für Fehler anderer hinhalten. Verstanden.«

»Ja doch, zu Bef...«

»Gut. Die Politiker haben sich jahrzehntelang nicht in die Arbeit der Geheimdienste eingemischt, und so sind diese im Laufe der Zeit zu einer unkontrollierten und unkontrollierbaren Enklave geworden. Das hat nicht nur ihre Qualität geschmälert, sondern auch ihrem Ansehen in der Öffentlichkeit geschadet. Und es hat durch unzählige Dummheiten und Fehleinschätzungen, aber auch durch Indiskretionen und Schlampigkeiten das Verhältnis zu den Geheimdiensten unserer Verbündeten so beschädigt, daß die meisten uns heute auf Anfragen nicht einmal mehr eine

Antwort geben. Ich habe die Aufgabe, dies zu ändern, und ich werde mich nicht durch alte Geschichten daran hindern lassen. Ganz gleich, wer dafür verantwortlich ist. Haben Sie auch das verstanden?«

»Jawohl.«

»Sie können wegtreten. General Rango, besprechen Sie die Einzelheiten mit dem Major.«

Der Admiral blieb mit dem Zivilisten und seinem Sekretär zurück, während Tassini seinem Vorgesetzten folgte.

»Scharfer Tobak, was?« sagte General Rango und zwinkerte ein wenig, als sie wieder in ihre Abteilung zurückgingen. »Das kann der«, er deutete mit dem Daumen zurück Richtung Chefzimmer, »sich auch nur leisten, solange die Leute, die ihn ins Amt gehievt haben, politisch noch nicht allzu viel angestellt haben und die Generalstäbler keine weiteren Dummheiten machen. Ansonsten ist er seinen Posten schneller los, als er bis drei zählen kann. Oder er wird so wie alle anderen vor ihm. Auch Leute wie General Finto, den sie 1982 rausgeworfen haben, haben ihren Posten mal mit allerlei Elan angetreten. Aber wie soll jemand seinen Enthusiasmus behalten, wenn er von Politikern abhängt, die ihre Fahne immer nach dem Wind hängen, und wenn er an jeder Ecke spürt, daß wir im Grunde sowieso nur eine nachgeordnete Behörde der Amis sind und nach ihrer Pfeife tanzen müssen?«

Tassini nickte stumm, aber nicht zu betont. Was der Admiral gesagt hatte, war ja gar nicht so falsch. Nur, was hatte es für ihn und die Sache mit der DC 9 zu bedeuten?

»Der Admiral geht davon aus, daß die Sache mit dem Abschuß noch großen Wirbel verursachen wird. Die Reporterin, die Sie angesprochen hat, pflegt ausgezeichnete Beziehungen zu allen möglichen Ministern. Die Herausgeberin ihrer Zeitung ist zudem eine persönliche Freundin des

Regierungschefs. Wenn die Frau also plötzlich da herumstochert ...«

»Aber der Admiral hat doch selbst gute Beziehungen, er ist doch der Protegé des Ministerpräsidenten persönlich. Er braucht doch nichts zu fürchten, oder?«

»Daß er der Schützling unseres Regierungschefs ist, heißt nicht viel, in der Sozialistischen Partei gibt es mehrere miteinander konkurrierende Strömungen. Und im Verteidigungsministerium herrscht derzeit ein Mann aus der Republikanischen Partei. Kann sein, daß jemand alte Rechnungen begleichen will, indem er den DC-9-Abschuß hochspielt. Kann auch sein, daß jemand dem Admiral sein Amt neidet.«

General Rango blieb stehen, weil sie an seinem Amtszimmer angekommen waren. Er schloß auf und winkte Tassini herein, ohne ihm allerdings einen Stuhl anzubieten.

»Wir wissen nicht genau«, fuhr er fort und schichtete einige Faszikel auf seinem Schreibtisch um, »woher sie Informationen bekommt. Manche sind vom Oberkommando der Carabinieri. Denn sie verwendet Nachrichten, die wir nur denen gesteckt haben – und die überdies falsch sind.«

»Ich dachte, sie kommt von irgendeinem anderen Geheimdienst oder von einer Detektei.«

»Letzteres wäre schon möglich, die Hinterbliebenen der Opfer machen sich ja immer mal wieder bemerkbar. Vielleicht ist sie aber auch nur eine ehrgeizige Journalistin mit einer guten Spürnase, viel Phantasie und ausgezeichneten Verbindungen. Es wird Ihre Aufgabe sein, das herauszufinden.«

»Und wie?«

»Das müssen Sie entscheiden. Wir werden dafür sorgen, daß Ihnen die Frau sozusagen rein zufällig immer mal wieder über den Weg läuft. Der Rest liegt bei Ihnen.«

Tassini nickte. »Gestatten Sie mir noch eine Frage, Herr General?«

»Natürlich.«

»Ich habe noch nicht genau verstanden, wie es der Admiral denn nun mit dem, was wir in den vergangenen Jahren in Sachen DC 9 unternommen haben, halten will. Ich meine, die vielen Fehlinformationen, die Fälschungen ...«

»Ja, das wüßte ich auch gerne. In anderen Fällen, in denen wir Terroristen gedeckt haben, die auch auf unserer Gehaltsliste standen, hat er keinerlei Anstalten gemacht, uns zu Hilfe zu kommen, wenn es Enthüllungen gab. Allerdings blockiert er unsere Verteidigung auch nicht. Er tut so, als ginge ihn nur das etwas an, was seit Beginn seiner Amtszeit passiert ist. Den Rest läßt er laufen, wie es gerade läuft. Er verhindert aber systematisch, daß wir weiterhin verschleiern, um frühere Fälschungen abzudecken. Da ist er hundertprozentig dagegen.«

»Verstehe.«

»Ja, mein guter Major. Wir müssen jetzt einfach fest zusammenhalten. Jedenfalls diejenigen, die wegen früherer Tätigkeiten in Schwierigkeiten kommen könnten, wie zum Beispiel im Falle der DC 9.«

Tassini schlenderte nachdenklich in sein Büro zurück. Dort saß sein Kollege, blätterte in einem Magazin und machte wieder einmal den Eindruck, hier nur die Zeit abzusitzen und auf den siebenundzwanzigsten des Monats zu warten, wenn das Gehalt ausbezahlt wurde. Tassini setzte sich an seinen Schreibtisch, drehte aber seinen Stuhl so, daß er aus dem Fenster sehen konnte und nicht seinen Kollegen im Gesichtsfeld hatte.

»Irgend etwas nicht in Ordnung?« fragte der nach einiger Zeit.

»Doch, doch, alles okay«, sagte Tassini, drehte seinen

Stuhl wieder zum Schreibtisch und begann, die Akten neu zu ordnen, die ihm vorher zu Boden gefallen waren. Alle möglichen Notizen, Dokumente, Anweisungen, jede Menge Zeitungsausschnitte. Er stöberte darin herum, ob er den Namen Doriana Laconi fand. Nein, über den Absturz der DC 9 hatte sie nichts geschrieben. Er schaltete seinen Computer ein und fragte ihren Namen ab: vierunddreißig Jahre, aus Mailand, sechs Semester Soziologie, Quereinsteigerin im Journalismus, schrieb für mehrere linke Zeitungen, Expertin in Sachen Terrorismus ... Unter »mögliche Kontakte« war der 1982 von der Mafia ermordeten Carabinieri-General Carlo Alberto dalla Chiesa genannt. Außerdem hatte sie politische Kontakte zur Democrazia proletaria, einer autonomen linken Fraktion mit ein paar Abgeordneten, und zu einigen Exponenten des linken Flügels der Sozialistischen Partei, die bei der Vergabe der Regierungsämter nicht bedacht worden waren. Auch im Außenministerium, wo seit einiger Zeit wieder der »Alte Fuchs« aus der Christdemokratischen Partei waltete, hatte sie einige hochrangige Ansprechpartner. Dennoch, alles in allem eher journalistische Normalität, fand Tassini.

Er dachte einen Augenblick an Giovanna. Würde es wieder Streit geben, wie so oft, wenn er mit Frauen zu tun hatte? Die Liebe zu Giovanna, das war ihm besonders seit jenen Monaten voller Angst vor einem Anschlag klargeworden, war ihm wichtiger als alles andere. Es war nicht nur die Sicherheit und die unendliche Ruhe, die sie ihm zu Hause vermittelte. Er beneidete sie auch um die Art, wie sie selbst ihre Krisen immer wieder meisterte. Selbst wenn sie ihn in einer diffizilen Situation erwischte hatte und wieder mal Porzellan auf den Boden warf, war sie es am Ende, die ihn in den Arm nahm und tröstete, obwohl es eigentlich umgekehrt hätte sein müssen. Sie hatte einen Weg gefunden, mit Enricos häufiger Abwesenheit und der Undurchsichtigkeit seiner Beziehungen fertigzuwerden. Er wußte, daß sie sich auch nach jener »Fotogeschichte« mit anderen Männern traf, mit ihnen ausging – und sich konstant weigerte, ihm darüber Rechenschaft abzulegen. Aber sie hatte ihm immer wieder offen in die Augen geschaut, ihn in die Arme genommen und ihm versichert, daß sich an ihrer Beziehung nichts geändert hatte. So liebevoll, daß er sich irgendwann in die Situation fügte. Er hatte sich damit getröstet, daß ja auch sie sich allmählich damit abgefunden hatte, daß seine Arbeit sich immer wieder massiv auf ihr Privatleben auswirkte.

Trotzdem hatte er immer noch Herzklopfen, wenn er nach Hause kam, bis er sich vergewissert hatte, daß sie noch da war. Und wenn er anrief und sie nicht abhob, suchte er oft einen Vorwand, schnell mal zu Hause vorbeizuschauen. Meist war sie nur in der Schule, wo sie als stellvertretende Rektorin für die Stundenpläne verantwortlich war und alle Hände voll zu tun hatte.

Das Telefon klingelte. »Für Sie«, sagte sein Gegenüber. Tassini übernahm. »Ja?«

»Schönen Nachmittag.«

»Wer spricht bitte?«

»Das sage ich Ihnen, wenn wir uns sehen. Können wir uns treffen, jetzt gleich?«

»In welcher Angelegenheit?«

»In der, an der Sie jetzt sitzen.«

Tassini überlegte. Bei anonymen Anrufen schrieb die interne Regelung vor, sofort einen Mithörer zuzuschalten. Aber irgend etwas hielt ihn davon ab, seinen Kollegen zum Abnehmen des zweiten Hörers zu veranlassen.

»Gut so«, sagte die Stimme, »lassen sie den Zweithörer weg.« Der Mann kannte sich offenbar aus. »Sagen Sie auch nicht, wohin Sie jetzt gehen. Wir treffen uns in einer dreiviertel Stunde in der Buchhandlung der Paoliner am Vatikan. Das ist von Ihrer Dienststelle aus zu schaffen.«

»Ich werde sehen ...«, sagte Tassini, um noch etwas Zeit zu gewinnen. Doch sein Gesprächspartner hatte schon aufgelegt. Tassini wußte nicht einmal, wie er den Mann erkennen sollte. »Ich bin im Archiv«, sagte er zu seinem Gegenüber und nahm die Akten unter den Arm. Draußen winkte er einem Boten, gab ihm den Stapel und setzte sein Kürzel und die genaue Uhrzeit unter den Laufzettel. Dann verließ er das Gebäude und gab dem Pförtner an, er sei in zwei Stunden wieder zurück.

Die Buchhandlung »Paolina« war, wie üblich um diese Zeit, stark besucht; Tassini wanderte durch die Gänge voller Büchertische und suchte nach dem Anrufer. Doch niemand redete ihn an. Er wollte die Buchhandlung schon verlassen, da rempelte ihn ein Mann leicht an, legte ein Buch, in dem er geblättert hatte, vor ihm auf einen großen Bücherstapel, entschuldigte sich und ging weg. Tassini schlug das Buch auf, da lag ein Zettel: »Galleria Borghese, an der Baustelle.« Ein Mann vom Fach, dachte Tassini – niemals an der ursprünglich vereinbarten Stelle auftauchen. Dann überlegte er erneut, ob er nicht doch jemanden aus dem Dienst verständigen sollte. Gleichzeitig sah er sich vorsichtig um, ob ihn jemand beobachtete. Er nahm den Zettel aus dem Buch, ging zum Verkaufstisch, legte es vor den Kassierer und sagte: »Das hat jemand auf dem falschen Regal liegenlassen.«

Er trat wieder ins Freie und stieg hinter der Aurelianischen Mauer in den Bus Richtung Hauptbahnhof. An der Piazza Esedra nahm er ein Taxi, dirigierte es zuerst zur Piazza Venezia, dann über die Tiberpromenade nach Norden und schließlich kurz nach dem ehemaligen Marineministerium hoch zum Monte Pincio. Beim Zoo stieg er aus und ging die Via della Uccelleria hinauf zur Galleria Borghese. Da wurde seit Jahren renoviert, ein großer Bauzaun schloß das ganze Areal ein. Er guckte immer mal wieder durch die Ritzen, aber außer ein paar Bauarbeitern war niemand zu sehen. Dann faßte ihn plötzlich eine Hand von hinten, und er drehte sich erschrocken um. Vor ihm stand der Mann, den er eine Stunde zuvor im Büro des Geheimdienstchefs gesehen hatte. »Schön, daß Sie kommen«, sagte der Mann und schob ihn durch eine Lücke im Zaun hinter das Gebäude.

»Und?« fragte Tassini, der sich langsam von dem Schreck erholt hatte. »Wieso die Geheimnistuerei?«

»Ich bin Beamter beim Koordinierungsausschuß der Geheimdienste und direkt dem Ministerpräsidenten unterstellt«, sagte der Mann ruhig, aber so bestimmt, daß Tassini die Frage nach seinem Namen unterließ. »Ich möchte mit Ihnen sprechen, weil Sie damals die ganzen Aktionen zur Vertuschung der Wahrheit geleitet haben. Oder irre ich mich?«

»Nein. Aber mein Chef ist General Rango, ich bin nicht befugt, außerhalb des Dienstes ...«

»Doch. Wenn dieses Gespräch hier ein positives Ergebnis haben sollte, bekommen Sie direkt vom Staatssekretär die entsprechende Order, mit mir zusammenzuarbeiten. Wir wollen Sie für eine Tätigkeit gewinnen, die in gewisser Weise im Gegensatz zu Ihren bisherigen Aufgaben steht. Aber es geht dabei absolut nicht darum, Ihre Kollegen anzuschwärzen oder den Admiral zu bespitzeln oder ihm Knüppel zwischen die Beine zu werfen. Der Admiral ist persönlich über all meine Schritte informiert; Ihr direkter Vorgesetzter General Rango allerdings nicht.« Er deutete auf eine Bank an der Hecke des Blumenrondells und schob Tassini in diese Richtung.

»Sie haben sicher bereits bemerkt«, fuhr er fort, als sie sich gesetzt hatten, »daß der Admiral mit den alten Geschichten nichts anfangen kann oder will. Ihm geht es nur um die Sauberkeit seines Dienstes in der Zeit, in der er ihm vorsteht. Wir brauchen aber mehr.«

»Aber Sie haben doch gehört, daß ich wieder anfangen muß mit der Desinf... na ja, wie auch immer Sie es nennen wollen, jedenfalls wegen dieser Journalistin ...« Er unterbrach sich. »Kommt die etwa von Ihnen?«

»Nein. Wir wenden uns aus ganz anderen Gründen an Sie; allerdings kann es durchaus sein, daß wir ein ähnliches Interesse haben wie diese Journalistin. Wir wollen nämlich wissen, was seinerzeit wirklich passiert ist.«

Das Laub an den Büschen hinter der Bank raschelte, und beide drehten sich ruckartig um. Aber es war nur der starke Wind, und sie lächelten einander kurz an: Mikrofone ungebetener Lauscher würden hier nichts Brauchbares übertragen.

»Na, da wurde während eines Nato-Kriegsmanövers eine DC 9 Mac Donnell Douglas abgeschossen.«

»Sehen Sie, und genau da müssen wir anfangen. Haben Sie denn Beweise dafür, daß sie abgeschossen wurde?«

»Beweise? Aber das wissen doch alle ... Ich meine alle, die damals damit zu tun hatten, die Amerikaner, die Franzosen, die Deutschen und natürlich auch wir.«

Der Beamte schüttelte den Kopf. »Sie haben mich noch immer nicht verstanden. Ich weiß, daß alle Welt mittlerweile davon ausgeht, daß das Flugzeug abgeschossen wurde. Aber weder Sie noch sonst wer kann uns sagen, ob es wirklich so war. Und wenn ja, wer es abgeschossen hat und warum.«

Tassini runzelte die Stirn.

Der Beamte lächelte wieder. »Ich verstehe, daß Sie sich

wundern. Ich will Ihnen deshalb, obwohl ich eigentlich nicht dazu befugt bin, auch andeuten, warum wir so an dieser Sache interessiert sind. Wir suchen sozusagen nach Leichen im Keller der Amerikaner und vielleicht auch der Franzosen.«

Er machte eine Pause, aber da Tassini nicht nachfragte, fuhr er in seiner Erklärung fort. Es gab Anzeichen für zunehmende Spannungen mit den USA. Nachdem die Amerikaner den europäischen Nato-Staaten die Stationierung neuer Raketen aufgezwungen hatten, wollten sie nun offenbar auch den gesamten Mittelmeerraum aufrüsten, und an dieser Stelle waren besonders die Interessen Italiens berührt.

»Politisch können wir uns gegen das Diktat aus den USA nicht wehren. Darum suchen wir derzeit nach irgendwelchen Dingen, deren Enthüllung den USA sehr unangenehm sein könnte, weil sie möglicherweise die Weltöffentlichkeit gegen sie aufbringt ... Es geht auch nicht darum, die Wahrheit gleich laut auszuposaunen. Es muß ja nicht die ganze Welt erfahren, daß die USA versucht haben, ein zwar unbequemes, aber anerkanntes arabisches Staatsoberhaupt abzuschießen. Aber die Amerikaner sollen wissen, daß wir hieb- und stichfest beweisen können, was mit der DC 9 passiert ist.«

Tassini zuckte die Schultern. Er bezweifelte, daß man so präpotente Zeitgenossen wie Amerikas Politiker mit der Wahrheit einschüchtern konnte.

Der Beamte erriet seine Gedanken: »Natürlich ist die Wahrheit oft weniger glaubhaft als jede noch so dumme Lüge. Das wissen wir sehr wohl. Vergessen wir aber nicht, daß wir derzeit den gerissensten Außenminister der westlichen Welt haben. Ein Stehaufmännchen, das seit Kriegsende nahezu jeder Regierung angehört hat und das ein Meister der subtilen Anspielung ist. Die Amis haben großen Respekt vor ihm.«

Ein paar Spatzen waren auf dem Kies gelandet und stellten ein wüstes Gezeter an. Tassini scharrte mit den Füßen, darauf erhob sich der Schwarm und flatterte ein paar Meter weiter, wo das Geschrei munter weiterging.

»Und was soll ich dabei tun?«

»Zunächst einmal herausfinden, ob unsere eigenen Leute tatsächlich keinen Dreck am Stecken haben. Dann klären, warum das Flugzeug heruntergefallen ist ...«

»Ich weiß nicht, was es da noch zu entdecken geben sollte. Die DC 9 wurde damals von einer Rakete ...«

»Woher wissen Sie das?«

Tassini kramte in seinem Gedächtnis. »Also, ich selbst habe es von einem Radarlotsen erfahren.«

»Von einem Radarlotsen? Der es selbst gesehen hat?«

»Ja, am Bildschirm.«

»Aber da kann er doch nur Pünktchen sehen.«

»Ja, aber es waren mehrere solche Pünktchen in der Nähe der DC 9, die sind dann weggeflogen.«

»Und? Ist das ein Beweis? Ein Flugzeug könnte mit der DC 9 zusammengestoßen sein. Just in dem Augenblick, in dem die Flugbahnen dieser ›Pünktchen‹ sich kreuzten, könnte eine Bombe explodiert sein. Das Flugzeug könnte auch in diesem Moment aus Altersschwäche auseinandergebrochen sein. Durch widrige Wetterumstände oder durch den Wirbel, den ein schnell darunter wegtauchender großer Militärbomber verursacht hat.«

»Theoretisch schon, aber für eine Kollision haben wir keine Beweise. Und die Untersuchungskommissionen haben alle Wartungslisten eingesehen, die Maschine war top in Ordnung.«

»Aber die Maschine war zwanzig Jahre alt. Einer meiner

Beamten hat eine kleine Liste von Flugzeugabstürzen der letzten fünf Jahre zusammengestellt.« Er hielt Tassini einen Zettel hin, den er aus der Brusttasche gezogen hatte.

Es war eine Liste von gut dreißig Abstürzen, dahinter stand die jeweils zunächst angenommene Unfallursache, in einer zweiten Rubrik das »abschließende Urteil«. In nahezu allen Fällen stand im ersten Kästchen »Pilotenfehler«. Aber bei fast der Hälfte der Abstürze mußte dieses Urteil später korrigiert werden: Mal hatte man einen Blitzschlag festgestellt, mal hatte starker Seitenwind eine Fehlsteuerung ausgelöst, auch Vereisung war mitunter zu spät entdeckt worden. Und bei vier der verzeichneten Abstürze lautete die abschließende Wertung »Materialermüdung«. Bei manchen Maschinentypen war diese Materialermüdung offenbar an Teilen geschehen, die man bis dahin für unverwüstlich gehalten und daher bei der Wartung gar nicht weiter untersucht hatte.

Tassini wurde immer nachdenklicher. »Aber wie soll ich das alles nun herausbringen?«

»Das kann ich Ihnen auch nicht so genau sagen. Aber Sie haben damals die Desinformationskampagne geleitet, daher waren wir der Meinung, daß Sie auch derjenige sein müssen, der am nächsten an der Wahrheit dran ist. Denn man kann doch keine Desinformation betreiben, wenn man die wirkliche Information nicht kennt.«

Tassini lächelte. »Wissen Sie, Desinformation beruht keineswegs immer auf der Kenntnis der Wahrheit. Unser Chef kommt und sagt: Diese oder jene Version über ein bestimmtes Ereignis darf auf keinen Fall an die Öffentlichkeit gelangen, unternehmen Sie die entsprechenden Schritte. Und das machen wir dann. Das ist ganz unabhängig davon, ob die Version, die da ausgeschaltet werden soll, ihrerseits wahr ist oder nur unbequem für die Regierung oder das Militär.«

Der Mann aus dem Ministerium dachte einige Zeit nach. »Kühl, der Wind«, sagte er schließlich und stand auf, »lassen Sie uns draußen noch ein paar Schritte laufen.« Sie traten aus dem Baugelände hinaus. Tassini bemerkte zwei Männer, die angelegentlich in einer Zeitung lasen, und grinste unmerklich in sich hinein. Die würden jetzt hinter ihm herspionieren, ob er schnurstracks zu seinem Vorgesetzten General Rango lief, um den ministeriellen Antrag zu denunzieren. Der Beamte klopfte ihm auf die Schulter. »Denken Sie über meinen Vorschlag nach. Ich weiß, daß das keine leichte Aufgabe ist. Immerhin haben Sie bisher viel Energie darauf verwandt, die Wahrheit zu verschleiern.«

»Das stimmt«, sagte Tassini einfach und wunderte sich, daß ihm dieses Eingeständnis plötzlich so merkwürdig vorkam. Obwohl ihn Giovanna seit dem Spaziergang in der Villa D'Este immer häufiger darauf aufmerksam machte, wie dieses Verhalten sein ganzes Leben bestimmte.

Der Beamte hielt ihm die Hand hin: »Ich weiß nicht, ob ich in der Lage wäre, das zu tun, was ich von Ihnen verlange.«

Tassini war von der Offenheit des Beamten beeindruckt, ließ es sich aber nicht anmerken. »Ich werde darüber nachdenken«, sagte er, »Sie müssen mir schon etwas Zeit geben.«

»Gut. Sagen wir bis morgen um zwölf?«

»So schnell?«

»Wir müssen sofort mit der Arbeit beginnen.« Er blieb stehen, trat halb vor Tassini hin. »Und ich wäre Ihnen auch dankbar, wenn Sie die Entscheidung alleine treffen würden. Denn wenn Sie Ja sagen, soll es nur von Ihnen selbst kommen. Nicht von Ihren Freunden, Ihren Arbeitskollegen oder Ihrer Frau.«

Tassini nickte, als sei das selbstverständlich, obwohl er

schon seit einer halben Stunde darüber nachdachte, mit wem er sich beraten könnte. Der Beamte sah ihn forschend an. Dann wandte er sich zum Gehen, drehte sich aber noch einmal um. »Ach so, für Ihre Dienststelle gilt: Der Admiral wird Sie intern schützen, will aber selbst in die Angelegenheit nicht hineingezogen werden. Der Kollege in Ihrem Amtszimmer wird abgezogen, Sie werden Ihre Ruhe haben und über einige unserer Vertrauensleute unbürokratischen Zugang zu allen Dokumenten bekommen.«

Tassini sagte nichts und löste seine Hand aus der des Beamten. Dann ging er die Viale della Uccelleria wieder hinunter, drehte sich noch einmal um und sah, wie die beiden Zeitungsleser hinter ihm herblickten.

Rom, Esposizione Universale Roma
2. Juli 1984, 9 Uhr 45

Tassini saß auf der Wiese unterhalb der Viale Oceania. Der kleine künstliche See machte das einst für die Weltausstellung 1942 vorgesehene Gelände, das seither Esposizione Universale Roma oder EUR hieß, mit seinen klotzigen Bauten aus der Mussolini-Zeit und den überdimensionierten neuen Glas-Beton-Bauten einigermaßen erträglich. In einer halben Stunde war er mit dieser Journalistin verabredet, und er ging noch einmal den Plan durch, wie er mit ihr umgehen wollte.

Wenn sie so eine Spürnase war, wie das im Geheimdienst erarbeitete Persönlichkeitsprofil behauptete, konnte sie ihm durchaus nützlich sein: Über ihre Kanäle kam er möglicherweise an Informanten heran, von deren Existenz selbst der Geheimdienst nichts wußte. Nicht selten hielten sich Mitwisser eines furchtbaren Geschehens jahrelang zurück, um dann aus irgendeinem Anlaß plötzlich doch reden zu wollen – in den seltensten Fällen allerdings mit der Polizei oder gar den Geheimdiensten. Eine fruchtbare Zusammenarbeit war jedoch auch von einer gewissen Offenheit und Vertraulichkeit seinerseits abhängig.

Er dachte an Giovanna. Sie saß jetzt in der Schule bei einer ihrer nicht enden wollenden Abschluß-Konferenzen, während er hier in der Sonne lag und auf eine andere Frau wartete. An den seit Jahren versprochenen Urlaub auf den Äolischen Inseln war auch in diesem Sommer nicht zu denken. Er hatte lange überlegt, ob er die Entscheidung, die er zu treffen hatte, mit Giovanna bereden sollte, doch schließlich hatte er sich dagegen entschieden, wenn auch nicht so ganz. Immer wieder hatte er das Gespräch auf Themen gebracht, die irgendwie etwas mit der Sache zu tun hatten, ohne sein Problem jedoch direkt zu benennen. Ob man es eigentlich sein ganzes Leben lang verantworten könne, nur immer Lügen über etwas zu verbreiten ... Ob zehn Jahre in einer Dienststelle nicht genug seien ... Ob man nicht auch im militärischen Bereich manchmal andere Werte über den Diensteid stellen müsse ...

Giovanna, die ein feines Gespür für Stimmungen besaß, hatte nicht eingegriffen, wenn er laut über solche Dinge nachdachte. Doch irgendwann, kurz vor dem Einschlafen, als er gerade ganz und gar nicht an die Sache mit der DC 9 dachte, streichelte sie plötzlich sacht über seine Stirn, kuschelte sich an ihn und sagte: »Du steckst in einer schweren Krise, nicht wahr?«

Er hatte sich aufgerichtet, erschrocken, weil sie das Thema anschnitt, um das er ständig herumschlich. »Nein, nein«, sagte er, »ist schon gut. Manchmal ist mir halt auch alles zu viel.«

Sie hatte nicht weiter nachgefragt. Aber am nächsten

Morgen hatte er gemerkt, daß sie die Sprache auf Themen brachte, die eng mit seinen Sorgen zu tun hatten. »Enrico, tesoro«, sagte sie, während sie den Espresso zubereitete, »wenn du ein anderes Leben beginnen willst, ich trag's mit.« Dann, als sie ihre Hörnchen kauten, klagte sie, daß ihr Beruf auch ihr keine besondere Freude mehr mache – was er schlichtweg nicht glaubte, angesichts der vielen Initiativen, die sie für ihre Klassen immer startete.

Und dann hatte sie auf einmal direkt gesagt: »Weißt du, das einzige, was mich wundert, ist, daß du diese Krise erst jetzt bekommst, nach so vielen Jahren.« Er hatte sie in den Arm genommen und gewartet, bis sie sich näher erklärte. »Kein Mensch kann auf die Dauer einen Beruf haben, in dem er nur mit Lügen beschäftigt ist. Entweder er wird schizophren, spaltet seine Persönlichkeit, oder auch der Rest seines Lebens wird ein Gemisch aus Wahrheit und Lüge, die er nicht mehr auseinanderhalten kann.«

»Aber, Liebste«, hatte er gesagt und sie an sich gedrückt, viel zärtlicher als sonst, wo er sie manchmal umarmte, daß ihr schier die Luft wegblieb, »das, was ich jetzt tun soll, ist vielleicht noch viel schwieriger: die Wahrheit herausfinden, und zwar so, daß die anderen es nicht merken.«

Giovanna hatte seine Umarmung genauso sanft erwidert und nur gesagt: »Aber es ist etwas anderes, ob man für die Wahrheit arbeitet und dafür lügt, oder ob man lügt, um die Wahrheit zu verdecken.« Wieder eine dieser knappen Formulierungen, die ihn tief beeindruckten, ohne daß er entscheiden konnte, ob er diesen Satz auch wirklich verstand – und ob er ihre Meinung teilte.

Ohne sich bewußt zu sein, daß er plötzlich von etwas ganz anderem sprach, hatte er sie gefragt, ob sie sehr darunter litt, daß sie keine Kinder hatten.

»Ich habe sie mir sehr gewünscht«, sie sprach so leise,

daß er sie kaum verstand, »lange, lange Zeit, die ersten Jahre unserer Ehe, habe ich ständig davon geträumt. Heute weiß ich, daß ich dann bestimmt nicht mehr mit dir zusammen wäre.«

Er hatte sie überrascht losgelassen und an jene Unterredung in der Villa d'Este gedacht, wo sie noch geglaubt hatte, alles mit gemeinsamen Kindern kitten zu können. Mit einem leisen Lachen, sicher, daß er sie nicht verstanden hatte, legte sie ihm nun ihre Hand auf die Brust: »Von dem Augenblick an, wo Kinder da wären, würde ihre Sicherheit mir über alles gehen, auch über unsere Liebe. Also hätte ich mich von dir trennen müssen.« Tassini war sicher, daß er zumindest diesen Satz verstanden hatte.

Er gab sich einen Ruck, löste sich von diesen Gedanken und sah sich um, ob die Journalistin schon zu sehen war. Auf der Brücke, die sich über den Park spannte, glitt langsam eine überlange, dunkle Limousine vorbei. Irgend etwas störte ihn daran – er sah sie nicht zum ersten Mal, sie war schon vorher zwei- oder dreimal vorbeigekommen. Diesmal war das hintere Seitenfenster halb geöffnet, im Gegenlicht blinkte etwas – ein Fernglas. Tassini wurde nervös. Er nahm die »Repubblica«, die er zum Lesen mitgebracht hatte, und hielt sie sich vors Gesicht, aber so, daß er den Wagen weiter beobachten konnte. Die Seitentür wurde halb geöffnet, und ein Mann stieg aus, dunkel gekleidet und mit einem breiten Hut auf dem Kopf. Wieder sah er das Blinken des Fernrohrs, und dann hatte er das Gefühl, diese Gestalt schon einmal gesehen zu haben.

Doriana Laconi mußte jeden Moment hier sein. Ob jemand sie beide beobachtete? Von ihrem Treffen konnte eigentlich niemand etwas wissen, Ort und Zeit hatte er ihr bei einem der vom Geheimdienst arrangierten »zufälligen« Treffen während eines ohrenbetäubenden Rockkonzerts auf der Piazza San Giovanni ins Ohr geflüstert, und sie hatte es ihm ebenso unmittelbar ins Ohr bestätigt.

Tassini blickte sich erneut um, ob er Doriana Laconi irgendwo ausmachen konnte. Er rollte sich so zur Seite, daß der Mann auf der Brücke nur noch seinen Rücken sah, holte aber einen kleinen Spiegel aus seiner Brusttasche – einige Geheimdienstrequisiten hatte er stets bei sich – und hielt ihn so, daß er die Brücke weiter im Blickfeld hatte. Der Mann guckte noch eine Weile zu ihm herüber, stieg wieder ein, und der Wagen fuhr langsam los. Doch als er weg war, standen da zwei Männer auf der Brücke, die weiterhin unentwegt zu ihm herunterblickten. Tassini erhob sich langsam, machte einen betont unschlüssigen Eindruck, griff sich kurz zwischen die Beine, legte die Zeitung auf seinen Platz und legte einen Stein darauf, damit der Wind sie nicht davonwehte. Dann ging er ein paar Schritte bergauf zu den Sträuchern, blickte sich nach rechts und links um, ob ihm auch niemand beim Pinkeln zusah, ging noch ein paar Schritte weiter ins Gebüsch – tauchte dann blitzschnell nach links weg und hastete den Hügel hoch. Immer verborgen hinter den Büschen, vergewisserte er sich ab und zu, ob die beiden Männer noch da waren. Sie blickten unentwegt auf die Stelle, wo er verschwunden war, machten sich aber offenbar noch keine Sorgen, daß er ihnen entwischte. Er lief unter dem »Fungo«, dem mächtigen Wasserturm, durch, hinüber zur Sporthalle und um diese herum. So konnte er seinerseits von oben in die Senke hinunterschauen, wo die beiden noch immer auf der Brücke standen. Nun verließen sie allerdings ihren Beobachtungsposten, der eine ging nach rechts, der andere nach links, immer mit dem Blick hinunter auf die Wiese. Tassini hielt sich stets halb verdeckt, für den Fall, daß einer der beiden zufällig zur Halle heraufschauen würde.

Plötzlich legte ihm jemand eine Hand auf die Schulter. Er fuhr herum, bereit, blitzschnell nach der Seite wegzutauchen.

Es war Doriana Laconi. »Haben Sie die beiden auch gesehen?« fragte sie so leise, als könnten die Männer, gut fünfhundert Meter entfernt, sie hören.

»Na, zum Glück«, sagte er, »haben Sie sie auch bemerkt. Die sind wohl hinter Ihnen her.«

»Nein«, sagte Doriana Laconi, »das glaube ich nicht. Ich bin nämlich schon seit zwei Stunden hier. Ich habe beobachtet, wie Sie angekommen sind und sich ins Gras gelegt haben. Der Wagen ist etwa zehn Minuten nach Ihnen gekommen. Er trägt übrigens ein amerikanisches Kennzeichen und die CD-Plakette des diplomatischen Corps.«

In diesem Moment wurde Tassini klar, woher er den Mann mit dem Fernrohr kannte: Es war der Amerikaner, der in der Nacht nach dem Absturz der DC 9 in der Krisensitzung die USA vertreten hatte. Er hatte ihn auf dem Korridor mit dem damaligen Geheimdienstchef, General Finto, gesehen. LL hatten sie ihn genannt.

Tassini wurde blaß. Wenn die hinter ihm her waren, war dies eine klare Botschaft. Erstens: Sie wußten, was er trieb; deshalb zeigten sie sich auch so offen. Zweitens: Was er tat, wurde von der CIA aufs höchste mißbilligt; sonst wäre nicht LL persönlich aufgetreten. Drittens: Wenn er nicht die Finger von der Sache ließ, würde sich die CIA seiner »annehmen«, und zwar auf allerhöchster Ebene – notfalls auch gegen Tassinis Protektoren.

Sein erster Impuls war, den Beamten vom Koordinierungsdienst anzurufen und ihn zu fragen, was er tun solle. Obwohl sich die Gedanken in seinem Kopf überschlugen, war Tassini klar, daß die andere Seite genau diese Reaktion erwartete und bestimmt sämtliche Telefonzellen der Umgebung angezapft hatte, um herauszubekommen, wer ihn beauftragt hatte.

Doriana Laconi legte ihm erneut die Hand auf die Schulter, Tassini spürte die Berührung, merkte aber, daß er nicht wußte, wie er sie einschätzen sollte. Einerseits empfand er eine gewisse Sicherheit, weil jemand bei ihm war. Und daß es eine Frau war, beruhigte ihn noch mehr, was er merkwürdig fand, denn zum Schutz hätte er sich eigentlich lieber einen ausgebildeten Leibwächter wünschen müssen. Andererseits störte ihn diese Nähe auch wieder: Er hatte sich schon immer etwas schwer getan mit Frauen, die er kaum kannte. Tassini stellte sich auf die Zehenspitzen, weil einer der Männer dabei war, aus seinem Blickfeld zu verschwinden. »Keine Ahnung, was die von uns wollen«, flüsterte er und sah mit einem Blick zu Doriana Laconi, daß das »uns« bei ihr auf Stirnrunzeln stieß, blieb aber dabei, um ihr den wahren Grund seiner Beunruhigung nicht zu verraten. Dann kam ihm eine Idee. Er würde telefonieren – er würde genau das tun, was sie von ihm erwarteten, nur so wurde er sie los.

Doriana Laconi folgte ihm verständnislos, als er die Telefonzellen an der Seite der Sporthalle ansteuerte. »Ist es nicht dumm, gerade jetzt zu telefonieren, und ausgerechnet von hier aus?«

Tassini registrierte anerkennend, daß die Frau hervorragend mitdachte. Er lächelte, gab ihr ein Zeichen, etwas abseits zu warten, blickte vorsichtig durch das Kabinenglas hinaus und erspähte etwas weiter entfernt einen Mann, der an einer Plakatwand lehnte und sich Mühe gab, nicht so auszusehen, als beobachtete er ihn. Hoffentlich habe ich die Nummer noch richtig im Kopf, dachte Tassini und wählte. »Ici l'ambassade de la Republique française«, meldete sich eine Stimme, und Tassini dankte seinem guten Zahlengedächtnis. Er verlangte auf Italienisch die Stelle D 3 – da die meisten Botschaften nach Buchstaben und Ziffern geordnet waren, war dies noch die sicherste Art, wenigstens irgendwohin verbunden zu werden. Tatsächlich knackte es, dann fragte jemand nach dem Wunsch des Anrufers. Tassini legte sofort los, er sprach so schnell, daß sein Gesprächspartner keine Gelegenheit fand dazwischenzufragen. »Melden Sie sofort an Omega, daß die Gegenseite angebissen hat, daß ich selbst mich möglicherweise aber in Gefahr befinde, Position Q3.« Dann legte er auf und trat, wesentlich ruhiger, zu Doriana Laconi hinaus. Sie hatte sich auf das Geländer gesetzt, das den Parkplatz von der Straße trennte.

»Fahren wir auf den Fungo«, sagte er und deutete zu dem Restaurant in der luftigen Höhe des Wasserturms hinauf, »da haben wir das Terrain unter uns im Blickfeld und können sehen, ob uns noch immer jemand folgt.«

Doriana Laconi nickte, und sie gingen zum Lift. Vom Restaurant in gut achtzig Metern Höhe sahen sie durch die abgeschrägten Fenster nach unten und bemerkten die beiden Männer nun wieder auf der Brücke; wenig später kam ein roter Ford Granada und nahm sie mit. Das Kennzeichen konnten sie nicht entziffern. Tassini grinste. Jetzt würden sich die Amis erst mal mit den Franzosen beschäftigten, weil sie glaubten, er sei von diesen angeheuert worden.

Sie nahmen so Platz, daß Doriana Laconi den Blick auf das EUR-Gelände hatte, während Tassini für alle Fälle die Eingangstüren zum Restaurant im Blick behielt. Sie zog einen Stapel bedruckter Blätter, Kopien und ein paar Zeichnungen aus ihrer Tasche.

»Tassini«, sagte sie, und er wunderte sich, wie er immer wieder stutzte, wenn ihn jemand ohne seinen Rang anredete, »ich will offen sein. Ich weiß, daß ich umgekehrt nicht mit derselben Ehrlichkeit rechnen kann, aber wenn wir einander an der Nase herumführen, kommt am Ende nur noch mehr Verwirrung heraus.« Sie brach ab, um sich zu vergewissern, daß er auch zuhörte und nicht durch das Beobachten der Tür zu sehr abgelenkt war.

»Gut«, sagte er, »der Unterschied zwischen uns beiden ist nur, daß ich an einen Amtseid gebunden bin und präzise Vorschriften für das Verhalten gegenüber Dritten habe, während Sie sich mehr oder weniger nach Gutdünken verhalten können.«

Sie lächelte zurück, ein kurzes, eher abweisendes Lächeln. »Da irren Sie. Auch wir Journalisten haben unsere Verhaltensmaßregeln, zumindest wenn wir unseren Job ernst nehmen. Die Gebote sind einerseits durch die Logik unseres Berufs diktiert. Zum Beispiel geben wir unsere Informanten grundsätzlich niemandem gegenüber preis, in der Regel sogar nicht einmal unseren Chefs in den Redaktionen. Wir würden uns alle vertraulichen Kontakte verbrennen, würden wir auch nur einen einzigen von ihnen verraten. Andererseits setzt uns auch unsere persönliche Moral bestimmte Normen.«

Tassini hörte ihr mit zunehmender Aufmerksamkeit zu. Presseleute waren für ihn bisher vorwiegend eher skrupellose Schnüffler gewesen, die im Gegensatz zur Polizei, zum Staatsanwalt und in gewisser Weise auch zu den Geheimdienstlern jede Dummheit schreiben und jeden Menschen öffentlich verdächtigen konnten, ohne daß das für sie negative Folgen hatte. Sogar platte Lügen gingen durch, wenn dabei nur die Auflage oder die Einschaltquote stieg. Daß sich ein Journalist Gedanken über Moral und über Beziehungen machte, war ihm zwar nicht vollkommen fremd, aber kennengelernt hatte er so jemanden noch nicht.

Doriana Laconi fuhr fort. »Es gibt Kolleginnen und Kollegen, die sich die Aufgabe stellen, alles zu enthüllen, was von jemandem verborgen und vertuscht wird, und zwar gleichgültig, wer da gelogen hat und wozu. Es gibt andere, die sich bewußt auf eine bestimmte Seite stellen und die Nachrichten so filtern, daß sie die Öffentlichkeit in ihrem Sinne beeinflussen.« Sie zündete sich eine Marlboro an. Tassini gefiel die Art, wie sie den Rauch aus dem Mundwinkel gleichsam über ihre Schulter nach hinten blies, um ihn nicht mit dem Qualm zu belästigen, und danach die Zigarette stets mit senkrecht hochgehaltenem Unterarm knapp neben ihrem Kopf hielt. »Und dann sind da noch Kollegen, die schlichtweg ihren Job machen. Wenn sie auf etwas angesetzt werden, erledigen sie es, und wenn die Sache abgeblasen wird, hören sie damit auf. Ohne darüber nachzudenken, wieso das alles so angeordnet wird.«

Tassini grinste. »Ich nehme an, zur letzten Sorte gehören Sie nicht.«

Sie blies den Rauch aus der Nase. »Ich sehe mich als eine Mischung zwischen der ersten und der zweiten Sorte«, sagte sie dann, »am liebsten arbeite ich, wenn ich damit Menschen helfen kann. Aber wenn ich sehe, daß Unrecht getan wird oder Weichen in eine gefährliche Richtung gestellt werden, bin ich auch bereit, alles zu enthüllen, was diese Leute anstellen. Ich kann dann auch Freunde in die Pfanne hauen, ohne zu zögern.«

Tassini überlegte, ob er das als Warnung verstehen sollte, doch dann nahmen zwei Männer seine Aufmerksamkeit in Anspruch, die eben hereingekommen waren und den gesamten Raum interessiert inspizierten. Aber es war nur ein homosexuelles Pärchen, das sich gleich in die entfernteste Ecke zurückzog und fast nur nach unten aus dem Fenster guckte und die Aussicht genoß, unterbrochen von ein paar turtelnden Berührungen und Küßchen. Tassini konzentrierte sich wieder auf das, was die Journalistin gesagt hatte. »Und wo bleibt da die Karriere?« fragte er.

Sie zuckte mit den Schultern. »Ich hoffe, man kann auch Karriere machen, indem man der Wahrheit dient und seine politischen Überzeugungen beibehält.«

»Danke für die Belehrung«, sagte Tassini ohne Ironie. Eine Frau, mit der man rechnen mußte, das war ihm nun klar, trotz oder vielleicht auch gerade wegen der eher hölzernen Art, mit der sie über ihr Berufsethos sprach. Er wies auf den Stapel Papier vor Doriana Laconi. »Und was haben Sie mir da mitgebracht?«

»Das sind die Unterlagen, die ich bisher aufgetan habe, und von denen ich einige mit Ihnen besprechen will.«

Es waren vor allem Meldungen aus Tageszeitungen und Wochenmagazinen unmittelbar nach dem Absturz, aber auch einige englische Fachzeitschriften, die bereits 1982 die These eines Abschusses der DC 9 verfolgt und mit ansehnlichen Beweisen untermauert hatten. Doriana Laconi setzte sich nach einer Weile direkt neben Tassini, um diesem die Unterlagen nicht immer verkehrt herum zeigen zu müssen. Tassini fühlte sofort, wie ihn diese Nähe irritierte. Frauen machten ihn immer etwas befangen. Doriana fühlte die Veränderung in seinem Verhalten und rückte wieder etwas weg. Dann lachte sie.

»Komisch, nicht wahr, wie uns unsere Affekte immer wieder in die Quere kommen, wo wir doch so sicher sind, daß sich eigentlich alles über die Vernunft steuern läßt.«

Tassini lachte mit und atmete tief durch. Jetzt, wo sie seine Verklemmung so direkt angesprochen hatte, war sein Kopf wieder frei, um die gemeinsame Sache zu besprechen.

»Also, das hier sind Artikel, von denen ich annehme, daß auch Sie sie kennen«, sagte sie. »Ich habe sie nur vorsichtshalber mitgebracht, falls euren Archivaren ausländische Zeitschriften ab und an durch die Lappen gehen. Das Englisch eurer Dienstmitarbeiter soll ja nicht immer das beste sein.« Wohl wahr, dachte Tassini und biß sich auf die Lippen; auch er hatte sich bei Giovanna oft genug Rat holen müssen, bis er einigermaßen fit war.

Dann zog Doriana Laconi ganz unten eine Liste hervor. »Ich nehme an, daß diese Aufstellung auch euch bekannt sein dürfte«, sagte sie, und Tassini fühlte, daß jetzt wohl eine Art Überfall bevorstand. Er las:

B.P., Carabinieri-Hauptmann, seit Ende 1980 mit Nachfolgeuntersuchungen des DC-9-Absturzes betraut, umgekommen Mitte 1981, als sein BMW kurz vor seiner Wohnung auf kerzengerader Strecke gegen einen Brückenpfeiler fuhr.

G.F., Bürgermeister einer Gemeinde bei Grosseto, gestorben 1982 bei einem nie weiter untersuchten Unfall, nachdem er begonnen hatte, Informationen über Flugbewegungen über seiner Gemeinde während des DC-9-Absturzes zu sammeln.

C.O., Kommandant des Radarstützpunktes Po.Ba., gestorben 1981 im Alter von fünfunddreißig Jahren an Herzinfarkt, obwohl ihm der amtsärztliche Checkup nur wenige Tage zuvor beste Gesundheit bescheinigt hatte.

Es standen noch weitere Namen auf dem Blatt. Tassini ließ es sinken. Er kannte die Angaben – der Beamte aus dem Koordinationsamt hatte ihm eine ähnliche Liste übergeben, allerdings mit noch mehr Namen: Personen aus dem Umkreis der Mitwisser der DC-9-Affäre, auf die Attentate verübt worden waren, die aber nicht dabei zu Tode gekommen waren. Doriana Laconi beobachtete ihn aufmerksam.

»Ich weiß, daß Sie mir jetzt sagen werden: Na und? Das waren nicht wir, und in einigen Fällen mag es auch sein, daß natürliche Vorgänge oder tatsächliche Unfälle die Todesursache waren. Ich bin mir sicher, daß nicht alle, ja vielleicht nicht einmal ein einziger auf Ihr Konto oder das Ihrer

Leute geht, sondern daß jemand viel Mächtigerer am Werk ist. Und insofern ...«

Tassini schüttelte den Kopf, ohne etwas zu sagen. Wenn er nur sicher sein könnte, daß diese Ehrenerklärung auch für seinen Dienst zutraf! Der Beamte vom Ministerium hatte etwas ähnliches gesagt wie Doriana, aber viel vorsichtiger und viel weniger überzeugt: »Wollen hoffen, daß unsere Leute in diesen ›Todesfällen‹ ihre Finger nicht allzu tief drin haben.« Tassini schwieg weiter, was sollte er auch sagen. Auch Doriana Laconi sagte nichts mehr.

»Die Fälle sind mir bekannt«, stieß er schließlich hervor. Wieder einmal wurde ihm klar, wie ganz anders die Dinge aussahen, wenn jemand aus dem »Bau« mit solchen Vermutungen kam, als wenn das jemand von der Presse tat. Vor den Leuten vom Geheimdienst schämte man sich nicht, zeigte keine Zweifel, wertete nur die Professionalität oder den Dilettantismus, mit dem eine Aktion durchgeführt worden war, mitunter machte man sogar Witze, auch wenn es um Menschenleben ging. Außerhalb dieser Dunstglocke Gleichgesinnter kam Tassini sich jedoch immer häufiger nackt vor, schuldig, schäbig, selbst wenn er persönlich nie Befehle für derartige Aktionen gegeben hatte. Daß er dem Beamten vor einer Woche seine Mitarbeit bei der Aufklärung der Wahrheit zugesagt hatte, hing auch mit dieser Diskrepanz zusammen. Irgendwie hoffte er, den Widerspruch mit seiner neuen Tätigkeit lösen zu können.

Doriana Laconi legte ihm ihre Hand auf den Arm. Er zuckte etwas zusammen. »Tassini, ich will nicht weiter in Sie dringen. Ich wollte Ihnen nur zeigen, daß Sie es nicht mit einer Anfängerin zu tun haben, daß ich meine Ziele verfolge und daß ich umsichtig bin.« Sie spielte wohl auf ihre Vorsichtsmaßnahmen vor ihrem Treffen an.

Tassini lächelte sie freundlich an und legte seine Hand

seinerseits auf ihre. »Doriana, ich weiß nicht, inwieweit ich Ihnen wirklich helfen kann. Aber ich werden versuchen, Sie nicht in unangenehme Situationen zu bringen.«

»Danke«, sagte sie einfach und winkte dem Kellner.

Während sie auf den Lift warteten, drehte sie sich zu ihm hin. »Ich will Ihnen noch einen weiteren Beweis meiner Offenheit geben und Ihnen etwas verraten, was ich eigentlich nicht weitersagen dürfte. Es handelt sich um eine innerredaktionelle Angelegenheit. Sie sollten wissen, wie verfilzt in dieser Sache alles ist.« Sie drehte sich wieder um, weil der Lift ankam, und stieg vor ihm ein. »Unsere Chefredaktion wurde von den Herausgebern beauftragt, eine Reihe von Dossiers über die großen, ungeklärten politischen Kriminalfälle Italiens seit dem Krieg zu erstellen. In erster Linie über den Chef der Democrazia cristiana, Aldo Moro, der 1978 entführt und nach anderthalb Monaten ermordet wurde, angeblich von den Roten Brigaden. Ein weiterer Artikel soll von den einzelnen rechtsterroristischen Attentaten handeln, vor allem natürlich von dem auf den Bahnhof von Bologna 1980. Und sie wollen ein Dossier über den Fall der DC 9.«

»Aber der wird doch im Moment in der Öffentlichkeit überhaupt nicht diskutiert«, wandte Tassini ein. »Ich habe jedenfalls seit Jahren keinen Bericht mehr darüber gelesen.« Er hielt ihr, unten angekommen, die Lifttür auf.

»Stimmt. Aber ich recherchiere in dieser Sache, ebenso wie ein Kollege vom Corriere della sera. Wir bekommen von allen möglichen Seiten Hinweise, ohne daß wir genau wissen, wer oder was dahintersteckt. Sie sitzen ebenfalls an der Sache. Und die CIA beobachtet das alles.«

»Und?«

»Es ist jetzt nur eine Frage der Zeit, bis alles wieder hochkommt.«

Sie schlenderten die Viale dell'Umanesimo entlang. »Und was ist nun das Geheimnis, das Sie mir verraten wollen?« fragte Tassini, als sie wieder am Sportpalast angekommen waren.

»Daß ich glaube, unsere Herausgeber sind an den anderen Dossiers überhaupt nicht interessiert.«

Tassini blieb stehen.

»Und wieso sollt ihr sie dann machen?«

»Damit nicht auffällt, daß es ihnen nur darum geht zu erfahren, was ich alles über ›meinen Fall‹, den DC-9-Absturz, weiß und noch heranschaffe.« Sie deutete auf die andere Seite des Parkplatzes, wo wohl ihr Auto stand.

»Und dafür müssen Sie eigens ein Dossier fabrizieren? Reicht es nicht, daß Sie zeitungsintern darüber berichten?«

»Nein.« Doriana lächelte, diesmal eher verschmitzt und nicht so hart wie vorher. »Denn ich gebe niemals den Inhalt meiner Artikel preis, bevor sie nicht satzfertig sind.«

Tassini fragte sich, ob die Frau am Ende nicht nur ein bestimmtes Bild von sich aufbaute, um ihn zu beeindrucken.

»Was Sie mir an Materialien gezeigt haben«, sagte er, »ist doch nicht so neu, daß jemand daraus große Erkenntnisse ziehen könnte.«

»Richtig. Aber ich gehe davon aus, daß bestimmte Leute wissen, daß ich an Sie herangekommen bin. Und auch noch an andere ... deren Namen ich Ihnen natürlich nicht verrate. Und darum haben sie ihre Beziehungen in die Redaktion hinein spielen lassen und versuchen, auf diesem Weg an das heranzukommen, was ich sammle.«

»Aber wenn Sie Ihr Dossier erst vorlegen, wenn der Artikel fertig ist, haben die doch maximal einen Tag Vorsprung – am nächsten Tag steht doch alles in der Zeitung.«

»Richtig. Aber ich nehme an, es wird gar kein Artikel erscheinen.«

»Wieso?«

»Zuerst werden sie einen Grund finden, ihn zu verschieben. Inzwischen werden sie Reaktionen vorbereiten, und wenn er dann erscheint, ist er nicht mehr gefährlich.«

Tassini schüttelte den Kopf. »Und was werden Sie dagegen tun?«

»Dagegen bin ich machtlos. Ich kann höchstens versuchen, ihn anderswo unterzubringen. Aber das ist schwierig.«

»Und warum machen Sie es dann überhaupt?«

Sie zuckte die Schultern, steckte den Schlüssel in das Türschloß ihres Wagens und setzte sich ins Auto. Dann kurbelte sie das Fenster herunter und gab ihm so formell die Hand, als wolle sie die Vertraulichkeit, die vorher zwischen ihnen entstanden war, plötzlich wieder zurücknehmen. Als sie Anstalten machte, den Motor anzulassen, zuckte Tassini unwillkürlich zusammen und sprang einen Schritt zurück. Sie lachte und schüttelte den Kopf.

»Sie Angsthase. Ich flieg' schon nicht in die Luft. Meinen Sie, ich lasse den Wagen unbewacht stehen, während ich mit jemandem wie Ihnen rede?«

Sie deutete auf die andere Seite des Parkplatzes. Tassini erstarrte. Dort stand der Mann, der vorher an der Plakatwand gelehnt hatte, als er bei der französischen Botschaft angerufen hatte. »Das ist mein Verlobter«, sagte Doriana Laconi, »er hat das Auto keine Sekunde aus den Augen gelassen.«

Tassini starrte ihr nach, als sie hinüberfuhr, den Mann einsteigen ließ und davonbrauste. So eine, dachte er, würde bei uns Karriere machen. Doch trotz der Sympathie, die er mittlerweile für sie empfand, war er sich absolut nicht sicher, auf welcher Seite sie diese Karriere machen würde.

Rom, Forte Braschi, Sitz des Militärischen Geheimdienstes
28. September 1986

Tassini stand vor der großen Wandtafel, an die er bereits Dutzende von Zettelchen und Fähnchen geheftet hatte, ordnete sie immer mal wieder um, verschob ganze Teile der diversen Schaubilder, rückte sie erneut zurecht, schüttelte den Kopf, eröffnete neue Spalten und trat einen Schritt zurück. Nein, es ergab noch immer nichts.

Er wurde immer nervöser. Am Nachmittag wollte der Mann vom Präsidialamt den Abschlußbericht über die »Fakten und Hypothesen zum Absturz der DC 9 am 27. Juni 1980«.

Dreimal hatte er seit der Auftragserteilung vor gut zwei Jahren detaillierte Berichte abgegeben, aber Beweise, die man als Druckmittel hätte einsetzen können, hatte er nicht zu Tage gefördert. Tassini konnte es ordnen, wie er wollte: Ein Erklärungsversuch war so wahrscheinlich oder unwahrscheinlich wie der andere. Es gab keinerlei Sicherheiten, keinerlei Faktoren, die bestimmte Thesen mit absoluter Sicherheit ausschieden. Er ging noch einmal alles durch.

»Version 1« hatte er ganz links auf die Tafel geschrieben: »Raketentreffer«.

Darunter hatte er die entsprechenden Szenarien aufgebaut:

- Ein Übungsschießen der Franzosen oder Amerikaner, bei dem eine Rakete statt des angepeilten unbemannten Ziels die DC 9 traf.

- Amerikaner und Franzosen hatten tatsächlich einen Hinterhalt aufgebaut, um ein bestimmtes Flugzeug abzuschießen. Statt dessen wurde versehentlich die DC 9 ins Visier genommen, weil sie der abzuschießenden Maschine ähnlich sah.

Für dieses Szenario sprach, daß es tatsächlich einen Antrag auf Überflugerlaubnis für eine libysche Passagiermaschine über italienisches Territorium gab, deren Route auf dem Weg von Tripolis nach Warschau genau durch das Gebiet führte, in dem die DC 9 abstürzte. Nach Radar-Übung hatte man diese Maschine mit dem »Codex 56 Kilo« versehen, ein nicht notwendigerweise militärisches Flugzeug, das aber aus einem Staat kam, der im Augenblick als potentiell feindlich eingestuft wurde und dem man ausnahmsweise das Überfliegen von Nato-Gebiet gestattete. Die Zusatzbezeichnung »Kilo« bedeutete, daß in diesem Flugzeug eine wichtige Person saß.

- Bei einem aus unbekannten Gründen ausgebrochenen Luftgefecht zwischen amerikanischen und französischen Flugzeugen auf der einen und einer Gruppe feindlicher Maschinen auf der anderen Seite wurde die DC 9 versehentlich getroffen oder durch heranbrausende oder abdrehende Flugzeuge so schwer beschädigt, daß sie abstürzte.

Für dieses Szenario sprach die merkwürdige Landung des beschädigten F-111-Atombombers in der Nacht auf der Base von Grosseto.

Die zweite Version lautete: »Bombe an Bord«.

Tatsächlich hatten mittlerweile nahezu alle Experten eine Bombenexplosion an Bord ausgeschlossen. Aber je intensiver Tassini die entsprechenden Berichte studiert hatte, um so mehr war er zu der Überzeugung gelangt, daß dieser Ausschluß vor allem auf einem einzigen Indiz beruhte. Man hatte auf Teilen der hochgeschwemmten Außenverkleidung des Flugzeugs Sprengstoffpartikel gefunden und damit automatisch auf eine Rakete geschlossen, ohne genauer zu prüfen, ob im Inneren nicht auch Explosionsspuren vorhanden waren.

Wie aber, wenn im Flugzeug tatsächlich eine Bombe explodiert war, die Kriegsflieger dies für einen Angriff gehalten und wahllos zu schießen begonnen hatten? Konnte dann nicht die eine oder andere Rakete auch in der Nähe der abstürzenden DC 9 explodiert sein und so die Sprengstoffspuren auf der Außenhaut hinterlassen haben? Für die Bombenthese sprach auch, daß in keinem der Flugzeugteile bisher ein Loch von der Größe eines Raketeneinschlags oder auch nur kleine Einschußlöcher, etwa von einer Maschinengewehrsalve, entdeckt worden waren.

Die dritte Version hieß: »Auseinanderbrechen aus Altersschwäche oder wegen Materialfehlern«.

Obwohl diese Version von allen Experten abgelehnt wurde, und obwohl die Öffentlichkeit sie schon alleine deshalb nicht glauben wollte, weil man die vielen Vernebelungsmanöver der Luftwaffe und der Geheimdienste auch als Beleg dafür nahm, daß diese etwas zu verbergen hatten, gab es durchaus Gründe, auch hier noch einmal energischer nachzuforschen. Gerade in der letzten Zeit hatten sich bei Maschinen dieses Typs Defekte an den Elektrokabeln gehäuft, so daß es in einigen Fällen zu Explosionen in den Treibstofftanks gekommen war. Wie bei der Bombenthese konnte man eventuell auch noch annehmen, daß die Explosion bei den Kriegsflugzeugen ringsherum eine Schießerei ausgelöst hatte.

Tassini besah sich seine Aufzeichnungen immer wieder. Er würde dem Mann aus dem Ministerium sagen müssen, daß er keiner Version den Vorrang gab – alle hatten ihre Vorteile, aber auch ihre Nachteile oder zumindest große Erklärungsdefizite. »Nur eine Hebung des gesamten Wracks kann Aufklärung bringen«, schrieb er in fetten Lettern unter seinen Bericht.

Dann packte er alles zusammen, versiegelte es in einem amtlichen Umschlag, steckte ihn in seine Aktentasche und machte sich auf den Weg in die Trattoria »La Sagrestia«, wo er sich mit dem Beauftragten der Geheimdienstkoordinierungsstelle treffen sollte.

Er ließ seinen Wagen im Parkhaus an der Via Ludovico stehen und ging zu Fuß hinunter zur Via del Seminario in der Nähe des Pantheon, wo das Lokal lag.

Die beiden Männer, die ihn an der Kreuzung der Via Tritone mit der Via Due Macelli erwarteten, bemerkte er erst im allerletzten Moment, als sie ihn bereits in die Mitte genommen hatten und der eine versuchte, ihm eine Injektionsnadel in den Arm zu rammen. Tassini griff nach hinten zu seiner Pistole, bekam sie aber nicht zu fassen, weil ihn der zweite Mann am Ärmel festhielt. Er ließ sich zu Boden fallen und schaffte es dabei, dem anderen Mann die Injektionsspritze mit dem Fuß aus der Hand zu treten; dann hörte er mehrere Schüsse. Die beiden ließen los, Menschen schrien wild durcheinander, einige hatten sich zu Boden geworfen oder flüchteten in die umliegenden Geschäfte. Er wälzte sich vom Gehsteig in den Rinnstein, bekam endlich seine Pistole zu fassen, kroch hinter ein Auto und lugte vorsichtig zwischen den geparkten Wagen hindurch.

»Alles okay?« fragte eine Stimme neben ihm. Er bemerkte einen Mann, der ebenfalls eine Pistole in der Hand hielt. »Gehen Sie in das chinesische Restaurant dort vorne in der Via Crispi«, sagte der Mann, »und warten Sie, bis ich Sie mit dem Wagen abhole. Ihre Aktentasche nehme ich gleich mit, ist sicherer.«

Tassini wollte noch etwas erwidern, aber der Mann war bereits fort. Er sprang in das angegebene Restaurant, suchte das Telefon und wählte eine Nummer. »Sagen Sie Signor Bernabei, Diebe seien in der Via Tritone im Umlauf.« Das war der Notrufcode für allerschlimmste Fälle. »Gut. Ich warte.«

Es dauerte nur wenige Sekunden, dann meldet sich die Stimme des Mannes aus dem Ministerium. »Alles in Ordnung?«

»Wie man's nimmt. Man wollte mich außer Gefecht setzen.«

»Ich weiß. Unsere Leute waren aber schneller. Einen der beiden Angreifer haben wir.«

»Und?«

»Ich fürchte, wir müssen ihn bald wieder freilassen. Er hat einen Diplomatenpaß. Die amerikanische Botschaft hat bereits interveniert.«

»Was, in diesen wenigen Minuten?«

»Ja, so kann's gehen.«

»Sch... Was soll ich jetzt machen?«

»Haben Sie Ihre Unterlagen noch?«

»Ja. Das heißt, nein, Ihr Schutzengel hat sie mitgenommen.«

»Welcher Schutzengel?«

»Der, der die beiden anderen angeschossen hat.«

»Warten Sie einen Augenblick.« Die Muschel wurde abgedeckt, so daß Tassini nichts verstehen konnte. Dann meldete sich der Beamte wieder: »Da haben Sie schönen Mist gebaut. Von uns ist der nicht. Meine Leute haben sich bereits alle wieder gemeldet. Keiner von ihnen hat Ihre Tasche.«

Tassini beschrieb den Mann. Der Beamte gab die Information offenbar sofort an seine Mitarbeiter weiter. »Schweinerei«, sagte er dann, »die haben den Mann gesehen, dachten aber, es sei ein Passant.«

»Und ich dachte ...«

Der Beamte schwieg einige Augenblicke. »Na, dann müssen wir uns eben darauf einstellen. Ich veranlasse alles Nötige. Kommen Sie jetzt nicht zum vereinbarten Treffpunkt, sondern heute abend. Haben Sie eine Kopie des Rapports?«

»Nein, Sie sagten doch ausdrücklich, ich sollte keine Kopie ziehen.«

»Ist auch richtig so. Jetzt müssen Sie den Bericht leider noch mal schreiben. Machen Sie es so wortwörtlich wie möglich, damit wir wissen, was die jetzt wissen. Bis dann.«

Tassini wollte noch etwas zur Beruhigung des Beamten sagen. »Es steht übrigens nichts Aufregendes drin. Es gibt keine überzeugende Hypothese. Der Rapport ist für die andere Seite ziemlich wertlos, denke ich.«

»Ach ja?« sagte der Beamte, schwieg dann einige Zeit und verabschiedete sich schließlich: »Also, dann bis heute abend.« Tassini steckte seine Nase vorsichtig aus dem Restaurant, trat ins Freie, winkte ein Taxi heran und ließ sich zum Parkhaus fahren. Dann kehrte er in seine Dienststelle zurück und rekonstruierte, so gut er konnte, den Bericht.

Um halb neun saß er mit dem Beamten in der »Sagrestia«, bestellte einen gemischten Vorspeisenteller »Montagna«, »Spaghetti alle vongole« und »Scaloppini al limone«. Der Beamte beschränkte sich auf eine Gemüsevorspeise und eine Seezunge in Weißwein.

Gegen Mitternacht schloß Tassini die Erläuterung seines Berichts ab. »Es bleibt kein anderer Weg«, sagte er, »nur wenn wir das Wrack heben, können wir definitiv feststellen, was damals wirklich geschehen ist.«

Der Beamte nickte. »Da haben Sie recht. Zumindest theoretisch. Wir werden das Flugzeug heraufholen, das ist bereits beschlossene Sache.«

»Was?« Tassini verschluckte sich fast an seinem letzten Löffel »Zuppa Inglese«, die er als Nachtisch geordert hatte. »Wieso denn auf einmal, wo die Hinterbliebenen der Opfer es seit Jahren vergeblich fordern?«

Der Beamte antwortete nicht sofort, sondern steckte sich ein Stück Gorgonzola zusammen mit einer Spalte Birne in den Mund, machte mit dem Zeigefinger die in Italien übliche Geste an der Wange, die »hervorragend« bedeutet, und sagte: »Al contadino non fa sapere com'è buono il formaggio con le pere«, sag dem Bauern nicht, wie gut Birne mit Käse schmeckt.

Tassini hielt seinen Fernet branca in der Hand und sah den Beamten erwartungsvoll an.

Der wischte sich den Mund ab und sagte leise: »Also, wenn eines sicher ist, dann das: Auf Druck von irgend jemandem machen wir das ganz bestimmt nicht. Auch wenn die Hinterbliebenen jetzt vielleicht das Gefühl haben. Nein. Es hängt mit dem heutigen Überfall auf Sie zusammen.«

»Wieso? Haben Sie eine Theorie, warum die mich umbringen wollten?«

»Wir glauben nicht, daß man Sie umbringen wollte.«

Tassini schaute etwas skeptisch. »Also, ehrlich gesagt, bin ich da etwas anderer Meinung. Zwar hat sich die Sache in den letzten Jahren beruhigt, und meine Frau und ich fühlen uns auch nicht mehr so unmittelbar bedroht wie früher. Und trotzdem habe ich in letzter Zeit irgendwie das Gefühl, daß sich etwas zusammenbraut.«

»Keine Angst, ich habe vor zwei Wochen eine verdeckte Eskorte für Sie einsetzen lassen.«

»Erst vor zwei Wochen?«

»Ja.«

»Aber seit unserer ersten Begegnung tappen doch ständig Agenten hinter mit her.«

»Welche Agenten?«

»Von dem Augenblick an, als wir aus dem Garten des Casino Borghese herausgetreten sind, hatte ich sofort zwei Schatten.«

Der Beamte schaute ihn entgeistert an. »Warum haben Sie mich nicht darauf aufmerksam gemacht?«

»Weil ich dachte, es seien Ihre Leute, die nachprüfen wollten, wie ich auf Ihren Vorschlag reagiere.«

»Großer Himmel! Das kann nur bedeuten, daß die mich überwacht haben. Mich, nicht Sie.« Er dachte schweigend nach, zuckte die Schultern, rief den Kellner und bezahlte. Es war spät, die Piazza Rotonda fast leer. Sie gingen noch ein wenig vor dem Pantheon auf und ab. Der Beamte nahm den Faden wieder auf. »Wir haben die Spritze, die man Ihnen in den Arm stechen wollte. Es war nur ein starkes Betäubungsmittel, das innerhalb weniger Sekunden wirkt. Nichts Tödliches.«

»Also wollten die mich entführen?«

»Könnte sein, ist aber auch unwahrscheinlich. Das Mittel wirkt nach Angabe unserer Ärzte nur wenige Minuten. Wir vermuten, daß die nur hinter Ihrem Rapport her waren.«

Tassini lachte. »Da werden sie jetzt wohl ziemlich enttäuscht sein. Ich habe ja nichts Besonderes herausgefunden.«

»Genau. Und darin liegt unser Problem. Die wissen jetzt, daß wir auch nichts wissen. Unsere Strategie, mit dem Ergebnis Ihrer Recherchen bestimmte Regierungen unter Druck zu setzen, ist damit perdü.«

Tassini grummelte: »Ja, aber ...«

»Sie trifft da keine Schuld. Nur wußten die anderen bisher nicht, daß Sie nichts Neues entdeckt haben. Die hatten nur Wind bekommen, daß wir Sie beauftragt hatten, der Sache erneut nachzugehen. Solange sie nicht wußten, ob Sie hieb- und stichfeste Beweise haben, waren wir, waren Sie für diese Leute unberechenbar. Sie umzubringen hätte da zunächst auch keinen Sinn gehabt. Wir hätten ja sofort einen Nachfolger eingesetzt. Nein, die mußten unbedingt herausfinden, wie weit Sie sind, um entsprechende Gegenmaßnahmen zu treffen.«

»Haben Sie eine Idee, woher die wußten, daß ich mich gerade heute mit Ihnen treffen wollte?«

»Entweder Maulwürfe in Ihrem Amt oder in meinem Dienst. Wir können auch abgehört worden sein ... Die Amis und die Franzosen sitzen überall. Darüber hinaus gibt es in unseren Ämtern haufenweise Leute, die nicht im mindesten ihren Aufgaben als Geheimdienstbeamte nachgehen, sondern im wesentlichen nur nachschauen, was die Kollegen rechts und links tun und rein präventiv alles zu Fall bringen, was irgend jemand macht. Nach dem Motto: Wenn der stolpert, kann es nie verkehrt sein ...«

Beide lachten. Dann wandte sich Tassini wieder der Hauptfrage zu. »Ich verstehe trotzdem nicht, wieso Sie so schnell zu der Entscheidung gekommen sind, das Wrack zu heben.«

»Weil wir jetzt eine neue Strategie fahren müssen. Da Sie nichts Definitives herausgefunden haben, können wir die anderen nur noch dadurch in Bedrängnis bringen, daß wir das Wrack bergen und alles daransetzen, die Absturzursache zu klären. Vielleicht finden wir etwas, was uns zumindest erlaubt, den einen oder anderen bösen Verdacht zu äußern.«

Er hakte sich bei Tassini unter, zog ihn näher zu sich heran und sagte sehr leise: »Und wie wir bemerkt haben, klappt die Sache.«

»Welche? Die Bergung?«

»Nein, die Provokation. Wir haben bereits die ersten Reaktionen.«

»Wurde die Bergungsabsicht denn schon publik gemacht?«

»Nein, eben nicht ... Als Sie mir nach dem Überfall sagten, es stünde sowieso nichts Neues in dem Dossier, habe ich sofort reagiert. Und bereits um siebzehn Uhr, zwei Stunden, nachdem der Ministerpräsident das Dekret zur Hebung des Wracks unterzeichnet hatte, wurde der französische Gesandte beim Regierungschef vorstellig und verlangte, daß eine bestimmte Firma mit der Bergung beauftragt wird.«

»Scheint, als hätten unsere Verbündeten aus Frankreich noch immer ein besonderes Auge auf den Fall.«

»Und anscheinend sitzt im Amt des Ministerpräsidenten jemand, der mit den Welschen gut Freund ist. Jedenfalls besteht Frankreich darauf – nach einer ordentlichen Ausschreibung natürlich –, daß diese Firma den Zuschlag erhält. Dafür gibt's sogar einen Preisnachlaß.«

»Warum will er ausgerechnet diese Firma?«

»Sie gehört, natürlich, dem französischen Geheimdienst.«

»Und Sie werden das akzeptieren?«

»Ja.«

»Aber dann ...«

»Sicher, die Gefahr besteht, daß die alles vernebeln. Aber nur so können wir auch herausbringen, ob sie etwas zu vernebeln haben.«

Tassini dachte nach. »Wann wurde die Nachricht offiziell bekanntgegeben?«

»Heute abend.«

»Und wenn nun auch noch die Amerikaner daherkommen?«

Der Beamte lachte. »Die waren schon vor den Franzosen da.«

Tassini konnte sich nicht mehr halten, er prustete los: »Mit Überschall sozusagen: Sie sind schon da, bevor man überhaupt eine Entscheidung bekanntgibt.«

»So ist es. Manchmal wünsche ich mir, unsere Dienste

könnten auch so weit vorauseilen. Der US-Militärattaché hat uns gesagt, daß der Franzose kommen wird und daß wir ihm seinen Willen lassen sollen. Und dann hat er gestochen scharfe Fotos von dem Wrack aus der Tasche gezogen. Aufgenommen wenige Tage nach dem Unglück.«

»Großer Gott!« Tassini war wie vom Donner gerührt. »Und wir tappen seit sechs Jahren im Dunkeln. Sieht man denn etwas, Einschußlöcher oder so?«

»Soweit wir erkennen konnten, nicht. Was uns beunruhigt: Er behauptet, daß seine Leute diese Fotos auch dem Chefermittler in Sachen DC-9-Absturz gezeigt haben. Nur findet sich in dessen Akten keine Spur davon.«

Tassini schüttelte den Kopf. »Wieviel Agenten sind hier eigentlich noch aktiv am Vernebeln?«

Der Beamte lachte. »Das wüßte ich auch gerne. Ich habe den Eindruck, daß die verschiedenen Dienste seit Jahren nichts anderes tun, als Spuren zu verwischen, ohne überhaupt zu wissen, welche Spuren sie eigentlich verwischen sollen.«

Tassini lächelte über die klare Einschätzung des Beamten. Dann kam ihm noch eine Frage in den Sinn: »Aber wie wollen Sie verhindern, daß die Franzosen bei der Bergung die Beweise einfach verschwinden lassen?«

»Ach so, das hätte ich jetzt beinahe vergessen. Wir senden jemanden mit aufs Schiff, der dafür sorgt, daß das nicht passieren kann.«

»Gut. Aber der muß dann praktisch Tag und Nacht zusehen.«

»Ja. Darum sollten Sie sich auch vorher gründlich fit machen. Mitte nächsten Jahres geht's los, bis dahin müssen Sie Bergungstechniken büffeln, damit die Sie nicht reinlegen können.«

»Wieso ich?«

»Weil Sie derjenige sind, der auf dem Schiff dabeisein wird. Das war unsere Bedingung für die Auftragserteilung an diese Firma.«

Tassini atmete tief durch. »Und das, wo ich faktisch ›verbrannt‹ bin? Die anderen wissen doch von meiner Aufgabe. Und heute vormittag ...«

»Gerade deshalb. Die sollen wissen, daß Sie den ganz besonderen Schutz der Regierung genießen. Glauben Sie mir: Man wird sich nicht trauen, Ihnen noch mal eins überzubraten. Zumindest bis auf weiteres.«

Tassini wollte noch etwas sagen, aber der Beamte hielt ihm die Hand hin und klopfte ihm noch einmal auf die Schulter. Dann verschluckte ihn die Dunkelheit der engen Via Seminario.

Rom, Wohnung von Giovanna und Enrico Tassini
30. März 1987

Das Telefon läutete penetrant immer wieder. Nach fünf Minuten wälzte sich Giovanna aus dem Bett, machte das Licht an und hob ab. »Pronto?«

Sie hörte einige Zeit schweigend zu, dann brachte sie den Apparat ans Bett. »Für dich. Deine Dienststelle. Irgendein Weib läßt sich angeblich nicht abwimmeln. Soll ich sagen, daß wir schon gebumst haben?«

Tassini schob sich langsam hoch. »Du hast leicht reden. Wenn's nur darum ginge.« Er streckte die Hand aus, und Giovanna haute erst mal kräftig mit dem Hörer darauf. »Ich rate dir gut ...« Aber ihr Blick verriet, daß sie mit ihrem Scherz nur die eigene Besorgnis überspielte. In den letzten Wochen hatte er immer öfter zu Unzeiten fort müssen.

Er hielt den Hörer ans Ohr und brummte eine Art Gähnen

hinein. »Sie sollen mich aber nicht durchstellen. Wer? Auch das noch.« Er hielt die Muschel zu, flüsterte Giovanna, die sich gerade wieder unter die Decke kuschelte, »Diese Journalistin!« zu und sagte dann: »Also gut, stellen Sie sie in Gottes Namen durch.«

Es knackte in der Leitung, dann waren Straßengeräusche zu hören. »Hallo, Tassini?« fragte die Frauenstimme.

»Nein«, brummte er, »hier ist die Zeitansage. Mit dem nächsten Gongschlag ist es drei Uhr zweiundvierzig ...«

»Weiß ich. Du mußt sofort kommen. Wir müssen nach Grosseto.«

»Müssen wir? Sag mal ... Sagen Sie mal ...« Er warf einen Blick in Giovannas Richtung. Hatte sie den Versprecher gehört? Aber sie steckte schon wieder tief unter der Decke.

»Was kann so wichtig sein ...« Er hörte zu. Dann sprang er mit beiden Beinen aus dem Bett. »Wie? ... Neri? ... Wann? ... Um Gottes willen. In zehn Minuten. Mit Ihrem Wagen, dann fahren wir zu meinem im Parkhaus.« Er legte auf, schlüpfte ins Unterhemd und suchte nach seinen Strümpfen, die er wie üblich irgendwo in der Wohnung liegengelassen hatte.

Aus dem Schlafzimmer hörte er Giovanna: »Ich bestell' das Hotel auf Stromboli ab, ja?« Er warf einen Blick zum Himmel, den Giovanna zwar nicht sehen konnte, wohl aber erahnte.

»Giovanna«, er setzte sich einen Moment auf die Bettkante und zog ihr die Decke so weit weg, daß sie ihn hören konnte, aber nicht ins Licht schauen mußte. »Du bist die beste Frau der Welt. Es ist etwas Furchtbares passiert, und darum muß ich wieder einmal los. Andrea Neri hat sich aufgehängt.«

»Aha. Und wer ist dieser Neri?«

»Der Radarlotse, der als erster über das Kriegsszenarium

im Fall der DC 9 gesprochen hat. Ich war in der Nacht damals bei ihm und hab' ihn schwer unter Druck gesetzt.«

Giovanna setzte sich nun auch auf. Tassini umarmte sie und drückte ihr einen leichten Kuß auf die Stirn. »Denk bitte nichts Falsches. Ich muß wirklich sofort hin.«

Giovanna legte ihren Arm ebenso zart um ihn. »Diesmal glaube ich es dir wirklich. Weißt du, daß dies das erste Mal ist, daß du offen über etwas gesprochen hast, was mit deiner Arbeit zu tun hat? Sei vorsichtig. Aber ich bestell' den Osterurlaub doch ab, ja? Wir sind ja noch jung ...«

Er lächelte. »Was täte ich ohne dich?« sagte er.

»Willst du's vielleicht mal ausprobieren?«

»Um Himmels willen, nein.«

»Sei dir nicht allzu sicher, Schatz. Irgendwann ...«

Er umarmte sie, nun ganz fest. »Nein, nie. Bitte. Ich muß jetzt weg.«

»Bleib mir treu. Wenigstens überwiegend.«

»Ich versuch's.«

»Ich auch.«

»Was? Wie bitte?« Er zog sie hoch und gab ihr einen leichten Klaps auf den Po. Dann ließ er sie behutsam wieder ins Bett gleiten und zog sich fertig an. Giovanna hatte wieder diese kleinen Fältchen um die Augen, die er so mochte. Wenn er sie ansah, vergingen für einen Augenblick seine Sorgen vollständig. Und er wunderte sich wieder einmal, wie sie es schaffte, ihn auch in den schrecklichsten Momenten noch einmal aufzumuntern. Trotz ihrer Angst, die sogar ihre Träume beherrschte. Tassini fiel immer öfter auf, daß ihr Atem im Schlaf mitunter ganz schnell zu fliegen begann.

Er riß sich los, zog seine Bomberjacke über und stolperte nach draußen in den Lift.

Unten wartete Doriana Laconi. »Tut mir leid, auch wegen

deiner Frau«, sagte sie, »sie muß ein mächtig großes Herz haben.«

Er blieb einen Augenblick stehen. »Hat sie. Aber sie bleibt außen vor, verstanden? Bei allem, was wir zusammen machen oder nicht machen, sie ist tabu. Ich habe sie bisher da rausgehalten und werde das auch weiterhin tun.«

»Okay, okay, ich möchte mich nicht in eure inneren Angelegenheiten mischen.« Sie schob ihn weiter, in Richtung ihres Wagens. »Ich wollte dir damit nur sagen, daß ich es verstehe, wenn aus solchen Situationen Probleme entstehen. Mein Verlobter hat sich zum Beispiel vorigen Monat von mir getrennt. Er hat die Unsicherheit, mich womöglich zu verlieren, einfach nicht mehr ausgehalten.«

Tassini strich der Journalistin leicht übers Haar. »Das tut mir leid«, sagte er. »Bin ich daran schuld?«

»Nein, wie solltest du auch. Wir hatten doch nichts miteinander.«

Tassini nickte. Zwischen ihnen war im Laufe der gemeinsamen Arbeit eine ganz bestimmte, fast intime Vertrautheit entstanden. Bei zahlreichen langen Spaziergängen hatten sie ausführlich über ihre geplanten Artikel und über Methoden zum Aufspüren weiterer Beweise geredet. Bei diesen Gelegenheiten hatte Tassini oft eine enorme Nähe zu dieser Frau gefühlt, aber gleichzeitig auch eine unsichtbare Mauer zwischen ihnen bemerkt, von der er nicht wußte, ob er sie jemals überklettern konnte – oder wollte.

Er atmete tief durch, kam wieder in die Gegenwart zurück. »Und wenn dein Verlobter unsere häufigen Treffen doch anders interpretiert hat?«

»Ich nehme an, daß er das getan hat, auch in anderen Fällen. Das kann passieren, aber wichtig ist, danach wieder aus dem Mißtrauen herauszufinden. Ihr habt das offenbar geschafft. Wir nicht.«

Tassini schwieg einige Zeit. »Das war nicht immer so«, sagte er schließlich. Er wußte nicht, ob er damit Doriana nur trösten wollte oder ob er plötzlich doch das Bedürfnis hatte, über seine Frau zu reden. »Anfangs ist sie mir manchmal abgehauen, zu ihrer Mutter oder zu ihrer Schwester.« Er machte eine Pause, beobachtete einen Straßenfeger, der vergeblich versuchte, Müll mit seinem Fuß in eine leere Schachtel zu bugsieren. »Aber in den letzten Jahren ist das nicht mehr passiert.«

»Hat sie wieder Vertrauen zu dir?«

»Vielleicht. Vielleicht hat sie aber auch bloß erkannt, daß sie im Zweifelsfall auch ohne mich leben könnte. Und das macht sie sicherer.« Er stieg auf der Beifahrerseite ein.

Doriana Laconi ließ den Wagen an, fuhr aber noch nicht los. »Es ist schlimm mit unseren Berufen, mit deinem wie mit meinem. Die Spannung, in der ein Partner lebt, der nicht weiß, was der andere tut. Und genau wie du kann und darf ich meinem Freund nicht immer alles sagen, was ich unternehme.«

Tassini nickte. Er dachte an Giovanna, an die zahlreichen Mißverständnisse und an die unendliche Geschichte ihrer Urlaubsplanung auf den Äolischen Inseln – bald ein Jahrzehnt vergeblich.

Doriana Laconi lachte kurz auf. »Merkst du eigentlich, wie wir selbst uns verändern? Daß uns die Sache, wegen der wir uns kennengelernt haben, immer unwichtiger wird?«

»Wieso? Ich stecke jedenfalls voll drin, mehr als du denkst.«

»Und trotzdem sitzen wir hier seit zehn Minuten im Auto und reden über unsere Beziehungsprobleme. Und der Selbstmord des armen Andrea Neri ist zweitrangig.«

Tassini schwieg. Dann zuckte er die Schultern. »Also los, fahr mich zum Parkhaus unter der Villa Borghese ... Ich hab' ein Mobiltelefon im Wagen, und ich muß unterwegs einige Anrufe tätigen.«

Doriana lächelte. »Mach mal das Handschuhfach auf. – Siehst du, auch ich habe seit neuestem Mobiltelefon. Die Redaktion hat's mir spendiert. Beziehungsweise, sie hat's zum Ausprobieren gekriegt und es mir überlassen.«

Er nickte anerkennend. »Hätten wir uns ja denken können, daß ihr mindestens ebenso schnell mit diesen Dingern ausgestattet werdet wie wir.«

»Also, was ist? Reicht dir das Telefon? Oder meinst du, es wird abgehört?«

»Sicher. Aber glaubst du, meins wird nicht abgehört?« Er lachte bitter. »Von wem auch immer.«

»Werden die nicht mißtrauisch, wenn du von meinem Apparat aus telefonierst?«

»Ist doch gleichgültig. Die wissen sicher, daß du mich über den Tod Neris informiert hast. Was ist schon dabei, wenn ich mit dir fahre?«

Er wählte und ließ sich in seiner Dienststelle zu dem wachhabenden Offizier durchstellen. »Ich bin auf dem Weg nach Grosseto«, sagte er, »ein Radarlotse, mit dem ich bei Recherchen zu tun hatte, ist umgekommen.« Er hörte einige Zeit zu, beendete das Gespräch und wählte wieder. »Sagen Sie Herrn Bernabei, hier sind Diebe im Umlauf.« Er wartete erneut. Dann knackte es in der Leitung. »Entschuldigen Sie«, sagte Tassini nach einiger Zeit, obwohl auf der anderen Seite nichts zu hören war, »entschuldigen Sie, daß ich Sie mitten in der Nacht störe. Aber es ist etwas passiert ...«

Nun erst meldete sich die Stimme des Beamten auf der anderen Seite. »Ja, ich weiß es schon. Mit wem fahren Sie?«

»Mit Frau Laconi, einer Journalistin. Es schien mir am besten, außerdem erfahre ich so die Einzelheiten eher. Bis die im Amt mich aufklären ... Danke sehr.« Er drückte auf den Ausschaltknopf des Telefons.

Doriana Laconi lächelte, er sah es im Schein entgegenkommender Scheinwerfer. »Für einen Geheimdienstler bist du erstaunlich offen«, sagte sie, »redest in meiner Gegenwart mit deinen Leuten und sagst euren Kennungssatz ... Hast du keine Angst, daß ich eine Reportage daraus machen könnte?«

Tassini lehnte sich zurück. »Ich will dir mit einer Anekdote antworten, die mir der deutsche Verbindungsoffizier erzählt hat, den ich im Zusammenhang mit der DC 9 kennengelernt habe.«

Doriana lachte. »Keine direkte Antwort?«

»Nein, hör zu: In dem Dorf, in dem er aufgewachsen ist, gab es einen Burschen, der allgemein als Dorftrottel galt. Dem hielten die Bauern immer ein Zehn- und ein Fünfzigpfennigstück hin, er konnte sich eins davon nehmen. Er griff immer nach dem größeren Zehnpfennigstück. Das ganze Dorf lachte darüber. Einmal kam ein Fremder ins Dorf, dem führten sie die Sache mit den Münzen vor. Der Fremde setzte sich später zu dem Trottel und fragte ihn: ›Warum machst du das? Das Fünfzigpfennigstück ist doch viel wertvoller als das Zehnpfennigstück.‹ Da antwortete der Dorftrottel leise: ›Das weiß ich. Aber wenn ich den Fünfziger auch nur einmal nehme, machen sie das Spiel nie wieder.‹«

Doriana Laconi lachte herzlich. »Und du meinst, ich soll mich lieber verhalten wie der Dorftrottel?«

»Wenn du schlau bist, ja. Denn wenn du mich ein einziges Mal hereinlegst, kriegst du nie wieder eine Information von mir.«

Sie legte ihm kurz die Hand auf den Oberschenkel. »Erzähl mir, was du bisher über die Sache mit Neri weißt«, sagte er, mehr als Ablenkung.

»Er wurde an einem Baum erhängt aufgefunden. Am Morgen hatte er seine Kinder in die Schule gebracht, danach war er aber nicht in seine Dienststelle gefahren.«

»Gibt es Anhaltspunkte für Fremdeinwirkung?«

»Kann ich nicht sagen.«

»Woher weißt du überhaupt von der Sache? In den Spätnachrichten haben sie noch nicht darüber berichtet.«

»Die Schwägerin hat mich angerufen, Mina Bartolucci.«

»Und wie bist du an die herangekommen?«

»Als ich hinter dir herrecherchierte. Sie war eine meiner ersten Ansprechpartnerinnen, als ich die Sache von Null an noch mal aufgerollt habe. – Ich glaube übrigens, daß die Frau auch dich anrufen wollte, aber nicht wußte, wo sie dich auftreiben sollte.«

»Vor oder nach dem ... hm ... dem Tod Neris?«

»Wenn ich sie recht verstanden habe, schon vor einigen Wochen.«

Er dachte nach. »Warum sie mich wohl gesucht hat?«

»Keine Ahnung. Aber ich würde sagen, wir sollten zuerst zu ihr fahren.«

Er lachte. »Das tust du doch schon. Ich hab' natürlich bemerkt, daß du in Tarquinia abgebogen bist.«

Mina Bartolucci empfing sie trotz der nächtlichen Stunde; sie war vollständig angezogen, und Tassini war sich sicher, daß Doriana Laconi den Besuch mit der Frau vorher abgesprochen hatte. Er kam gleich zur Sache: »Doriana sagt, Sie haben vor einiger Zeit versucht, Kontakt mit mir aufzunehmen. Stimmt das?«

»Ja, aber ...«

»Und Sie wußten nicht, wie Sie mich finden sollten? Ich hatte Ihnen doch eine Nummer hinterlassen. Warum ...«

»Meine Güte, nach so langer Zeit. Ich hab' den Zettel nicht mehr gefunden.«

»Na ja, das ist jetzt sowieso nicht mehr zu ändern. Haben Sie eine Ahnung, warum Ihr Schwager sich umgebracht hat?«

»Ich weiß nicht, ob er sich umgebracht hat.«

»Weshalb zweifeln Sie?«

»Er war zwar hochgradig nervös. Aber so, wie er sich verhalten hat, auch am Morgen mit den Kindern – ich halte es für ausgeschlossen, daß er sich selbst etwas angetan hat.«

»Dann müßte ihn ja jemand umgebracht haben.«

Mina Bartolucci schwieg.

»Gibt es Anzeichen dafür?«

»Ich weiß nicht. Sehen Sie, mein Schwager ist erst vor vier Wochen wieder aus Frankreich zurückgekommen ...«

»Was wollte er da?«

»Wissen Sie das nicht? Er war vor einem halben Jahr dorthin versetzt worden, zu irgendeiner Nato-Kontaktstelle.«

»Und warum?«

»Das wußte er auch nicht, und er war sehr beunruhigt. Die Versetzung kam urplötzlich, er hatte sie nicht beantragt. Und als er zurückkam, war er noch nervöser, total durcheinander. Deshalb wollte ich Sie ja anrufen.«

»Hat er mit jemandem darüber gesprochen?«

»Ich denke schon. Jedenfalls hat ihn seine Dienststelle zu einem Psychologen oder so etwas Ähnlichem geschickt.«

»Wann genau wurde er versetzt?«

»Moment mal, ich hol' den Kalender.«

Sie stand auf, kramte einige Zeit in einer Schublade herum, zog dann ein kleines Büchlein heraus. »Das war am zweiten Oktober.«

Tassini haute sich mit der flachen Hand auf seine Stirn. »Dachte ich mir's doch.«

Doriana sah ihn von der Seite her an. »Ist zu dieser Zeit etwas geschehen?«

Er nickte. »Erinnere dich, am achtundzwanzigsten September, also vier Tage vorher, hat die Regierung grünes Licht für die Bergung des DC-9-Wracks gegeben.«

Schwägerin Mina nickte eifrig. »Andrea war plötzlich wie ausgewechselt, daran erinnere ich mich. ›Es wird alles rauskommen‹, sagte er, ›aber zuerst werden sie uns alle zum Schweigen bringen.‹ Mehr hat er nicht gesagt. Aber er hat mit einem ehemaligen Kameraden telefoniert, ich glaube, einem Marineoffizier, und lange mit ihm geredet. Das hat mir jedenfalls Andreas Frau erzählt, als er in Frankreich war.«

»Hat er irgendwann einmal erwähnt, daß er in Frankreich unter Druck gesetzt wurde?«

»Nein.«

Tassini sah Doriana Laconi an. »Fahren wir zu dem Ort, wo es passiert ist.«

Sie setzten ihre Fahrt nach Grosseto schweigend fort. Erst kurz vor der Abfahrt zur Wohnung der Neris sagte Doriana Laconi: »Meinst du, sie haben ihn umgebracht?«

»Weiß ich nicht. Vielleicht haben sie ihn auch so sehr unter Druck gesetzt, daß er nicht weiterwußte und sich wirklich aufgehängt hat.«

»Aber wenn er am Morgen mit den Kindern ...«

»Stell dir nur mal vor, du bringst morgens deine Kinder zur Schule, und plötzlich hält neben dir ein Wagen, und jemand sagt: Sehen Sie, Herr Neri, wir wissen genau, wo wir Ihre Kinder finden. Wenn Sie auch nur ein Wort erzählen ... Da kann bei einem labilen Menschen doch die Sicherung durchbrennen. Er glaubte vielleicht, seine Kinder nur dadurch retten zu können, daß er sein Schweigen durch seinen Tod garantierte.«

Sie nahm den Fuß vom Gaspedal und sah zu ihm hinüber. »Hättest du ihn auch so unter Druck gesetzt, wenn man dich dafür eingesetzt hätte?«

Er schwieg lange. »Fahr weiter«, sagte er dann. »Ja, ich glaube, damals wäre ich dazu imstande gewesen. Heute nicht mehr. Damals schon.« Er dachte nach. »Ich weiß nicht. Es ist leicht, über Situationen zu urteilen, in denen man selbst nicht steckt. Jedenfalls habe ich ihn damals auch ganz schön eingeschüchtert.«

Sie beschleunigte wieder. »Es gibt Situationen«, sagte sie, »wo man meint, genau das Richtige zu tun, und man stellt das Schlimmste an, was man sich denken kann.« Sie sah ihn einen Augenblick von der Seite an.

Tassini nickte. »Jedenfalls müssen wir bei dieser Geschichte energisch nachbohren, ob nicht doch jemand Hand angelegt hat.«

»Natürlich.«

Der Ort, wo man die Leiche Neris gefunden hatte, lag nicht weit von seiner Wohnung entfernt. Jetzt war das Gelände weiträumig abgesperrt, und obwohl es erst sechs Uhr war und der Tag kaum graute, waren an dem rotweißen Band ein paar Dutzend Leute versammelt. Tassini kam mit seinem Dienstausweis durch, Doriana Laconi durfte mit ihrem Journalistenpaß zwar auch durch die erste Absperrung, danach aber nur bis zu einem bestimmten Punkt, von dem aus auch die Fotografen ihre Aufnahmen machten. Die Spurensicherung sammelte gerade ihre Instrumente wieder ein. Der federführende Kriminalbeamte zuckte mit den Schultern, als Tassini sich ausgewiesen hatte. »Aufgehängt nach allen Regeln der Kunst«, sagte er.

»Was heißt das?« wollte Tassini wissen.

»Na, mit einem nicht zu dünnen Seil, den Knoten fachmännisch geschlungen und genau hinter dem linken Ohr angebracht. Der Mann muß sich das genau überlegt haben. Normalerweise sind Selbstmörder Dilettanten, die hängen oft so unglücklich herum, daß sie eine Viertelstunde brauchen, bis sie ersticken. Der hier hat sich das Genick gebrochen, wie bei einem professionellen Henker – ohne aber den Kopf abzureißen, was durchaus manchmal geschieht.«

Tassini faßte den Mann am Arm. »Könnte es auch Mord gewesen sein?«

Der Beamte breitete die Arme aus. »Was soll ich dazu sagen? Der Mensch da hatte einen Brief in der Jacke, in dem er schreibt, es sei so das beste für alle. Da wird kaum ein Staatsanwalt Mordermittlungen anstellen.«

»Und der Brief ist echt?«

»Davon gehe ich aus.«

»Was macht Sie so sicher?«

»Ach, wissen Sie, Herr Major«, sagte er, »wir sind allerhand gewohnt. Entweder der Brief ist echt, dann ist der Selbstmord nicht zu bezweifeln. Oder er ist gefälscht, aber bei der professionellen Art des Mo... der Aufhängung vermute ich, daß der Mörder auch gut fälschen konnte. Folglich wird auch nicht herauskommen, daß es eine Fälschung ist. In beiden Fällen wird sich kaum jemand die Mühe machen, weiter zu recherchieren. Zumal der Mann, wie ich höre, in letzter Zeit ziemlich durcheinander war.«

Tassini ließ sich die Dienstmarke des Kriminalbeamten zeigen und notierte sich den Namen. Sicher ist sicher, dachte er.

An der Absperrung traf er Doriana Laconi wieder. Sie hatte Nachbarn und Freunde ausgefragt und wollte eben noch versuchen, Neris Frau anzusprechen.

»Kannst du dir sparen«, sagte er, »die haben sie ins Leichenschauhaus gebracht, zur offiziellen Identifizierung. Was meinen die Leute zu der Sache?«

Doriana Laconi nahm ihren Notizblock aus der Tasche. »Also, an einen Selbstmord glaubt hier keiner, wenngleich alle die Persönlichkeitsveränderung des Mannes wahrgenommen haben. Zwei Aussagen scheinen mir besonders interessant. Vorgestern, nein, vorvorgestern sollen drei Männer in dunklen Windjacken hiergewesen sein und ihn abgepaßt haben, als er nach Hause kam. Sie haben ein paar Minuten mit ihm geredet, und als sie wieder ins Auto stiegen, hat einer eine Handbewegung gemacht, die aussah wie das Schießen mit einer Pistole.«

»Können die Leute diese Burschen beschreiben?«

»Nicht sonderlich genau.«

»Und die zweite Beobachtung?«

»Neri soll vor etwa einer Woche einem Mann, der nur bis zur Haustür des Appartementhauses kam, einen dicken, gelben Briefumschlag ausgehändigt haben.«

»Ein Postkurier?«

»Wohl nicht. Der Nachbar meinte, die beiden hätten sich die Hand geschüttelt. Das tut man doch bei einem Kurier kaum.«

Sie stiegen in den Wagen. Schweigend fuhren sie nach Rom zurück.

»Vielleicht hatte er doch irgendwelche Aufzeichnungen zu Hause und hat sie einem Freund übergeben«, meinte die Journalistin. »Könnte sein, daß wir das Zeug irgendwann zugespielt bekommen.«

Tassini nickte. »Könnte sein. Ich glaube, daß der Mensch, dem er es gegeben hat, es eher verschwinden läßt, bevor ihm auch noch etwas zustößt.«

Schweigend fuhren sie bis fast ans Autobahnende bei Fiumicino.

»Ich werde in ein paar Wochen bei der Bergung des Wracks dabeisein«, sagte Tassini plötzlich.

Doriana Laconi stieg auf die Bremse. »Nicht möglich. Das ist wirklich die erste gute Nachricht, die ich in der Sache höre.«

»Fahr weiter. Ich möchte, daß du in der Zeit auch ein wenig auf meine Frau achtest.«

Sie stieg wieder auf die Bremse. »Bist du noch ganz dicht? Ich soll sie überwachen, ob sie nicht fremdgeht?«

»Fahr weiter, sonst kommen wir erst übermorgen an. Nein, nicht um sie zu kontrollieren, sondern um nachzusehen, ob es ihr gut geht. Es kann sein, daß ich tagelang nichts von mir hören lassen kann, offiziell darf ich nämlich, außer zur Dienststelle, vom Schiff aus keinerlei Kontakt aufnehmen.«

»Aber ich kenne deine Frau doch gar nicht. Persönlich, meine ich, vom Telefon her schon.«

»Ich werde ihr sagen, wie ihr Kontakt zueinander halten könnt.«

»Du hast sehr große Angst um sie?«

»Ja, sehr.«

»Dann fordere doch Personenschutz an.«

»Das lehnt sie ab. Ich habe es ihr schon angeboten, als es vor einem halben Jahr einen Anschlag auf mich gab ...«

»Was? Und das erfahre ich erst jetzt?«

»Du hast es auch jetzt nicht erfahren. Denk an den Dorftrottel. Ich sag's dir nur, damit du weißt, wie ernst es mir ist. Giovanna steht auf dem Standpunkt, sie habe ja gewußt, wer ich bin, als sie mich geheiratet hat. Eine Leibwache kommt für sie nicht in Frage. Ich habe aber keine ruhige Minute, wenn ich nicht weiß, daß jemand regelmäßig nach ihr sieht. Und wenn ich nicht ruhig bin, kann ich meine Arbeit auch nicht richtig machen. Und dann kriegst du auch keine vernünftigen Informationen. Also liegt es ...«

»... ganz in meinem Interesse.« Doriana Laconi lachte.

»Ach, ihr Männer, wie kriegt ihr's nur immer hin, daß alles, was ihr wollt, angeblich in unserem Interesse liegt?«

»Also machst du's?«

»Wird mir nichts anderes übrigbleiben.«

»Ich gebe dir, aber nur dir, eine verschlüsselte Telefonnummer und sag' dir vor meiner Abfahrt, wie du sie entschlüsseln kannst. Wenn etwas mit Giovanna ist, rufst du mich an. Aber nur dann, und nur, wenn es sehr ernst ist.«

»Warum gibst du die Nummer nicht deiner Frau selbst?«

»Erstens, weil sie mich vermutlich irgendwann anrufen würde, wenn sie plötzlich Angst um mich kriegt, aber auch schon mal, wenn die Waschmaschine streikt ...«

»Halt uns Frauen doch nicht für so dämlich!«

»Natürlich nicht, ich wollte es nur ein wenig vereinfachen. Und zweitens: Wenn ihr wirklich etwas passiert, dann kann sie mich doch gar nicht anrufen.«

»Könntest du nicht deine Dienststelle ...«

»Nein, die würden mir nichts sagen, weil sie Angst hätten, daß ich dann meine Arbeit schmeiße. Ich würde es erst erfahren, wenn ich zurück bin.«

»Und was gibt dir die Sicherheit, daß ich nicht genauso denke wie sie?«

»Nichts. Ich habe keine Sicherheit. Auch nicht bei dir. Aber du bist diejenige, von der ich am wenigsten einen Vertrauensbruch erwarte.«

Sie stoppte den Wagen, weil sie vor seiner Wohnung angekommen waren. Einen kurzen Moment legte sie ihm ihre Hand auf den Arm, dann beugte sie sich hinüber und drückte ihm einen leichten Kuß auf die Stirn. »Du hast recht. Ich mache es. Und wenn nur, um dem Trottel in deiner Anekdote recht zu geben.«

Er stieg aus. Oben auf dem Balkon sah er den schwarzen Wuschelkopf Giovannas verschwinden.

**Zentrales Mittelmeer, einhundertfünfzig Meilen
nördlich von Palermo
30. Juni 1987**

Der Erste Beobachtungsoffizier des Bergungsschiffes saß weit zurückgelehnt in seinem Kippsessel und schaute gelangweilt auf die Fernsehbilder, die das kleine Such-U-Boot vom Meeresboden herauffunkte. Tassini lehnte am Türrahmen, hielt eine Cola-Dose in der Hand und war mit seinen Gedanken weit weg. Genau um diese Zeit hatten Giovanna und er wieder mal auf die Äolischen Inseln gewollt, und jetzt dümpelte er hier herum, nicht einmal allzu weit von der Inselgruppe entfernt. An manchen Tagen konnten sie sogar die Rauchfahne der Eruptionen aus dem Stromboli sehen. Seit drei Wochen spürte die kleine Unterwassersonde Trümmer der DC 9 auf, die anderntags von dem großen Bergungsgefährt mit seinen Greifarmen nach oben geholt wurden. Daß die Franzosen ihn bei ihrer Arbeit nicht gerne dabei hatten, war ihm von vornherein klar gewesen. Die Matrosen hatten offenbar einer nach dem anderen den Auftrag bekommen, ihn genau dann abzulenken, wenn da unten irgend etwas Aufregendes zu sehen war.

So hatte er es sich angewöhnt, vor allem auf die Körpersprache der Besatzungsmitglieder zu achten. Wenn es in den Gestängen der Sitze stärker knarrte als sonst, hielt er seine Augen unverwandt auf die Bildschirme – in der Regel machte der Wachhabende kurz danach Striche auf ein Blatt Papier. Offiziell waren das Vermerke, nach denen am nächsten Tag das große Bergungsvehikel hinuntergelenkt wurde, um die entsprechenden Teile zu bergen. Doch Tassini waren allmählich Unterschiede in der Reaktion der Offiziere aufgefallen, und er merkte sich immer dann die Positionsangaben, wenn der Wachhabende irgendwie aufgeregt oder unruhig erschien. Mit dem Ministeriumsbeamten hatte er abgesprochen, daß in einer Art Handstreich sofort nach dem Abschluß der Bergungsaktion alle Bänder beschlagnahmt werden sollten – ob der zuständige Staatsanwalt, dem er ganz und gar nicht mehr traute, dies nun anordnete oder nicht.

Der Stuhl knarrte wieder einmal, und Tassini bemerkte auf den Bildern einige eckige Kästen. Der Beobachtungsoffizier machte die üblichen Striche und drückte dann auf einen Knopf, woraufhin ein anderer Offizier erschien.

»Können Sie mich mal zehn Minuten vertreten, ich möchte einen Kaffee trinken gehen«, sagte der Beobachtungsoffizier.

Der Kollege nahm auf dem Stuhl Platz. Tassini blieb im Türrahmen stehen, wartete, bis sich der Mann ganz auf die Bildschirme konzentrierte, und schlich nach draußen. In der Bar war niemand, er hatte sich nicht getäuscht, der Wachhabende war eiligst hinauf zum Bergungsleiter geklettert; durch das Fenster sah Tassini, wie er Bewegungen machte, die einen viereckigen Gegenstand andeuteten. Tassini ging leise zurück in den Beobachtungsraum. Draußen ertönte das Nebelhorn. Das Zeichen, daß die Greifer des Bergungsbootes mit weiteren Flugzeugteilen in ihren Krallen auftauchen und sie neben die bereits Hunderte von Splittern, Polsterfetzen und Metallstücken hieven würden. Ein großer Gegenstand kam zum Vorschein, an einer Seite noch deutlich als Flügel erkennbar, an der anderen total ausgefranst.

Der Offizier kehrte auf seinen Beobachtungsposten zurück, danach dauerte es noch gut eine Stunde, bis das große Wrackteil auf das Schiff gehievt war. Der Kran, der das Bergungs-U-Boot hob, blieb betriebsbereit, sein Arm wurde nicht auf Deck festgezurrt.

Das war ungewöhnlich. Normalerweise wurden nach

einer solchen Hebung erst mal die Aufzeichnungen aus dem kleinen Sonden-U-Boot konsultiert, um festzulegen, an welcher Stelle weitergemacht werden sollte. Das dauerte oft Stunden, während derer das Bergungsschiff sozusagen in Ruhestellung ging.

Tassini sagte nichts. Eine halbe Stunde später kam der Kapitän zu ihm und teilte ihm mit, daß man einige hundert Meter weiter fahren wolle, denn nach Berechnungen der Sachverständigen müßte sich ein weiterer Teil des Flügels etwas ostwärts befinden, zur Absturzzeit hatten starke Westwinde geherrscht. Tassini nickte, deutete zum bereits langsam dämmernden Himmel und sagte: »Na, denn bis morgen früh. Ich leg' mich hin.«

Er nahm fast nie am Abendessen der Mannschaft teil, holte sich mittags meist nur ein Hörnchen oder ein Baguette in seine Kabine und aß am Abend nur wenig von dem Fisch, den der Koch überwiegend mit einer Mehlsoße zubereitete, die ihm sowieso nicht schmeckte.

Während die Mannschaft zu Tisch saß, schlich er sich wieder an Bord und versteckte sich hinter einem der Rettungsschiffe. Die Schiffsmotoren waren angelassen, kein Zweifel, sie dröhnten stark. Ob man allerdings Fahrt machte, war nicht auszumachen, weil sehr starker Wellengang herrschte und es bereits dunkel war. Tassini warf eine weiße Zigarettenschachtel ins Wasser. Sie trieb Richtung Bug – das Schiff bewegte sich also nicht von der Stelle.

Er hatte das erwartet und wunderte sich auch nicht, als gegen Mitternacht ein paar Matrosen an Deck geschlichen kamen. Kurz nach halb eins wurde das Meer backbords heller und heller, das Bergungs-U-Boot mit seiner flackernden Buglampe kam herauf, die Mannschaften griffen eilig in die Krallen des Gefährts, holten eine Reihe von Gegenständen hervor und schafften sie in den hinteren Teil des Schiffes, dann tauchte das Boot wieder ab, und die Lichter erloschen. Das Ganze wurde vom Lärm der Schiffsmotoren übertönt, die wohl nur zu diesem Zweck angelassen worden waren.

Tassini wartete, bis die Mannschaften wieder unter Deck waren. Dann schlich er sich nach hinten zu der Panzerkammer, in der die kleineren Wrackteile immer sofort eingeschlossen wurden. Offiziell hatten nur der Kapitän und der Bergungsleiter Zugang, aber Tassini besaß einen Nachschlüssel, den hatte ihm der Beamte aus Rom zugesteckt – wußte der Teufel, wie er an das streng bewachte Eigentum der Franzosen gekommen war.

Das schwere Schloß ließ sich ohne Knarren öffnen; Tassini vermutete, daß die Bergungsleute nachts ebenfalls des öfteren heimlich in den fensterlosen Raum schlichen.

Er hatte sich nicht getäuscht. Gleich rechts neben dem Eingang stand eine metallbeschlagene Seekiste, in der bei jeder Bewegung des Schiffes Wasser schwappte. Er hob den Deckel ab und leuchtete mit seiner Mini-Lampe hinein. Es war, wie erwartet, einer der Flugschreiber. Der Aufdruck des DC-9-Kennungscodes war zwar von Tang und einem gelblichen Bewuchs angefressen, aber mit etwas Mühe immer noch lesbar. Tassini zog seine Minox heraus, klemmte sich die Lampe zwischen die Zähne, achtete darauf, daß der Lichtstrahl schräg auf das Wasser traf, um bei der Aufnahme keinen Blendreflex zu erzeugen, und knipste mehrmals.

Leise schloß er den Behälter wieder. Dann ging er noch einmal in dem Raum herum und schaute sich einzelne Stükke an. An sich hätte jedes von ihnen eine plombierte Marke tragen müssen mit einem Sigel und einem Code daraufgestempelt, das auf der Bergungskarte seine Entsprechung hatte. Bei einigen Teilen fehlten diese Zeichen. Tassini machte Aufnahmen von den unmarkierten Stücken. Dann wandte er sich wieder zur Tür.

In diesem Moment leuchtete eine starke Lampe auf, und Tassini starrte in die Mündungen mehrerer Pistolen. Er hob die Hände nur halb. »Sie können Ihre Ballermänner einpacken«, sagte er, »ich bin's, Major Tassini.«

»So?« Es war der Bergungsleiter, der sprach. »Und was haben Sie hier verloren? Wie kommen Sie überhaupt hier herein?«

»Durch die Tür«, antwortete Tassini. »Und ich würde gerne wissen, wieso die nicht verschlossen war. Hier kann offenbar jeder nach Belieben rein- und rausspazieren. Vielleicht auch ein paar Flugzeugstücke als Souvenir mitnehmen ...«

Einer der Matrosen trat an ihn heran. »Halt's Maul«, sagte er, während er ihn abtastete, »sonst knallt's.« Er fand keine Waffe, begann aber erneut mit der Leibesvisitation. »Wollen doch gleich mal klären, wie unser Freund hier hereingekommen ist. Na, wo haben wir denn den Nachschlüssel?«

Meine Güte, dachte Tassini, Anfängerkurs Geheimdienst: Wie man einen Schlüssel und die Kamera zu Boden gleiten läßt und unbemerkt wegschubst, wird einem doch in den ersten fünf Stunden der Grundausbildung beigebracht ... Der Franzose tastete ihn noch einmal ab und trat dann einen Schritt zurück. »Unbewaffnet und auch ohne Schlüssel«, sagte er. »Merkwürdig.«

Tassini machte schnell zwei Schritte Richtung Tür. »Also, gehen wir und klären die Sache in Ihrem Büro«, forderte er.

Der Bergungsleiter stellte sich ihm in den Weg. »Schau auf dem Boden nach«, sagte er zu seinem Matrosen, »vielleicht hat er den Schlüssel fallenlassen.«

Der Mann leuchtete am Boden herum, fand aber nichts. Sie traten hinaus, der Bergungsleiter verschloß die Tür wieder, leuchtete das Schloß noch einmal an, ob Spuren von Gewaltanwendung zu sehen waren. Dann schüttelte er den Kopf und brachte Tassini zum Kapitän. Tassini war innerlich recht vergnügt: Durch den Zwischenfall hatte er herausbekommen, welche angeblichen »Matrosen« in Wirklichkeit die wichtigsten Leute des Geheimdienstes waren.

»Also, was soll das?« fragte der Kommandant.

»Das würde ich gerne von Ihnen wissen«, gab Tassini zurück. »Der Panzerraum war unverschlossen, die Tür nur angelehnt. Ich hatte den Eindruck, es könnte jemand unbefugt hineingeschlüpft sein, und wollte nachsehen. Vielleicht hat sich jemand hinter einem der Wrackteile verborgen. Das klären wir morgen bei Tageslicht, jetzt ist der Raum ja wohl abgeschlossen. Aber ich verlange eine Untersuchung, wie es dazu kommen konnte.«

Der Bergungsleiter wollte auffahren, aber der Schiffskommandant machte eine beschwichtigende Geste. »Heute nacht haben unsere Leute noch ein paar Wrackteile hochgebracht«, sagte er, »vielleicht war jemand der Meinung, man werde gleich danach noch die Siglen anbringen, und hat deshalb offen gelassen. Es sind immer zehn oder zwölf Mann beteiligt, wenn die Stücke hereingetragen werden, da kann es schon mal passieren, daß der letzte die Tür nicht ins Schloß zieht. Ich werde jedenfalls noch mal alle drauf hinweisen.«

Tassini merkte, daß der Mann ihn loswerden wollte, nickte daher und sagte gute Nacht, zog aber bei seinem Abgang auch noch den Bergungsleiter mit hinaus. An der Reling, wo sich ihre Wege trennten, flüsterte er dem Franzosen zu: »Meinen Sie, der Kommandant arbeitet rein zufällig noch für jemand anderen ...?«

Der Bergungsleiter trat zurück, er wollte sich offenbar von der gespielten Vertraulichkeit Tassinis nicht überrumpeln lassen. »Nichts ist unmöglich«, sagte er sibyllinisch. »Aber ich glaube doch, daß Sie es sind, der da herumspioniert.«

Tassini lachte. »Das ist wirklich ein guter Witz. Daß ich euch überwachen soll, wißt ihr doch, das ist doch ganz offiziell. Worin sollte denn da das Spionieren bestehen? Oder habt ihr etwas zu verbergen?«

»Natürlich nicht.« Die Antwort kam entschieden zu schnell.

Am nächsten Morgen gleich nach dem Frühstück öffnete der Bergungsleiter erneut die Tür zum Panzerraum. Zusammen mit dem Kommandanten und dem diensthabenden Offizier traten sie ein.

Tassini bemerkte sofort, daß in der Nacht noch einige Stücke ummanövriert worden waren. Zum Glück nicht jenes, unter das er seine Minox und den Nachschlüssel geschubst hatte. Er ging herum, monierte an einigen Wrackstücken, daß die Siglen fehlten, und konnte so den Kommandanten für einen Augenblick loswerden, weil dieser das Bergungsverzeichnis aus seinem Tresor holen mußte. An dem Teil, unter dem die Minox lag, hantierte er einige Zeit herum, ließ es dann umkippen und griff unbemerkt nach dem Fotoapparat und dem Schlüssel. Der diensthabende Offizier half ihm, das Teil wieder aufzustellen, dann wurden die Sigel angebracht.

Der Kommandant kam zurück. »Alles in Ordnung?« fragte er und fixierte Tassini scharf. Der Mann wartete nun darauf, daß der unbequeme Italiener quasi automatisch dorthin schaute, wo er vergangene Nacht etwas gesucht hatte. Aber Tassini hatte seine Reflexe unter Kontrolle. Daß die Kiste mit dem Flugschreiber nicht mehr im Raum stand, hatte er bereits beim Eintreten bemerkt.

»Alles in Ordnung«, sagte er, »sorgen Sie nur dafür, daß

die Kennungen immer sofort angebracht werden. Ich denke, unser wackerer Staatsanwalt wird sich ziemlich ärgern, wenn er von dieser Nachlässigkeit hört.«

Am oberen Deck trat er an die Reling, schaute zu, wie das große Bergungs-U-Boot wieder abtauchte, und schlug die Zeitung auf, die der Verbindungshubschrauber kurz zuvor gebracht hatte. Er las die Sportnachrichten, fluchte, weil Ferrari beim Grand Prix hoffnungslos hinten lag und Nelson Piquet auf seinem Williams-Honda allen davonfuhr. Dann rechnete er nach, wie lange es noch dauern würde, bis die neue Fußball-Saison begann. Erst danach las er die politischen Nachrichten: Der Mord an einem libyschen Oppositionspolitiker im Zentrum von Rom vor zwei Tagen wurde inzwischen den »Grünen Brigaden« des Revolutionsführers zugeschrieben ... Die Spannungen mit Libyen verschärften sich zusehends.

Tassini unterbrach seine Lektüre. Ein Matrose war neben ihn getreten und bat ihn, in die Fernsehkabine zu kommen.

»Wir haben da was entdeckt«, sagte der diensthabende Beobachtungsoffizier. »Schauen Sie«, er deutete auf die untere Ecke des Schirms, »dieser Kasten da.«

Es war die Blackbox, genauso wie sie gestern auf dem Bildschirm erschienen war. Aber inzwischen war sie doch heraufgeholt worden ... Hatte man sie wieder hinuntergebracht? Tassini wußte nicht, ob die Franzosen mitbekommen hatten, daß er den Moment der Auffindung gestern sehr wohl bemerkt hatte.

»Das könnte der Flugschreiber sein«, sagte der Beobachtungsoffizier. Er betätigte eine Klingel, wenige Minuten danach stand der Bergungsleiter im Raum. »Wir haben eine der beiden Blackboxes«, sagte er, »eben gefunden.«

Der Bergungsleiter wandte sich an Tassini: »Na, Herr Major, was sagen Sie nun?«

Langsam und wie unabsichtlich näherte sich Tassini dem Sicherungskasten neben der Tür. Dann riß er die kleine Glastür auf und drückte schnell die drei roten Knöpfe – die Monitore knisterten und wurden grau. Im Gerätekasten unter den Fernsehschirmen klickte es mehrmals. Tassini schaltete die Sicherungen wieder ein, und die Fernsehschirme begannen wieder zu leuchten – nur war jetzt ein ganz anderes Bild zu sehen. Die Kamera tastete ein Gebiet ab, das deutlich anders aussah als das vorhin.

»Das ist live«, sagte er, »das vorhin war eine Aufzeichnung. Meinen Sie, ich falle auf so etwas herein?«

Er ging in die Kapitänskajüte, schob den vollkommen überraschten Kommandanten zur Seite, griff sich dessen Telefon und rief das Amt des Ministerpräsidenten an. Er hätte auch über die besonders geschützte Leitung aus seiner Kabine telefonieren können, aber er wollte, daß die Mannschaft mitbekam, daß er so nicht mit sich umspringen ließ. Nach wenigen Minuten hatte er den Beamten der Koordinationsstelle am Apparat und sagte laut und knapp: »Major Tassini hier. Ich denke, die Aktion ist überflüssig. Die nehmen uns nur auf den Arm.«

Auf der anderen Seite war es einen Augenblick ruhig, während der Kommandant neben Tassini nervöse Gesten machte. Dann meldete sich der Beamte in Rom wieder: »Geben Sie mir den Bergungsleiter.«

Tassini ließ ihn holen. Der Mann hörte schweigend zu, dann sagte er nur: »Oui, mon general.« Er legte auf.

»Wir brechen ab«, sagte er halblaut. Dann lächelte er Tassini plötzlich an. »Ich weiß nicht, was Sie gestern gesehen haben. Und ich weiß nicht, was Sie heute im Panzerraum gesucht haben, aber die Blackbox liegt immer noch auf dem Meeresgrund.«

Tassini verzog seinen Mund zu einem ironischen Grinsen. »Merkwürdig. Und ich dachte, ich hätte sie heute nacht im Panzerraum gesehen.«

Der Kommandant, der die Szene stumm beobachtet hatte, mischte sich ein. »Wir haben keine Blackbox heraufgeholt, ich schwör's Ihnen. Ich bin bei jeder Hebung dabei und kontrolliere jedes Stück, das an Bord kommt – auch mit dem Geigerzähler, weil es Gerüchte gab, es sei radioaktive Fracht an Bord gewesen. Da war kein Flugschreiber dabei.«

Tassini bewunderte diese Franzosen – so lügen wie die konnte sonst niemand.

»Aber die Aufnahmen, die ich vorhin gesehen habe, die waren von gestern«, sagte er. »Sie haben mir ein Band vorgespielt und so getan, als seien es Live-Übertragungen.«

»Ja«, sagte der Bergungsleiter. »Um ehrlich zu sein ...«

»Lassen Sie bitte das Wort ›ehrlich‹, es klingt in dieser Situation sehr merkwürdig. Wir sind beide vom Bau. Also?«

»Wir haben Anordnung, die Bänder stets zunächst an unsere Leitstelle in Frankreich zu funken, erst dann reden wir darüber. So war es auch gestern. Es stimmt, was wir Ihnen gezeigt haben, war ein Band. Aber es war echt. Authentische Aufnahmen, keine manipulierten. Und der Flugschreiber liegt noch immer da unten.«

Tassini lächelte noch immer. »Machen wir die Probe«, sagte er, »dirigieren Sie das Greifboot hin, und lassen Sie ihn bergen. Sofort.«

»Ich denke, wir sollen abbrechen.«

»Das nehme ich noch auf meine Kappe.«

Der Bergungsleiter sah den Kommandanten an, und dieser erwiderte den Blick mit einem leichten Blinzeln. »Gut«, sagte er dann, »gut, holen wir ihn herauf.« Er gab einige Befehle. »Es wird etwa drei Stunden dauern. Sie können von hier aus alles überwachen. Inzwischen würde ich Ihnen aber gerne noch eine Aufzeichnung zeigen, die Sie bisher noch nicht gesehen haben. Wir haben Sie vorige Woche gemacht, nachts, während Sie schliefen. Nur um Ihnen zu verdeutlichen, was ich vorhin meinte, mit der besonderen Vorsicht, bevor wir über etwas reden.« Er bemerkte Tassinis skeptischen Blick. »Keine Angst, es geht nicht darum, Sie abzulenken. Wir haben doch mehrere Monitore. Auf einem lassen wir die live-Bilder von der Bergung laufen, auf einem anderen zeige ich Ihnen die Aufzeichnung der anderen Sache.«

Tassini überlegte, ob das nicht schon wieder ein Trick war, schließlich nickte er. Er stellte sich in die Nähe der Tür, so, daß er die Bildschirme sehen konnte, aber auch mitbekam, was draußen auf Deck geschah.

Während auf dem einen Fernsehgerät die üblichen Bilder der Tauchfahrt des Greifschiffes erschienen – Tausende von Fischen, Kraken, ganze Nebel von Plankton –, wurden auf dem anderen Monitor die Aufzeichnungen aus dem Suchboot sichtbar. Der Techniker ließ die Aufnahme mit doppelter Geschwindigkeit vorlaufen, um schneller an den gewünschten Punkt zu kommen. Tassini merkte sich die Zeiten auf dem Display, um später nachzusehen, ob vielleicht Schnitte angebracht waren, mit denen man ihn täuschen wollte. Dann sagte der Bergungsoffizier: »Stop.« Das Band lief nun mit normaler Geschwindigkeit weiter. »Das hier«, er zeigte auf den oberen Bildrand, »sind Wrackteile der DC 9. Sehen Sie hier, ein Teil des Steuerwerks, daneben größere Stücke der Innenverkleidung.« Tassini sah alles, vergaß aber nicht, gleichzeitig auf den anderen Monitor zu achten. Das Greifboot setzte seine Tauchfahrt ohne besondere Vorkommnisse fort.

»Und was ist so interessant an der Aufzeichnung?« fragte Tassini.

»Warten Sie noch einige Minuten«, sagte der Bergungsoffizier. »Sie werden staunen.«

Das Suchboot glitt über weitere Teile der DC 9 hinweg, dann war längere Zeit nur die Fahrt über den Meeresboden zu erkennen. Dann kam plötzlich etwas Kantiges ins Bild und verschwand wieder. Man merkte, daß das Boot seine Fahrt verlangsamte.

»Jetzt haben wir die Sonde umkehren lassen«, erklärte der Offizier, »weil wir dieses Stück da gesehen haben.«

Aus der Aufnahme selbst war das nicht zu erkennen, doch das Stück von vorhin kam tatsächlich erneut ins Bild. Die Sonde hielt an, senkte sich ab, schaltete offenbar einen weiteren Suchscheinwerfer ein und vergrößerte das Bild. Buchstaben wurden sichtbar.

»Wie groß ist das Ding?« fragte Tassini.

Der Offizier machte eine abschätzende Handbewegung. »Könnte so etwa einen halben Meter lang sein, maximal neunzig Zentimeter.« Die Sonde ging wieder auf Weitwinkel, aber es waren keine weiteren Teile zu sehen.

»Kann man entziffern, was da drauf steht?« fragte Tassini.

Der Offizier ließ die Aufnahme zurücklaufen und deutete auf die verschiedenen Buchstaben. »Haben wir bereits erledigt«, sagte er. »Da steht RI, dann fehlt etwas, dann 6, wieder eine Lücke, dann C. Weiter unter, das könnte MK 30 bedeuten.«

Tassini sah ihn fragend an. »Wir haben bei unseren Spezialisten angerufen«, sagte der Offizier. »Im ganzen muß es wohl heißen RIM 67 C, das unten heißt wohl MG 30.«

»Und das wäre?«

»Eine Luft-Luft-Rakete.«

»Und wer benutzt die?«

»Ausschließlich die Amerikaner.«

Großer Gott, fuhr es Tassini durch den Kopf. Also doch. Wir haben den Beweis ...

»Freuen Sie sich nicht zu früh«, sagte der Offizier. »Da sind zwei weitere Dinge, die Sie wissen müßten.«

»Nämlich?«

»Erstens: Unsere Fachleute sagen, es sei faktisch unmöglich, daß eine Rakete, die ein Flugzeug getroffen hat, so nah am Wrack abstürzt. Es müßten, noch dazu bei dieser Flughöhe, normalerweise mehrere Kilometer dazwischenliegen.«

»Und hier sind es wie viele?«

»Gerade mal zweihundert Meter.«

Tassini dachte nach. Hatte der Seitenwind die Teile vielleicht in eine andere Richtungen geweht? Bei einer solchen Absturzhöhe konnte man doch nicht präzise sagen, welche Wirbel die einzelnen Teile erfaßten, soviel von Physik verstand auch er.

Der Bergungsoffizier riß ihn aus seinen Überlegungen. »So, und nun das zweite Band.« Er ließ eine andere Kassette einlegen. »Das sind Aufnahmen des Bergungsbootes, das wir zwei Tage nach der Entdeckung dieses Raketenteils an die Stelle dirigiert haben.« Das Schiff zeigte nach einiger Zeit wieder die Stelle mit dem beschrifteten Teil. »Jetzt sehen Sie mal, was da plötzlich zu erkennen ist, als wir zur Annäherung auf Weitwinkel geschaltet haben.«

Tassini griff sich an den Kopf: An der Stelle, an der in der früheren Aufnahme nur ein Raketenteil gelegen hatte, war nun in weitem Umkreis mindestens ein Dutzend weiterer Splitter von ansehnlicher Größe zu erkennen, einige davon ebenfalls beschriftet. »Was ist denn das?« fragte er völlig durcheinander.

Der Bergungsoffizier nickte. »Ja, so geht es uns auch – wir wissen nicht, was das ist.« Er kam zu Tassini an die Tür und tippte ihm auf die Schulter. »Eigentlich gibt es nur eine einzige Erklärung.«

»Und die wäre?«

»Jemand hat in der Nacht nach der Entdeckung dieses Teils weitere Stücke in derselben Gegend abgeladen.«

»Einfach ins Meer geworfen?«

»Nein, das wohl nicht, denn erstens hätte er dann ja ganz nah an unser Schiff heranfahren müssen, das hätten wir auf jeden Fall bemerkt. Und zweitens ist es bei den Strömungen unmöglich, die Teile so präzise neben das erste Stück zu bringen, wenn man sie einfach ins Meer wirft. Diese Teile können nur von einem U-Boot aus direkt abgelegt worden sein.«

Tassini dachte nach. Ja, das war wohl die einzige Erklärung. »Aber wer wußte denn von dieser Entdeckung?«

»Nun, wir hatten ja in Frankreich angerufen, mehrere Fachleute befragt ... Die Gespräche von hier werden zwar verschlüsselt, aber ich nehme an, jeder einigermaßen gute Geheimdienst ...«

Wir stehen also sozusagen unter »Manndeckung«, dachte Tassini. »Haben die Teile denn irgendeine besondere Bedeutung?«

Der Offizier nickte. »Ja. Es sind ebenfalls Raketenstücke, aber von mindestens vier verschiedenen Typen.«

»Das kann nur bedeuten: Jemand weiß, daß wir auf dieses amerikanische Stück gestoßen sind, und will uns glauben machen, daß es sich allenfalls um eine Art Raketenfriedhof handelt, um Teile, die man irgendwann alle zusammen ins Meer gekippt hat, wie das so üblich ist. Nicht wahr?«

Der Offizier nickte.

»Kann man nicht am Tang oder am Bewuchs erkennen, wie lange die Stücke da unten liegen?«

»Theoretisch ja. Aber wenn ich es recht sehe, haben die

ihrem Schrott auch einige Muscheln und Algen angeklebt. Außerdem können wir aus den bloßen Aufnahmen auch nicht erkennen, ob der Bewuchs an dem ursprünglichen Teil nicht ebenfalls künstlich angebracht ist. Sehen Sie«, fuhr der Kommandant fort, »deshalb versuchen wir erst, genauer abzuklären, was wir gefunden haben, bevor wir darüber reden. Stellen Sie sich vor, Sie hätten Ihrer Dienststelle mitgeteilt, daß man ein amerikanisches Raketenteil gefunden hat, und es wäre an die Presse gelangt. Und am nächsten Tag hätten wir zugeben müssen, daß wir plötzlich gleich Dutzende solcher Stücke gefunden haben, die vorher noch nicht da waren ...«

Zum Haareraufen, dachte Tassini. Er blickte auf den anderen Monitor, das Greifboot war auf dem Meeresboden angelangt. Nach einem kurzen Schwenk kam eine gelbe Kiste in Sicht – Tassini konnte seine Bewunderung kaum verhehlen, sie hatten das Ding tatsächlich wieder abgesenkt, um es jetzt »offiziell« heraufzuholen. Er nickte dem Offizier mit einem Schulterzucken zu und ging in seine Kabine. Aber es gelang ihm nicht, dem ganzen einen Sinn abzugewinnen.

Er rief noch einmal den Beamten in Rom an und berichtete ihm von dem Raketenteil. Er mußte alles bis ins kleinste Detail erzählen; Tassini hörte, wie der Beamte zwischendurch Anordnungen in andere Apparate sprach. Dann wurde auf dem Schiff das Röhren des auftauchenden Greifbootes lauter. Er mußte sein Gespräch unterbrechen und zusehen, wie die »wiedergefundene« Blackbox an Deck gehievt wurde. Nach Anweisung des Beamten sollte er die Komödie mit der Blackbox mitmachen, als habe er keinen Verdacht – sie wußten ja, daß die Daten und Aufzeichnungen des Flugschreibers mit großer Wahrscheinlichkeit inzwischen zerstört oder manipuliert worden waren. So konnte Tassini in gewisser Weise entspannt die fast feierliche Öffnung des Bergungsbehälters verfolgen, aus dem man dann just jenen gelben Kasten hervorholte, den er tags zuvor schon im Magazin gesehen hatte.

Dann ging er wieder in die Kabine und rief noch einmal den Beamten an. »Setzen Sie sich«, sagte dieser, »Sie werden es nötig haben.«

Tassini war plötzlich wieder aufs höchste gespannt. »Wir haben Ihre Angaben inzwischen analysiert. Die Rakete, deren Teile Sie gesehen und anhand der Siglen identifiziert haben, ist zwar tatsächlich amerikanischer Bauart, aber sie wurde erst zwei Jahre nach dem DC-9-Absturz eingeführt.«

Tassini setzte sich nun wirklich. »Aber warum hat dann jemand die anderen Teile zur Vertuschung dazugelegt?«

Der Beamte ließ ein trockenes, fast böses Lachen hören. »Ja, so funktioniert das eben. Die Amis fangen einen Funkspruch der Franzosen auf, vermuten, daß diese sie mit einem Raketensplitter kompromittieren wollen, und schicken gleich eine ganze Ladung Schrott hinterher, damit die Schuldzuweisung nicht funktioniert. Auf die Idee nachzuprüfen, ob das Teil überhaupt belastend wäre, kommt keiner.«

Tassini schüttelte den Kopf. »Die haben also doch Angst, daß man etwas gegen sie finden könnte, sonst würden sie nicht ein solches Theater veranstalten.«

Der Beamte lachte erneut. »So kann man es sehen. Vielleicht trauen sie auch ihren Weggefährten aus Frankreich einfach nicht über den Weg.«

Tassini ging wieder zur Reling, wo man nun die beiden U-Boote beiholte, um die Rückfahrt anzutreten. Morgen früh würden sie in Ostia sein. »Wozu das alles noch?« schrieb er in die Kladde, die er seit Beginn der Bergungsarbeiten täglich geführt hatte. Dann lehnte er sich mit dem

Rücken ans Geländer, und einen Augenblick fühlte er nur noch die Freude, bald wieder bei Giovanna zu sein. Eine unvermutete Bö erfaßte seine Kladde, wirbelte sie hoch und über die Reling.

Tassini sah ihr nach, wie sie in der Heckwelle verschwand. Er war nicht einmal traurig darüber, denn das, was darin stand, war sowieso nur Makulatur.

4. Tag

Rom, Hochsicherheitsgerichtssaal am Foro Italico
Voruntersuchung gegen Oberst Enrico Tassini

»Warum haben Sie diese Vorfälle nicht publik gemacht?« fragte Rechtsanwalt Marino seinen Mandanten auf dem Korridor, als der Vorsitzende nach der Schilderung der Bergungs-Aktivitäten die Sitzung für ein paar Minuten unterbrochen hatte. »Sie steht weder in den Akten, noch habe ich darüber irgendwo etwas gelesen, und auch bei unseren Besprechungen haben Sie sie nie erwähnt. Warum haben Sie das so absolut geheimgehalten?«

Tassini zuckte die Schultern. »Das ist eine der großen Absurditäten in dieser Sache. Ich wollte diese Skandale nicht geheimhalten. Ganz im Gegenteil, mir war sogar sehr wichtig, daß herauskommt, mit welch abgefeimten Brüdern wir uns da eingelassen hatten. Ich habe die Geschichte allen möglichen Leuten erzählt. Aber, ob Sie's glauben oder nicht – kein einziger hat sie publik gemacht.«

»Und wem haben Sie es erzählt?«

»Na, zuerst dem Mann vom Amt des Ministerpräsidenten. Der hat genickt – und die Sache für sich behalten. Dann dem Admiral, dem Chef unseres Geheimdienstes. Der hat gesagt, er habe die Regierung vor dieser Firma gewarnt, weil sie mit den französischen Geheimdiensten verbandelt sei, aber publik gemacht hat er es auch nicht. Ich habe sogar Aufzeichnungen darüber offen auf meinen Schreibtisch gelegt, in der Hoffnung, irgendein Kollege würde anbeißen. Umsonst. Und dann habe ich es der Journalistin erzählt ...«

»Dieser ... Doriana Soundso?«

»Ja. Aber sogar die hat geschwiegen wie ein Grab. Vielleicht hat sie die Geschichte von dem Dorftrottel allzu ernst genommen ...«

Der Anwalt lachte, denn Tassini hatte ihm die Anekdote erzählt, um sein Verhältnis zu Reportern zu kennzeichnen.

»Und wie ist das Abenteuer auf dem Schiff ausgegangen?«

»Das Schlimme war, daß die Franzosen mich trotz alledem haushoch reingelegt haben. Die Blackbox, die ich im Panzerraum gesehen hatte, war tatsächlich diejenige, die sie am Tag danach heraufgeholt haben. Nur, es war nicht die Blackbox der DC 9.«

»Wie bitte?«

»Es war schlicht eine Fälschung. Die hatten sie mitgebracht, für den Fall, daß ich dabei bin, wenn sie die echte finden. Die echte war die auf dem Bildschirm, deren Entdeckung ich tatsächlich mitbekommen hatte, aber sie hatten bemerkt, daß mir der Fund nicht entgangen war. Doch auf dem kleinen Monitor und bei dem fahlen Licht der Scheinwerfer sind solche Einzelheiten wie die Schrift und der Bewuchs nicht zu erkennen. Daß ich einen Nachschlüssel hatte, wußten sie offenbar auch. Jedenfalls sorgten sie dafür, daß ich die falsche Blackbox sehe und fotografiere, und senkten sie dann auf den Meeresgrund ab – fragen Sie mich nicht, wie sie das so punktgenau konnten –, um sie tags darauf zu ›bergen‹. Wann sie dann die echte heraufgeholt haben, weiß ich bis heute nicht.«

»Und wie haben Sie das alles herausgefunden?«

»Das haben Experten herausgefunden, die wir mit der Untersuchung beauftragt hatten. Die erklärten mir später, daß das Ding höchstens ein paar Tage im Meer gelegen haben konnte. Es handelte sich übrigens um den sogenannten Voicerecorder, der die letzte halbe Stunde lang alle Geräusche und Gespräche im Cockpit aufzeichnet. Der wichtigere, der die Tätigkeit aller Instrumente und die Steuerungsbewegungen aufzeichnet, wurde erst bei der zweiten Bergungskampagne 1992 gefunden. Aber auch bei dem gibt es Zweifel, ob er nicht erst wenige Tage zuvor ins Meer geworfen wurde.«

»Aber Sie sagten doch, daß der Kasten korrodiert und mit Algen bewachsen war.«

»Eben – genau das war ja die Täuschung. Sie haben darauf gebaut, daß ich eben kein Experte bin. Die Blackbox ist aus einem Material, an das sich keinerlei Algen festsetzen, in das sich kein Rost reinfrißt und das auch nicht korrodiert. Sie soll ja im Zweifelsfall noch nach Jahren auffindbar und auswertbar sein. Mir als Laien aber erschien es natürlich wahrscheinlicher, daß das Ding vergammelt sein mußte. Ich hätte bestimmt Verdacht geschöpft, wenn die Blackbox wie neu aus dem Meer aufgetaucht wäre.«

»Aber inzwischen hat man zweifelsfrei die echten Recorder sichergestellt?«

»Das weiß ich nicht. Ich halte es für möglich, daß auch die beiden Recorder, die man inzwischen für die echten hält, nicht die echten sind.«

»Wie bitte?«

»Das heißt, es können schon die echten sein. Aber es ist nach wie vor nicht geklärt, ob sie nicht zwischenzeitlich schon mal oben waren, manipuliert und dann wieder versenkt wurden.«

»Was sagen die Sachverständigen dazu? Soll ich mal in den Akten ...«

»Sparen Sie sich die Mühe. Da steht ganz einfach, ›Der uns übergebene Flugschreiber ...‹, weiter nichts. Das Ding wurde ausweislich des Bergungsprotokolls auf dem Meeresboden gefunden, und es stand der Code der DC 9 drauf. Auf dem Voicerecorder waren Gespräche zu hören, die tatsächlich in der Kabine geführt wurden, das ließ sich durch Vergleich mit den Wechselgesprächen zwischen dem Piloten und den Radarstationen feststellen. Da kam niemandem ein Verdacht, daß irgend etwas nicht authentisch sein könnte, oder daß Teile weggeschnitten wurden, die vielleicht auf die Absturzursache schließen lassen könnten. Der andere Flugschreiber, der die wichtigsten technischen Daten aufzeichnet, hatte tatsächlich alles bis zum Unfall registriert. Aber auch da wissen wir nicht, ob er nicht manipuliert wurde.«

»Und was ergaben die Auswertungen?«

»Die Aufzeichnung der Cockpit-Geräusche hört abrupt auf, wo sie eigentlich nicht aufhören dürfte. Der Pilot sagt ein Wort, das wie ›ma gua...‹ klingt, also ›ma guarda‹, nun schau mal, lauten könnte.«

»Vielleicht wurde das Flugzeug gerade in diesem Augenblick von der Rakete getroffen?«

»Davon gehen die Gutachter aus: Sie meinen, die Rakete sei rechts vor der Pilotenkanzel explodiert. Wir haben die Szene aber hundertmal nachgestellt – es funktioniert nicht. Die DC 9 flog nach Süden, das Flugzeug, das gefeuert hat, soll von Westen gekommen sein. Die Rakete wäre also von dort her angeflogen. Da sie das Flugzeug verfolgt hätte, müßte sie sich von schräg hinten genähert haben, da sieht man aus der Kanzel rein gar nichts. Aber auch wenn die Rakete von rechts angeflogen wäre, hätte gerade der Kapitän sie nicht sehen können, der sitzt nämlich links. Die Sicht nach rechts ist ihm durch den Co-Piloten versperrt. Und noch etwas.« Der Anwalt war so gespannt wie im Verlauf des gesamten Prozesses noch nicht. »So eine Rakete fliegt mit zwei- bis dreifacher Schallgeschwindigkeit. Nehmen wir an, sie kam von rechts auf die DC 9 zu, und sehen wir mal von der Sichtbehinderung durch die Sonne ab. So eine Rakete hat einen Durchmesser von knapp dreißig Zentimetern, etwas größer als ein Suppenteller. Wenn sie auf Sie zufliegt, sehen Sie sie nur von vorne. Wissen Sie, wann man so einen Gegenstand sehen kann? Allenfalls aus einer Entfernung von zwei- bis dreihundert Metern.«

Tassini schaute seinen Anwalt an, ob dieser sich die Szene vorstellen konnte. »Und wissen Sie, wie lange es da noch dauert, bis das Ding dann da ist? Nicht einmal eine Zehntelsekunde. Ich sehe das Ding, und bevor ich imstande bin, den Mund aufzumachen, um etwas zu sagen, ist es längst explodiert. So kann es also nicht gewesen sein. Wenn sie unmittelbar vor dem Flugzeug explodiert ist, dann jedenfalls, bevor der Mann noch ›schau mal‹ sagen konnte.«

»Was kann der Pilot denn dann gemeint haben?«

»Entweder hat er draußen etwas anderes gesehen, und die Rakete ist unabhängig davon in diesem Augenblick explodiert. Oder er hat etwas auf seinen Instrumenten ausgemacht, was auf einen Defekt oder etwas Ähnliches hinweist.«

»Hat er vielleicht auf seinem Radarschirm ein anderes Flugzeug oder gar die Rakete gesehen?«

Tassini lächelte. »Nein, Passagierflugzeuge hatten damals kein Radar, das ihnen andere Flugzeuge anzeigte. Die meisten haben so etwas bis heute nicht.«

Der Anwalt lehnte sich zurück. »Dieser Fall ist ja noch komplizierter als das Attentat auf den Papst. Bei dem hatte man wenigstens den Attentäter, auch wenn man bis heute nicht weiß, warum er es getan hat und ob er Hintermänner hatte. Aber bei diesem Fall ist es wie bei dem berühmten Artischockenherz: Es sieht aus, als sei da drin eigentlich ein Kern. Aber wenn man am Ende alle Blätter abgezupft hat, ist kein Kern da.«

Tassini lachte. »Ja, so ist es. Das geht nicht nur Ihnen so. Immer wenn man meint, man hat etwas in der Hand, flutscht es einem weg, und es kommt ein neues Indiz nach, das alles wieder auflöst.«

Ein Gerichtsdiener steckte den Kopf aus der Tür des Vernehmungszimmers. »Es geht weiter.«

Sie standen auf. Tassini legte dem Anwalt die Hand auf den

Arm. »Vielleicht wäre es besser gewesen, ich hätte die Sache mit den falschen Raketenspuren damals entschiedener publik gemacht. Denn offenbar fühlten sich danach irgendwelche Leute veranlaßt, den Verdacht noch deutlicher auf die Amerikaner zu lenken ...«

Rom, Forte Braschi, Sitz des Militärischen Geheimdienstes
3. September 1988

Der letzte Tag im Leben des Oberstleutnants Ivone, so erfuhr Tassini bei seinen Recherchen, hatte mit einem Anruf und mit einem kräftigen Fluch begonnen.

»Verdammt noch mal, ihr Schweine«, schrie er frühmorgens so laut ins Telefon, daß sogar die Offiziere in den Zimmern nebenan aufwachten, »ihr habt mir gestern meine Maschine sabotiert.«

Erregte Schritte waren aus seinem Zimmer zu hören. »Acht Jahre lang habe ich den Mund gehalten, obwohl ich euch wie kein anderer in die Bredouille bringen kann. Okay, ihr habt mir meinen Fliegertraum erfüllt und mich zur Kunstflugstaffel versetzt. Aber jetzt habt ihr dieses Weichei zum Staffelführer gemacht. Ich wäre an der Reihe gewesen, ich. Kapiert? Denkt nur nicht, daß ich weiter schweigen werde. Nächste Woche bin ich vor den Staatsanwalt geladen.«

Wenige Stunden nach dem Telefonanruf war der Mann tot, und mit ihm zwei seiner Fliegerkameraden und siebenundsechzig weitere Menschen, die der Flugschau auf der US-Airbase in Ramstein zugesehen hatten. Beim Kunstflugmanöver »Durchstoßenes Herz« war Ivone, der »Solist« der Staffel, in die vorbeifliegende Formation der anderen Flugzeuge gerast.

Ivone war offenbar »schon mit einer mächtigen Wut im Bauch« nach Deutschland gekommen, wie sich später der Chef der für den Flugplatz zuständigen deutschen Polizeistelle erinnerte. Ivones Kollege Nardoni war zum Oberst und damit zum Staffelführer ernannt worden, obwohl er deutlich weniger Flugstunden vorzuweisen hatte als Ivone.

Bereits am Vortag, beim Flug von Udine nach Deutschland, hatte Ivones Maschine einige Male getuckert – bei der sonst hundertprozentig zuverlässigen Aermacchi MB 339 absolut unüblich. Während der Generalprobe hatte der Solist einige Manöver sogar abbrechen müssen. So auch das »durchstoßene Herz«. Dabei mußte er einen Solo-Looping fliegen, während der Rest der zehn Flugzeuge sich in zwei Gruppen teilte und nach den Seiten abrollte. Die beiden Formationen flogen dann aufeinander zu, überkreuzten sich, und wenige Sekunden später sollte der Solist ihren Kreuzungspunkt »durchstoßen«. Wieder am Boden, hatte sich Ivone den Bodenleiter seiner Staffel, der während des Fluges Korrekturen durchzufunken hatte, und den Chef-Mechaniker vorgenommen. Nach einer genauen Untersuchung der Maschine hatten sie einige leicht zu beseitigende, kleine Fehler am Kompressionssystem entdeckt.

Tassini legte den mit »Streng geheim« gestempelten vorläufigen Bericht der Luftwaffe und seine Notizen über die inzwischen eingeholten Aussagen von Ivones Kollegen auf den Schreibtisch. Seit er an jenem Augusttag beim Badeausflug nach Circeo von dem Absturz der Kunstflugstaffel erfahren hatte, versuchte er zu ergründen, was wirklich passiert war. Giovanna sah ihn kaum noch zu Hause, aber sie beklagte sich nicht, ihr war klar, welch dramatische Wende sich ergeben hatte und wie sehr Tassini unter Druck stand.

Er riß sich von den Gedanken an Giovanna los und kramte in seinem Gedächtnis. Wie war das Gespräch abgelaufen, das er wenige Tage vor ihrem Tod mit Ivone und Nardoni geführt hatte? Er hatte die beiden in ein Restaurant in Udine bestellt und ihnen erklärt, wie es zu der Vorladung gekommen war. Dem Staatsanwaltschaft war anonym eine Kopie des Original-Flugregisters zugespielt worden, die jedoch erst mal unbeachtet irgendwo im Archiv verschwunden war. Nach dem mysteriösen Selbstmord des Fluglotsen Andrea

Neri hatte Doriana Laconi in ihren Artikeln immer wieder darauf hingewiesen, daß der Mann in der Nacht des DC-9-Absturzes Dienst gehabt hatte, sein Name aber auf der Anwesenheitsliste nicht auftauchte. So hatte der Staatsanwalt sich schließlich aufgerafft und angefangen der Sache nachzugehen. Dabei entdeckte er nach monatelangen, von der Luftwaffe immer wieder verschleppten Ermittlungen, daß offenbar nicht nur das Radarverzeichnis gefälscht war, sondern eine ganze Reihe weiterer Register manipuliert worden waren. Und irgendwann stieß er dann auch auf die anonym zugesandte Flugliste und kam zu dem Ergebnis, daß es sich dabei wohl um die richtige handeln könnte. Auf ihr standen, im Gegensatz zur »gereinigten« Version, auch die Namen von Ivone und Nardoni. Gleich nach der Flugschau in Deutschland sollten sie vor ihm erscheinen, um ihre Aussagen zu machen.

Tassini hatte den beiden im Auftrag von General Rango ausgerichtet, daß der Geheimdienst sie nicht fallen ließe, wenn sie alles abstreiten würden. »Aber ich selbst«, hatte Tassini dazugesetzt, »kann Ihnen nur helfen, wenn ich jetzt rückhaltlos erfahre, was damals wirklich geschehen ist. Ich arbeite nicht mehr an der Desinformation. Ich bin inzwischen dabei, die Sache aufzuklären. Sie müssen sich entscheiden. Und zwar noch bevor Sie vor dem Staatsanwalt aussagen.«

»Ach ja?« hatte Ivone mit unüberhörbarem Spott in der Stimme gefragt. »Aber wenn wir auspacken, sind doch wohl auch Sie dran mit all Ihren Vernebelungsmanövern, oder irre ich mich da?«

»Nein, Sie irren sich nicht. Aber ich möchte klarstellen, daß Sie das in Ihrer Entscheidung absolut nicht beeinflussen sollte.«

Er erinnerte sich noch an den Blick, mit dem Ivone ihn

angeschaut und dann zu seinem ungeliebten Staffelchef hinübergeblinzelt hatte. »Was meinst du ... meinen Sie, Herr Oberst? Hören wir da einen Unterton, als wäre es unseren Geheimen nun plötzlich irgendwie ganz recht, wenn alles rauskommt? Will sich da jemand vielleicht eine Prämie als Kronzeuge verdienen?«

Tassini hatte die Unterstellung überhört und versucht, den beiden die Sache noch etwas klarer darzustellen: »Unser Problem ist, daß wir gar nicht so genau wissen, was rauskommen könnte. Sie müssen sich allerdings über eines im klaren sein: Wenn Sie aussagen, daß Sie an jenem Abend einen Einsatz geflogen haben, wäre das die erste Bresche in der Verteidigungslinie der italienischen Luftwaffe, die ja noch immer behauptet, zum fraglichen Zeitpunkt sei nicht eine einzige Militärmaschine in der Luft gewesen.«

Endlich war auch Staffelchef Nardoni, der bisher nichts gesagt hatte, aus seiner Lethargie erwacht. »Aber Herr Major«, hatte er leise gesagt, »wir werden doch nicht unsere Armee und schon gar nicht unsere Luftwaffe bloßstellen.«

Tassini hatte sich an Ivone gewandt: »Gilt das auch für Sie?«

Ivone hatte wieder sein ironisches Lächeln aufgesetzt. »Wir sehen uns nach der Flugschau«, hatte er gesagt. »Bis dahin könnt ihr noch ein bißchen zittern.« Mit einem vernichtenden Blick auf seinen frischgebackenen Chef war der Mann aufgestanden und einfach weggegangen.

Tassini nahm den Bericht der militärischen Untersuchungskommission zur Hand. Die Prüfung der Trümmer hatte »keinerlei Fehlfunktionen« ergeben – eine merkwürdige Formulierung, wo man doch nur noch einen Haufen Schrott hatte einsammeln können und wo es doch »bei diesen Flugfiguren um Millimeterarbeit« ging, wie ein Kamerad der umgekommenen Flieger zitiert wurde, »bei der minimale Einstellungsfehler, die selbst die genauesten elektronischen Instrumente kaum wahrnehmen, schon tödlich sein können«. Der Bericht der Untersuchungskommission ging ohne den geringsten Zweifel von einem Pilotenfehler aus. Die Autopsie hatte Alkohol- wie Drogengenuß oder die Einnahme starker Medikamente ausgeschlossen.

Tassini sah sich die beiliegenden Bilder an: brennende Menschen, auf dem Boden liegende, verkohlte Leichen, Rot-Kreuz-Fahrzeuge. »Es könnte sein, daß den Piloten eine Art Geschwindigkeitstrauma erfaßt hat«, hieß es in dem Bericht, »so daß ihm einen Moment schwarz vor den Augen wurde und er die Maschine nicht mehr richtig unter Kontrolle hatte.«

Tassini las den Rapport immer wieder durch. Dann schob er die Videokassette ein, die er vom deutschen Bundeskriminalamt erhalten hatte. Sie enthielt alle in der Zwischenzeit gesammelten offiziellen und auch privat mitgefilmten Aufnahmen der Flugschau. Immer wieder ließ er das Band zurücklaufen, als es an die Figur »Durchstoßenes Herz« ging, schaltete Zeitlupe ein, maß die Sekunden, die der Pilot noch zur Verfügung hatte, als er von seinem Looping herunterkam und waagerecht auf die sich überkreuzenden Formationen seiner Kollegen zuflog: eins Komma achtundachtzig Sekunden bis zum Zusammenstoß. »Einundzwanzig, zweiundzwanzig«, zählte er und überlegte, was man in dieser Zeit alles machen konnte: sich ganz auf dem Bürostuhl herumdrehen, die Mine eines Kugelschreibers herausdrücken und zwei Worte schreiben, sogar einen Schluck Espresso trinken und die Tasse wieder zurückstellen. Für einen erfahrenen Piloten hätte es doch möglich sein müssen, das entscheidende Manöver auszuführen, abzudrehen, und über oder unter der Formation durchzufliegen.

Das Telefon läutete, Tassini hob ab und meldete sich. »Ach ja, prima. Schicken Sie ihn sofort zu mir herauf.« Er schaltete das Videoband auf Rücklauf und ging zur Tür. Aus dem Lift stieg ein schlanker, staksiger Mann, der schnell auf ihn zukam. Francesco sah noch genauso aus wie vor fünf Jahren, als er ihn in Florida auf einer Party zu Ehren einer abrückenden italienischen F-104-Staffel kennengelernt hatte. Er war einer der erfolgreichsten Jägerpiloten des Kurses. Noch bevor Tassini ihn richtig begrüßen konnte, umarmte ihn Francesco herzlich, haute ihm auf die Schulter und fragte: »He, alter Freund, wie komm' ich zu der Ehre? Wie geht's?«

»Gut, ja, alles in Ordnung.«

»Auch mit Giovanna?«

»Ja, soweit schon ...«

»Au weia, habt ihr noch immer keine Kinder?«

»Nein, weißt du, bei meinem Leben ... Warum ich dich hierhergebeten habe? Du bist doch auch die Aermacchi geflogen, und du warst ein guter Pilot ...«

»War ich?«

»Natürlich bist du immer noch einer, auch wenn ich dich nicht mehr mit unseren Staffeln herumsausen sehe, seit du zu den Privaten gewechselt hast. Ich sitze gerade über diesem Absturz der Kunstflugpiloten ...«

»Was hast du denn damit zu tun?«

»Das kann ich dir jetzt nicht erklären. Also, hör dir mal den Bericht der Kommission an.« Er las ihn vor.

»Ja und?«

»Denkst du, der Mann kann einen kurzen Ohnmachtsanfall gehabt haben?«

»Ausgeschlossen.«

»Wieso bist du da so sicher?«

»Ich habe die Sache natürlich nicht analysiert, aber ich

habe mir Fernsehberichte aufgezeichnet und einige Male angesehen. Der Mann hatte Probleme beim Flug, aber er hat in jeder einzelnen Phase absolut klar reagiert und innerhalb von Sekundenbruchteilen immer wieder zu korrigieren versucht. So ein Blackout – mir ist das zweimal passiert – dauert mindestens drei bis vier Sekunden. Er wäre entweder senkrecht abgestürzt oder hoch oben auf seinem Looping ins Trudeln gekommen. Nein, der war bis zur letzten Hundertstelsekunde absolut klar im Kopf.«

»Erklär mir das genauer.«

»Ich nehme an, du hast Filmaufnahmen hier?«

»Ja.«

»Dann leg sie ein.«

Tassini fuhr die Aufzeichnungen an die Stelle, wo die Maschinen im Formationsflug auf die Zuschauer zukamen, der Solist nach oben stieg und die beiden Restgruppen nach rechts beziehungsweise links abrollten. Francesco ließ die Aufnahme stoppen, als der Pilot den Kulminationspunkt des Loopings erreicht hatte, schrieb die im Display angezeigte Laufzeit des Bandes auf und ließ es bis zum Beginn des Aufstiegs zurücklaufen. Dann errechnete er die Differenz. »Zehn Komma null drei Sekunden. Er steigt eindeutig zu hoch auf, mindestens fünfhundert Meter.«

Tassini bewunderte seinen Freund – fast genau dasselbe hatten auch die Spezialisten der Luftwaffe nach tagelanger Analyse errechnet: Eintausendsechshundert Meter hatte der Looping-Durchmesser betragen, statt der vorgesehenen tausend.

Die Kamera verfolgte den Solo-Piloten weiter. »Jetzt ungefähr muß er bemerkt haben, wieviel er zu hoch ist«, kommentierte Francesco weiter. »Der Bogen müßte viel runder, harmonischer sein. Statt dessen sieht es in dieser Einstellung fast so aus, als käme er senkrecht herunter.« Francesco spulte das Band zweimal zurück, dann hatte auch Tassini bemerkt, wieviel schneller das Flugzeug nun war. »Sieben Komma zweiunddreißig Sekunden«, stellte Francesco fest, »er hätte aber, wenn er den Bogen ganz ausgeflogen wäre, knapp neun Sekunden brauchen müssen.«

Er ließ das Band weiterlaufen. »Und was macht er nun?«

Tassini zuckte die Schultern. Er bemerkte nur, daß das Flugzeug am unteren Scheitelpunkt des Loopings ankam. Francesco ließ wieder zurücklaufen, deutete auf das Flugzeug des Solisten, das sich den eben zum Überkreuzen ansetzenden beiden Staffeln näherte.

Tassini fuhr auf. »Der hat ja das Fahrwerk ausgefahren. Will er landen?«

Francesco lachte. »Wo? Inmitten der Leute? Nein, das ist die sogenannte Luftbremse. Er ist viel zu steil heruntergekommen, deshalb ist er zu schnell, erkennt das und fährt das Fahrwerk aus, um den Luftwiderstand zu erhöhen, das nimmt fünfzig bis sechzig seiner gut dreihundert Stundenkilometer heraus.«

Die Maschine flog jetzt nah an der Kamera vorbei, und da bemerkte Tassini noch etwas, unmittelbar bevor der grelle Lichtblitz des Zusammenstoßes aufzuckte und sich die Feuerwolke erhob: »Steigt er nicht im letzten Augenblick noch etwas an?«

»Bravo«, sagte Francesco. »Er zieht die Maschine hoch. Und zwar genau in die Staffel hinein.«

Tassini setzte sich wieder. »Also doch ein Pilotenfehler.«

Francesco schüttelte den Kopf. »Nein, ganz und gar nicht. Die Maschine war in Gefahr abzuschmieren, wie wir das nennen: Der Auftrieb wurde zu gering, weil er zu stark abgebremst hatte. Er mußte beschleunigen und hochziehen, um wieder genug Luftwiderstand zu bekommen, sonst wäre er mitten in die Zuschauer gerast.«

»Aber es hat nichts mehr genützt.«

»Nein. Ivone hoffte offenbar, es würde ihm gelingen, über die Staffel zu ziehen, denn darunter wäre er durch den Luftwirbel der beiden Formationen zu Boden gedrückt worden. Er wäre vielleicht auch abgestürzt, wenn er darüber weggeflogen wäre, aber dann in den Wald hinter der Airbase und nicht auf die Zuschauer.«

Tassini schwieg, auch Francesco starrte noch eine Weile auf die Bilder des Grauens: Männer, deren Rücken brannte und die sich in ihrem Schock gar nicht darüber im Klaren waren, daß sie in Flammen standen, Frauen und Kinder, die verzweifelt nach Hilfe riefen, Feuerwehr- und Rot-Kreuz-Autos, die orientierungslos hin- und herrasten.

Tassini schaltete den Apparat aus. Francesco nahm seine Erklärung wieder auf. »Du siehst, der Pilot hat nach dem zu hohen Aufstieg mit absoluter Klarheit alle Manöver ausgeführt, die zur Korrektur der jeweiligen Situation notwendig waren. Von wegen Blackout.«

»Ja, aber den ersten Fehler, den hat doch er gemacht, indem er so hoch hinaufgestiegen ist. Kann er nicht da einen Aussetzer gehabt haben?«

»Nein, die Zeit, wieder zu sich zu kommen, wäre zu kurz gewesen. Ich nehme an, sein Apparat hat nicht richtig geschnurrt, und schon war er zu hoch oben.«

Tassini setzte sich gespannt auf. »Was heißt das, nicht richtig geschnurrt?«

»Gesetzt den Fall, die Schubdosierung seines Flugzeugs weicht nur um ein paar Gramm Treibstoff ab, oder in der Düse sitzt irgend etwas, was die Einspritzung behindert. Dann ruckelt das Ding heftig. Das mußt du dir etwa so vorstellen wie bei einem Auto, bei dem ein Zylinder nicht richtig funktioniert, dann läuft der Motor nicht rund.«

»Aber warum steigt er dann zu hoch auf?«

»Was machst du denn, wenn beim Auto ein Zylinder ausfällt? Du gibst mehr Gas, weil der Motor nicht richtig zieht. Doch dann hüpft der Topf auf einmal wieder – und das Auto macht einen Sprung nach vorne. Genau das kann Ivone auch passiert sein. Plötzlich ist er zu weit oben. Sein Bodenoffizier funkt ihm hoch: Mensch, was willst du denn da oben, du sollst doch nur tausend Meter steigen, du bist aber auf sechzehnhundert, komm schnell runter. Und so biegt er den Kreis zum Ei. Dann muß er aber sofort wieder bremsen, weil er im fast senkrechten Niederflug viel zu schnell wird. Auch das tut er. Aber die Kurve unten gerät ihm um ein paar Meter zu niedrig, das sind Lenkbewegungen von einer Millionstel Sekunde, die kann kein Mensch absolut genau ausführen. Und nun saust er auf die Kollegen zu und versucht verzweifelt, über sie hinweg zu kommen ... Ich will mich nicht festlegen, aber rein theoretisch hätte er das in diesen zwei Sekunden, bei vollem Schub, auch noch schaffen können. Aber er schafft es nicht. Könnte sein, daß gerade in diesem Augenblick der Schub wieder etwas vermindert war.«

Tassini hatte sich Notizen gemacht. Dann stellte er die Frage, wegen der er Francesco eigentlich hatte kommen lassen: »Sag mal, kann man so ein Flugzeug auch künstlich ... na, sagen wir, zum Stottern bringen?«

»Natürlich. Was durch einen Defekt kaputtgehen kann, kann jeder gute Mechaniker auch absichtlich stören. Warum, gibt es Anzeichen dafür?«

»Ivone glaubte es wohl. Jedenfalls hat er schon am Tag zuvor so etwas geargwöhnt. Der Mechaniker hat wieder alles in Ordnung gebracht. Sagt er jedenfalls.«

Francesco schwieg. Tassini faßte nach: »Könnte man bei einer solchen Manipulation einigermaßen sicher sein, daß der Flieger genau in die andere Gruppe hineinstürzt?«

»Nein. Daß jemand versucht haben sollte, den guten Ivone ausgerechnet bei der Flugschau ... Nein, das kann ich nicht glauben.«

»Du kanntest ihn doch. Könnte er Selbstmord verübt haben, aus Ärger über seine Nichtbeförderung, aus Liebeskummer, aus Angst vor irgend etwas ...«

»Glaube ich nicht.«

»Dann doch eher Sabotage?«

»Aber ausgerechnet auf der US-Base in Ramstein, einer der bestbewachten der ganzen Army?«

Tassini holte tief Luft. »Gerade deshalb bin ich ja so mißtrauisch. Jemand könnte versuchen, den Verdacht auf die Amis zu lenken. Vielleicht hatten die Amis ja auch wirklich ein Interesse ...«

»Woran?«

»Das kann ich dir nicht sagen. Es hängt mit einer anderen Geschichte zusammen, über die die Unglückspiloten vielleicht einiges wußten.«

Francescos Schweigen signalisierte Tassini, daß der Mann sich ungefähr denken konnte, um was es ging.

Nach einiger Zeit machte Francesco einen weiteren Erklärungsversuch. »Wenn es am Tag vorher wirklich eine Manipulation gegeben haben sollte, könnte es doch sein, daß jemand den guten Ivone einfach warnen wollte. Ein klassisches ›Avvertimento‹ nach Mafia-Art: Wir zeigen dir mal, was wir können, wenn du nicht spurst ... Und das zunächst noch ganz ohne die Absicht, ihn wirklich herunterzuholen.«

Tassini sprang auf, wobei er fast das Telefon vom Tisch riß. »Das könnte sein. Ivone war Sizilianer. Jemand ist davon ausgegangen, daß er eine solche Warnung sofort versteht.«

Tassini blieb nach dem Gespräch mit Francesco noch lange in seinem Büro sitzen, sah sich seine Aufzeichnungen durch, malte verschiedene Querverbindungen hinter einzelne Namen. Hatte General Rango die Finger mit ihm Spiel? Die CIA? Die Franzosen? Oder war es doch nur das Zusammentreffen unglücklicher Umstände, das zur Katastrophe geführt hatte? Tassini hatte sich mit dem Beamten vom Koordinierungsausschuß getroffen und ihn in höchster Aufregung vorgefunden. Die Dinge überstürzten sich.

»Sei dem, wie es wolle«, hatte der Beamte gesagt, »jedenfalls haben wir zwei wertvolle Zeugen verloren.« Der dritte Pilot, der in Grosseto mit Ivone und Nardoni aufgestiegen war und der ebenfalls aussagen sollte, hatte sich nach dem Unfall der beiden Kunstflieger sofort auf ein kategorisches »Ich mache keinerlei Aussage« zurückgezogen.

Wie besorgt der Beamte war, erkannte Tassini daran, daß sie eine halbe Stunde darüber diskutierten, wie man Giovanna zur Annahme einer Leibwache oder zum Übersiedeln in eine besonders geschützte Wohnung überreden konnte. Tassini wußte, daß das vergeblich war. Ihm war inzwischen klar, daß Giovannas Weigerung auch darauf abzielte, ihn endlich zur Beendigung dieses gefährlichen Auftrags zu zwingen. Er wußte, daß er genau das nicht konnte – auch im Interesse Giovannas: Sein eigener Geheimdienst schützte ihn sowieso nicht mehr, seit er an der Aufdeckung der Sache arbeitete. Die einzigen, die derzeit ihre Hand über ihn hielten, waren die Beamten im Koordinationsausschuß, und die hatten wiederum nur so lange Interesse an ihm, wie er ihren Auftrag weiterverfolgte. Auch der Kontakt-Beamte, so sehr sich die beiden Männer inzwischen verstanden und angefreundet hatten, würde ihn im Falle einer Aufgabe seiner Tätigkeit nicht mehr schützen können.

Tassini malte weiter an seinen Querstrichen herum. Dann fiel ihm noch eine Stelle ein, die er nicht in seine Überlegungen einbezogen hatte: das Amt des Chefermittlers in Sachen DC 9. Hatten die beiden Piloten vielleicht vor ihrem Abflug nach Deutschland noch mit dem Mann gesprochen, hatten sie Aussagebereitschaft signalisiert – und war das vielleicht »interessierten« Stellen der Dunkelmännerschaft in Sachen DC 9 zu Ohren gekommen?

Tassini wählte die Nummer der Staatsanwaltschaft. Der Chefermittler war nicht im Amt, er sei in einer Besprechung. Der Sekretär fragte, ob er behilflich sein könne.

»Ja, ich würde gerne einen Gesprächstermin haben, wegen der seinerzeit anberaumten Vernehmung von Oberst Nardoni und Oberstleutnant Ivone.«

»Einen Moment, bitte.«

Auf der anderen Seite wurde geblättert. »Also einen Nardoni und einen Ivone haben wir überhaupt nicht vorgeladen.«

»Wie bitte? Ich habe die Vorladungen doch gesehen!«

»Aber hier im Register kommen die beiden nicht vor. Ich habe die Liste vom letzten halben Jahr durchgesehen, außerdem haben wir alle Vorladungen auch noch alphabetisch. Nein, die beiden sind nicht dabei.« Er machte eine Pause. »Jetzt kommt der Chef.« Die Muschel wurde abgedeckt.

»Ja, hallo«, meldete sich der Oberermittler. »Wer spricht bitte?« Tassini wies sich aus.

»Und womit kann ich dienen?«

»Ich wollte nur wissen, welche Vorwürfe Sie den beiden Piloten der Kunstflugstaffel machen wollten, die vor einer Woche umgekommen sind. Und ob Sie die beiden vor ihrem Abflug nach Deutschland vielleicht noch gesprochen haben.«

»Welche Piloten? Ich habe niemanden von der Staffel vorgeladen. Wie käme ich auch dazu?«

Tassini stutzte. »Aber ich habe die Vorladungen doch selbst gesehen. Es lag Ihnen doch ein Flugprotokoll über eine Abfangaktion in der Nacht vor, in der die DC 9 abgestürzt ist, und in dem kamen die Namen der beiden vor.«

»Das stimmt nicht. Mir liegt die Flugliste jenes Abends vor. Da waren die beiden aber nicht im Dienst. Und von einer Abfangaktion steht da auch nichts.«

»Ich habe mich wohl falsch ausgedrückt: In der Version, die man Ihnen offiziell ausgehändigt hat, kommen sie tatsächlich nicht vor. Aber in der Kopie, die Ihnen anonym zugespielt wurde, sehr wohl. Und da steht auch ›Chase int. 2 (quota 200)‹, beziehungsweise ›Int. 2 (chase 270)‹. Das sind die Sigeln für Abfangsaktionen in zwanzigtausend beziehungsweise siebenundzwanzigtausend Fuß Höhe. Die andere Version ist doch offenbar manipuliert.«

»Also hören Sie, Herr ...«

»Major Tassini, Offizier beim militärischen Geh...«

»Geschenkt. Nein, also da müssen Sie sich täuschen. Hier ist nie eine Kopie aufgetaucht, die eine Präsenz der beiden in jener Nacht belegen würde.«

Tassini legte auf. Sie logen noch immer. Alle.

Rom, San Marcuto, Sitz der Parlamentarischen Untersuchungskommissionen
21. Februar 1991

Die Vorladung des Parlamentarischen Ausschusses zur Aufklärung politischer Morde kam nicht ganz überraschend. General Bernardi, neuer Chef des Militärischen Geheimdienstes stimmte Tassini auf die Anhörung ein: »Die Vorsitzenden dieses Ausschusses gehören traditionell der Linken an, also der Opposition. Das hat sich für die Regierenden und für die Dienste selbst lange Zeit als ausgesprochener Vorteil erwiesen: Da die Kommunisten vor allem darauf fixiert waren, ihre Staats- und Verfassungstreue zu beweisen, kamen von dort kaum kritische Fragen. Seit dem Zusammenbruch des Ostblocks und dem Fall der Berliner Mauer aber sind unsere alten Feindbilder verschwunden. Und da die Politiker die Geheimdienste nicht mehr so unbedingt brauchen, erlauben sie sich plötzlich allerlei Attacken, die sie früher nicht einmal im Traum gewagt hätten. Aber Sie müssen keine Angst haben: Politiker bleiben Politiker und damit Opportunisten, die sofort kuschen, wenn Sie mit dem Fuß aufstampfen. Hier sind für alle Fälle«, er reichte ihm drei Schreibmaschinenseiten, »ein paar Bemerkungen über die wichtigsten Ausschußmitglieder. Die lesen Sie jetzt durch, und wenn einer von ihnen kiebig wird, nutzen Sie diese Erkenntnisse.«

Tassini überflog die Seiten. Er wußte die Geste zu schätzen, gerade weil er im Dienst nicht mehr viele Freunde hatte. »Danke vielmals, Herr General. Aber ich denke, wir sollten doch versuchen, ohne auszukommen. Ich weiß, ich bin da drin«, er zeigte auf die schwere Doppeltür, an der ihn ein Parlamentsdiener erwartete, »ganz auf mich alleine gestellt. Ich werde aber versuchen, mit Ehrlichkeit durchzukommen.«

Der General lächelte. »Na, dann viel Glück.« Er klopfte ihm auf die Schulter und ging zurück zu seinem Adjutanten, der ihn an der Detektorschleuse des Gebäudes erwartete.

Tassini bekam das neue Verhalten der Kommissionsmitglieder zu spüren, kaum daß er auf dem Stuhl des »über die Fakten informierten Zeugen« Platz genommen hatte. Der Vorsitzende stellte gleich zu Beginn eine besonders hinterhältige Frage: »Herr Oberstleutnant, nach unseren Unterlagen waren Sie bis 1984 in der Abteilung D beschäftigt, die für Desinformation zuständig ist. Dann aber haben Sie sich dort unvermittelt versetzen lassen und mit Recherchen begonnen, die nichts mehr mit dieser Tätigkeit zu tun hatten.«

»Das trifft zu. Aber ich weiß nicht ...«

Der Vorsitzende fixierte ihn ungeduldig. »Muß ich Sie darüber belehren, daß Sie hier rückhaltlos auszusagen haben? Der Geheimdienst ist keine autonome Einrichtung, er hat sich gegenüber dem Parlament als der vom Volk gewählten Vertretung zu verantworten.«

»Das ist mir bekannt.«

»Na, also. Dann antworten Sie bitte auf meine Frage.«

»Ja, ich wurde mit einer neuen Aufgabe betraut. Ich sollte die Wahrheit über den Absturz der DC 9 herausbekommen.«

»Ist das ein normaler Karriereschritt, von der Desinformation zur Wahrheitsfindung versetzt zu werden?« Die Ironie in der Frage des Vorsitzenden war nicht zu überhören.

»Nein.«

»Und trotzdem war es bei Ihnen so?«

»Ja. Ich wurde von einem Beamten des Koordinierungsausschusses der Geheimdienste zu meiner neuen Tätigkeit verpflichtet.«

»Der Name des Beamten?«

»Den weiß ich nicht, er hat ihn nie genannt.«

»Und Sie lassen sich von jemandem, den Sie überhaupt nicht kennen, zu einem derart einschneidenden Schritt bewegen? Gerade Ihnen als Geheimdienstler müßte so etwas doch höchst suspekt sein.«

»Er hat sich mir in einer Weise genähert, die keine Zweifel an seiner Stellung ließ. Zudem hat mich mein höchster Vorgesetzter, Admiral Cinzano, damals persönlich für diese Tätigkeit freigestellt.«

»Schriftlich?«

»Mir gegenüber nicht. Aber es wird einen Vermerk geben.«

Der Vorsitzende blätterte in seinen Akten. »Das trifft zu«, sagte er zu den Mitgliedern des Ausschusses. »Der Name des Beamten ist bekannt, er wurde hier jedoch unkenntlich gemacht. Der Ausschuß behält sich vor, die Identität dieses Mannes festzustellen.«

Er blätterte weiter. »So, und nun der Reihe nach. Berichten Sie zuerst über Ihre Aktivitäten zur Verschleierung der Wahrheit.«

Tassini schlug seine Aufzeichnungen auf und las vor, was er bei der Vorbereitung zu dieser Anhörung zusammengeschrieben hatte, von seiner ersten Jagd auf die möglichen Mitwisser in Ciampino und Grosseto bis zur Bestechung von Experten und der Fälschung von Flugregistern und Anwesenheitslisten.

Der Ausschußvorsitzende notierte sich stichwortartig die Angaben oder hakte sie in den Protokollen ab, die er vor sich liegen hatte. Dann kam er zum zweiten Teil: »Und nun waren Sie plötzlich beauftragt, genau das Gegenteil zu tun, nämlich mit der Desinformationen aufzuhören und die Wahrheit zu enthüllen. Geht das so einfach von einem Tag auf den anderen?«

»Der Vorsitzende fragt«, mischte sich sein Stellvertreter ein, »ob man für eine solche Arbeit nicht ein wenig schizophren sein muß.«

Tassini sah den Mann an; er kannte ihn von Fotos – ein ehemaliger kleiner Manager, der seine politische Karriere in der Christdemokratischen Partei der Protektion eines potenten Ministers verdankte und der sich mittlerweile mit einer eigenen politischen Gefolgschaft umgeben hatte. Berühmt war er wegen der Behendigkeit, mit der er spektakuläre Vorfälle in parlamentarische Anfragen umzuwandeln verstand.

»Ja«, sagte Tassini, »man wird leicht etwas verrückt dabei.«

Der Mann stutzte einen Augenblick und vergaß, den Mund zu schließen – offenbar hatte er mit einer anderen Antwort gerechnet und bereits seinen nächsten Giftpfeil vorbereitet.

Tassini fuhr fort, ehe jemand eine weitere Frage stellte: »Aber das ist in vielen Berufen so.« Er schaute den Mann so harmlos an, daß dieser trotz der deutlichen Retourkutsche nicht sofort wieder einen neuen Ansatz fand.

Der Vorsitzende, der eine Reaktion seines Vize erwartete, zögerte einige Augenblicke.

»Das hat gesessen, Herr Kollege«, sagte da aus dem Hintergrund eine tiefe Stimme. Tassini neigte den Kopf ein wenig zur Seite, um den Mann besser zu sehen. Er war vielleicht vierzig Jahre alt, trug einen mächtigen, schwarzen Vollbart und strahlte mit zwei gütigen, gleichzeitig ein wenig listigen Augen in die Gegend. Obwohl er ihn noch nie persönlich gesehen hatte, wußte Tassini sofort, daß dies der berühmte »Marx der Parlamentsausschüsse« sein mußte, ein Abgeordneter, der aus der Democrazia proletaria kam, als notorisch unbestechlich galt und als hartnäckiger Nachfrager bekannt war. Ihre Blicke trafen sich nur einen kurzen Moment, aber er gab Tassini einen so mächtigen Schub an Sicherheit, daß er wußte, die hier würden ihn nicht in Bedrängnis bringen können. So setzte er sich wieder gerade hin und fuhr mit seinem Bericht fort.

»Ich habe unzählige Spuren verfolgt, Vorfälle überprüft und unzählige Male wieder von vorne begonnen. Doch zu einem schlüssigen Ergebnis bin ich nicht gekommen.«

Der stellvertretende Ausschußvorsitzende hatte inzwischen seine Sprache wiedergefunden. Er drückte seinen Mikrofonknopf. »Hören Sie, vielleicht haben Sie noch immer nicht begriffen, daß Sie nicht hier sind, um erneut Spuren zu verwischen, Nebelkerzen zu werfen ...«

Tassini bohrte den Daumen seiner rechten Hand in den Ballen der Linken, um seine Aufwallung gegen diese Revolverschnauze im Zaum zu halten.

»Entschuldigen Sie, Herr Abgeordneter«, sagte er, »aber wäre es nicht besser, Sie würden mich erst einmal sagen lassen, was ich zu sagen habe, und erst dann über Wahrheit und Lüge befinden?«

Die Ausschußmitglieder begannen miteinander zu tuscheln, und der Vorsitzende rutschte unschlüssig auf seinem Stuhl hin und her. »Marx« schien sich glänzend zu amüsieren.

»Fahren Sie fort«, sagte der Vorsitzende schließlich. »Was ist das wichtigste Ergebnis Ihrer Recherche?«

»Nun, das für meine Arbeit wichtigste Ergebnis war zunächst die Erkenntnis, daß wegen dieses DC-9-Absturzes noch immer Menschen sterben.«

»Wie bitte?«

»Es gibt unübersehbare Hinweise, daß eine Reihe von Personen, die Einzelheiten über die damaligen Vorfälle aussagen wollten, eines unnatürlichen Todes gestorben sind. Vieles rankt sich dabei um den Luftwaffenstützpunkt Grosseto nördlich von Rom.« Er zählte auf, wer in den vergangenen zehn Jahren auf überraschende Weise gestorben war, vom Kommandanten der Militärbasis bis zu den in Deutschland abgestürzten Kunstfliegern. Dann fügte er noch neuere Fälle hinzu, einen Offizier, der den Absturz des angeblich libyschen Jägers im Sila-Gebirge untersucht hatte, und zwei Generäle, die damals Dienst hatten und die bei angeblichen Terrorattentaten umgekommen waren. »Mehr als ein Dutzend Menschen aus diesem Umkreis sind unter dubiosen Umständen verstorben«, faßte er zusammen.

Die Parlamentarier schwiegen. Dann griff der stellvertretende Ausschußvorsitzende wieder zum Mikrofon. »Sie sagten, es gebe Hinweise, daß es sich bei diesen Sterbefällen um Verbrechen handle. Haben Sie Beweise?«

»Nein. Ich bin kein Polizist und kein Ermittlungsrichter ...« Er merkte, daß er in eine Falle tappte: Man würde ihm vorwerfen, sich Urteile anzumaßen, die ihm nicht zustanden.

Da griff von hinten der »Marx« ein: »Ach, wissen Sie, meine Herren Vorsitzenden, es ist bequem, nach Beweisen zu fragen, um unbequeme Erkenntnisse zu verdecken. Auch ich habe mich mit diesen Fällen beschäftigt, auch ich habe keine schlüssigen Beweise. Aber wenn es um eine solche Häufung von Todesfällen in einem ja überaus beschränkten Personenkreis geht, muß man auch mal laut darüber nachdenken dürfen, ob nicht Methode dahintersteckt.«

Er merkte, wie sich der stellvertretende Vorsitzende aufregte, weil Tassini so aus der Klemme herauskam. Doch bevor der Mann sein Mikrofon anschalten konnte, fuhr »Marx« fort: »Gemeinsam ist all diesen merkwürdigen Todesfällen, daß die betreffenden Personen wenige Tage vor ihrem Tod als Mitwisser entlarvt wurden oder ihrerseits unvorsichtigerweise Enthüllungen zum Fall der DC 9 angekündigt hatten. Und gemeinsam ist ihnen auch, daß die Beerdigungen in großer Eile vorgenommen wurden und daß fast nie eine Autopsie stattfand, selbst wenn es sich um höchst unerklärliche Unfälle handelte. Nur bei den Piloten der Kunstflugstaffel hat es angeblich eine gerichtsmedizinische Untersuchung gegeben ...«

»Wieso ›angeblich‹?«

»Weil ich nicht sagen kann, ob sie wirklich stattgefunden hat: Einen Bericht wie den, der in den Akten der militärischen Untersuchungskommission steht, könnte auch ein Medizinstudent im zweiten Semester verfassen: Blutentnahme, Prüfung auf Drogen oder Alkohol. Nicht vorhanden? Also alles normal. Fertig ist der Autopsiebericht.«

Der Vorsitzende dachte eine Weile nach. Dann fragte er die anderen Kommissionsmitglieder: »Wollen wir die Frage der seltsamen Todesfälle weiter erörtern?«

Der Christdemokrat meldete sich wieder zu Wort: »Ich denke nicht, daß uns derlei Spekulationen hier weiterbringen. Darum soll sich die Gerichtsbarkeit kümmern.« Eine merkwürdige Kehrtwendung, fand Tassini.

Der Vorsitzende nickte. »Sie haben gehört. Was uns hier interessiert, ist vor allem, was Sie über die Absturzursache der DC 9 herausgefunden haben. Nach Angaben Ihrer Dienststelle sind Sie mittlerweile wohl der bestinformierte Rechercheur.«

»Ich weiß nicht, ob ich der bestinformierte bin. Ich will trotzdem mein Bestes tun. Also: Die drei Hauptthesen, von denen man ausgehen mußte, haben sich am Ende als ziemlich gleich wahrscheinlich erwiesen: Materialermüdung, Bombenattentat, Raketentreffer.«

»Das wissen wir aus dem Rapport, den Sie dem Koordinationsausschuß der Geheimdienste schon 1986 übergeben haben. Sie widersprechen damit aber allen wichtigen Expertengutachten. Die gehen nahezu einstimmig von einem Raketentreffer aus und haben sämtliche anderen Theorien als überaus unwahrscheinlich eingeschätzt. Oder hat sich in den letzten fünf Jahren erneut etwas an der Erkenntnislage geändert?«

»Nein. Seit 1980 sind mehr als zwei Dutzend Gutachten erstellt worden, nur zwei davon zweifeln an der Raketenthese. Diese beiden sind jedoch so schlecht ausgearbeitet, daß die Staatsanwaltschaft sie wohl zu Recht in den Papierkorb geworfen hat.«

»Und was bringt nun Sie dazu, trotzdem an der Raketenversion zu zweifeln?«

»Es kommt nicht darauf an, ob ich an der Version zweifle oder nicht. Es kommt darauf an, daß die anderen Versionen niemals gründlich untersucht wurden. Das gilt bis heute. Ich denke, inzwischen ist das auch gar nicht mehr möglich.«

»Was soll das heißen?«

»Sehen Sie, Herr Vorsitzender, nach dem Absturz der DC 9 sind das Militär und die Geheimdienste aufgrund der Begleitumstände intern quasi automatisch davon ausgegangen, daß es sich um einen Raketentreffer handelte. An etwas anderes hat gar niemand gedacht. Deshalb haben wir vom Desinformationsdienst faktisch alle Dokumente, die es über diese Nacht gab, vernichtet oder manipuliert. Und wir sind dabei sehr gründlich vorgegangen. Es gibt keine unverfälschten Dokumente mehr, anhand derer sich eine andere Version beweisen ließe.«

»Aber die Gutachter haben doch derart viele Indizien zusammengetragen, daß die Raketenthese nahezu hundertprozentig sicher ist.«

»Ja, davon gehen zumindest die Öffentlichkeit, die Presse und der Großteil der Politiker aus.«

»Und warum Sie nicht?«

»Es ist schwierig, meine Position zu erklären. Persönlich sehe ich durchaus das erdrückende Potential der Belege für die Raketenversion. Und doch ...«

»Was läßt Sie dennoch zweifeln?«

»Es gibt mehrere Aspekte. Erstens: Die Öffentlichkeit will einfach die Raketenthese glauben. Das aber trübt etwas mein Vertrauen in die Expertenarbeit. Einer der Gutachter kam aus England und war unter anderem Mitglied der Kommission zur Untersuchung des Attentats von Lockerby 1988 – Sie erinnern sich, eine vollbesetzte Boeing 747 wurde durch eine Bombe an Bord zum Absturz gebracht. Der Mann machte sich nun in Sachen der DC 9 daran herauszufinden, mit welch geringen Sprengstoffmengen man ein solches Flugzeug manövrierunfähig machen kann, wenn man sie nur an der richtigen Stelle anbringt. So experimentierte er unter anderem mit wenigen Gramm TNT, die in der Toilette verborgen gewesen sein könnten.«

Die Kommissare hörten eher gelangweilt zu, sie kannten die Geschichte des »Scheißhaus-Sprengmeisters«, wie ihn Doriana Laconi in einem Artikel tituliert und damit unmöglich gemacht hatte. »Und doch hatten seine Gutachten hohe wissenschaftliche Relevanz«, sagte Tassini, »aber niemand hat sich mehr getraut, sie ernstzunehmen. Auch nicht der neue Staatsanwalt, der 1990 den Fall übernommen hat, nachdem seinem Vorgänger zahlreiche Mißgriffe und Unterlassungen, ja sogar Rechtsbeugungen vorgeworfen worden waren. Ich sage nicht, daß der Sprengstoffexperte die tatsächliche Unglücksursache gefunden hatte. Aber die Episode zeigt doch, wie schwer es ist, sich gegen eine massive Pressekampagne zu stellen.«

Einen Augenblick blitzte in Tassini die Erinnerung an Doriana Laconi auf, die er seit längerem nicht mehr gesehen hatte: Seit er mit ihr über seine Bedenken gegen die Eingleisigkeit der Raketen-Hypothese gesprochen hatte, war sie auf Abstand gegangen.

»Und zweitens?« fragte der Vorsitzende, als Tassini nicht weitersprach.

»Es gibt noch andere, gravierendere Vorkommnisse.«

»Dann mal los«, sagte der Vize mit einer Stimme, die ostentative Ungläubigkeit dokumentieren sollte. Doch Tassini sah in den Augen des Mannes eine ganz andere Haltung, höchste Anspannung nämlich.

»Der Druck auf die Experten reichte bis zur Erpressung. Als der Staatsanwalt wissen wollte, ob die MIG 23, die im Sila-Gebirge abgestürzt ist, überhaupt aus Libyen gekommen sein konnte, rief er einen Experten aus dem ehemaligen Ostblock. Da die alle mit diesen MIGs ausgestattet waren, schien es eine vernünftige Berufung zu sein. Der Mann arbeitete zunächst hervorragend. Doch als er am Ende seinen Bericht abfassen sollte, begann er herumzuflattern, schrieb mal dies, mal das Gegenteil. Als wir uns schließlich gezwungen sahen zu überprüfen, warum er so einen Mist baute, fanden wir heraus, daß er zu Zeiten der kommunistischen Herrschaft Spitzel des Geheimdienstes in seinem Land gewesen war und nun erpreßt wurde.«

»Von wem?«

»Nach unseren Erkenntnissen von einem Mitarbeiter des französischen Geheimdienstes.«

»Ist Ihnen klar, was Sie da sagen?« fragte der Vorsitzende.

»Natürlich.«

Die Ausschußmitglieder flüsterten bei abgedeckten Mikrofonen miteinander.

Der Vize wandte sich an Tassini: »Beweise haben Sie natürlich keine, wie immer?«

»Doch«, sagte Tassini. »Ich kann Ihnen den Namen des Mannes nennen, der ihn erpreßt hat.«

»Wie bitte?«

»Ja, ich habe ihn hier aufgeschrieben. Und wenn Sie Ihre Akten aufschlagen, werden Sie Berichte finden, wonach es Zusammenstöße zwischen unserem Geheimdienst und dem französischen gegeben hat. Da steht auch drin, daß dieser Mann Informant des französischen Geheimdienstes war.«

Er reichte dem Vorsitzenden einen Zettel. Der las ihn und gab ihn an seinen Vize weiter.

»Wir nehmen es zur Kenntnis«, sagte der Vorsitzende und legte den Zettel zu seinen Akten.

»Entschuldigung«, kam da von hinten der Baß des »Marx«. »Ich möchte den Namen auch wissen.«

Der Vorsitzende tuschelte mit seinem Vize.

»Es scheint uns besser, den Namen vorerst nicht öffentlich ...«

In diesem Moment wurde die vorher so sanfte Stimme des »Marx« überaus schneidend. »Es interessiert mich überhaupt nicht, was Ihnen scheint«, sagte er, »ich bin reguläres Ausschußmitglied und habe ein Recht darauf.« Widerwillig zeigte der Vorsitzende den Zettel über seine Schulter zurück, ließ ihn aber nicht aus der Hand. »Marx« beugte sich vor, lächelte und sagte: »Danke. Dacht' ich mir's doch.« Tassini warf ihm einen anerkennenden Blick zu. Er war sich eigentlich sicher, daß bisher niemand von diesem Zusammenhang wußte. Aber der Abgeordnete hatte ein weiteres Mal signalisiert, daß er auf Tassinis Seite stand.

»Ich kann Ihnen weitere Fälle von Unregelmäßigkeiten nennen«, sagte Tassini, »auch aus Italien selbst. Die Kommission, die in den achtziger Jahren im Auftrag des Parlaments ermittelte, setzte sich aus angeblich fünf unabhängigen Experten zusammen. Davon hatte der Geheimdienst zwei lanciert. Und entsprechend fielen natürlich ihre Gutachten aus.«

»Präzisieren Sie das.«

»Sie kamen vordergründig zwar auch zur Raketen-These. Aber die Gutachten waren derart gestaltet, daß es den Militärs ein leichtes war, sie in so vielen Einzelheiten zu widerlegen, daß die Arbeit der gesamten Kommission unglaubwürdig wurde.«

»Alles Unterstellungen«, giftete der Ausschußvize erneut.

»Nein«, sagte Tassini. »Ich übergebe Ihnen hier Auszüge aus zwei Fassungen eines Gutachtens von 1986. Die erste Version ist weitgehend wasserdicht. In der zweiten Fassung fehlen einige wichtige Details, und genau diese Fassung wurde dem Parlament ausgehändigt. Die Militärs haben sie in der Luft zerrissen. Ohne diese Auslassungen wäre die Luftwaffe schon damals gezwungen gewesen, Flugaktivitäten zur Zeit des DC-9-Absturzes zuzugeben.«

Die Abgeordneten lasen und verglichen.

»Was sollen wir denn nun glauben? Wie ist denn die DC 9 abgestürzt?« fragte der Ausschußvorsitzende, und zum ersten Male schien er ziemlich ratlos.

»Das kann ich Ihnen auch nicht sagen. Ich kann lediglich auf die Erkenntnisse verweisen, die Ihnen vorliegen, und die ich bereits 1986 für den Beamten der Koordinationsstelle aufgeschrieben habe.« Er wartete einen Augenblick, bis alle Abgeordneten die Stelle in den Akten gefunden hatten. »Alles ist denkbar – daß eine Bombe im Flugzeug war, daß das Flugzeug aus irgendeinem anderen Grund explodiert ist, daß es von einer anderen Maschine gestreift wurde ...«

Der Vize drückte sich wieder ins Gespräch. »Großer Himmel, das sind ja wahre Räuberpistolen, die Sie da erzählen. Ich denke, die Wahrheit ist viel einfacher. Ein Pilot hat die DC 9 mit einem Gegner verwechselt und einfach losgeschossen, höchstwahrscheinlich ein libyscher Jäger.«

»Ach ja?« fragte Tassini. »Ich weiß, Politiker lieben einfache Wahrheiten. Aber dann frage ich Sie ...«

»Mäßigen Sie sich«, fuhr ihm der Vorsitzende ins Wort, »nicht Sie sind es, der hier zu fragen hat, sondern wir.«

Von hinten tönte die Stimme des »Marx«: »Aber recht hat er doch!«

Tassini setzte ein kurzes Lächeln auf. »Darf ich in Sachen Räuberpistole mit einer Gegenfrage antworten?«

»Nein« – »Ja.« Der Stellvertreter und der Vorsitzende antworteten gleichzeitig. Tassini setzte an, bevor sich die beiden einigen konnten. »Ich möchte Sie fragen, ob die Sache mit der libyschen Rakete nicht genauso nach schlechtem Krimi schmeckt? Weshalb sollte der Pilot überhaupt geschossen haben? Die DC 9 war ein gut erkennbares Passagierflugzeug.«

»Sie vergessen«, der Stellvertreter stand wutentbrannt auf und schlug mit der Faust auf die Akten, »daß unter dem Passagierflugzeug eine F 111 flog, ein Flugzeug, das Atomwaffen trägt. Ich gehe davon aus, daß die Libyer diese Maschine abschießen wollten, und nicht die DC 9 ...«

Tassini bemerkte einen aufmunternden Blick von »Marx«. »So«, sagte er, »der Libyer hat also versucht, einen Atombomber vom Himmel zu holen? Aus einer Entfernung von maximal fünf Kilometern, denn weiter fliegen seine Raketen nicht? Wo die Möglichkeit besteht, daß die Atombomben an Bord der F 111 beim Absturz losgehen, während er selbst gerade in dieses Gebiet hineinfliegt? Das erscheint Ihnen eine plausible Deutung und keine Räuberpistole?«

Der Vize drehte sich erst nach rechts, zu seinem Vorsitzenden, dann nach links zu den anderen Mitgliedern des Ausschusses. »Es hat keinen Sinn. Der macht unbeirrt weiter mit seinen Vernebelungen.«

Tassini richtete sich auf, sah den Vorsitzenden an und fragte: »Darf ich einmal etwas Grundsätzliches bemerken?«

»Bitte. Aber nur, wenn es zu Sache gehört.«

»Es ist mir nicht ganz klar, was Sie hier von mir wollen. Sie fragen mich, wie ich die Sache sehe, und wenn ich sie Ihnen schildere, erklären sie alles zum mutmaßlichen Ablenkungsmanöver. Wenn ich Ihnen Beweise liefere, fassen Sie diese mit spitzen Fingern an, weil Sie meinen, sie seien gefälscht. Wozu haben Sie mich eigentlich kommen lassen?«

»Das ist unsere Sache«, sagte der Ausschußvorsitzende, und nun lag sehr viel Schärfe in seiner Stimme. »Offenbar haben Sie noch immer nicht kapiert, daß wir die demokratische Kontrolle, mit der uns das Parlament beauftragt hat, sehr ernst nehmen.«

Tassini überlegte blitzschnell, ob er sich fügen und der Sache ihren vorgezeichneten, also ergebnislosen Verlauf lassen sollte. Doch dann begegnete er wieder dem Blick von »Marx«, und er dachte daran, wie viele Scharmützel dieser Mann schon ausgehalten hatte, ohne eine große Partei oder mächtige Schutzherren hinter sich zu wissen, und entschied sich für den Angriff.

»Demokratische Kontrolle, Herr Vorsitzender?« Er lächelte. »Wenn es das doch wäre.«

»Was ist denn das schon wieder für eine Unverschämtheit?« fragte der Vize erregt.

»Demokratische Kontrolle?« wiederholte Tassini. »Was ist hier denn demokratisch? Wir sitzen in einem Ausschuß, der eigentlich öffentlich tagen sollte. Aus angeblichen Sicherheitsgründen ist die Presse aber ausgeschlossen – ob sie erfährt, was wir hier sprechen, wird erst hinterher entschieden.«

»Dies liegt im Interesse des Staates ...«, belehrte ihn der Vorsitzende.

»Nein, bei allem Respekt, Herr Vorsitzender, das wage ich zu bezweifeln. Die Regierung hat bereits 1987, also vor mehr als vier Jahren, in einer Erklärung vor der Abgeordnetenkammer ausdrücklich betont, daß in Sachen der DC 9 alle Arten von Staatsgeheimnis aufgehoben wurden. Es gibt also keinen Grund, diese Dinge unter Ausschluß der Öffentlichkeit abzuhandeln.«

»Mann, sind Sie sich bewußt ...«, fuhr der Vize wieder auf.

Tassini unterbrach ihn trocken: »Ich bin nicht ›Mann‹, Herr Abgeordneter, sondern Oberstleutnant, und ich bitte Sie, mich so anzureden. Ich trete Ihnen mit dem gehörigen Respekt gegenüber und erwarte das auch von Ihnen.«

Der Vize schnappte nach Luft, der Vorsitzende war sichtlich überfordert.

Tassini fuhr fort: »Sicher, es gibt in unseren Geheimdiensten noch genug Leute, denen es höchst peinlich wäre, wenn ihre Aktivitäten von damals an die Öffentlichkeit gelangten, und da nehme ich mich selbst überhaupt nicht aus. Auch für mich kämen dann harte Zeiten; das würde mit dem Verhältnis zu meiner Frau beginnen und wahrscheinlich mit dem Abbruch meiner Karriere enden. Aber das sind individuelle Probleme. Demokratische Kontrolle würde verlangen, daß diese damaligen Vorgänge an die Öffentlichkeit gelangen, ausnahmslos, und nicht hier erneut weggemauschelt werden. Schließlich hätten unsere Militärs, die Amis, die Franzosen und unsere eigenen Generäle 1980 mit dieser völkerrechtswidrigen Aktion beinahe einen grauenhaften Krieg im Mittelmeer ausgelöst, vielleicht sogar einen Weltkrieg, denkt man an die Spannungen, die damals herrschten. Für die Institutionen würde rückhaltlose Öffentlichkeit eine Reinigung bedeuten, vielleicht auch eine Chance, daß so etwas nie mehr passiert. Aber mir scheint, Ihnen geht es gar nicht darum.«

»Was erlauben Sie sich, Herr ... Oberstleutnant«, der Vorsitzende war inzwischen puterrot angelaufen.

Tassini ließ sich nicht beirren. »Ich habe mich hinreichend mit der Arbeit dieses Ausschusses beschäftigt. Wenn ich es recht sehe, geht es Ihnen hier nicht um nackte Tatsachen, jedenfalls den meisten von Ihnen nicht. Viele von Ihnen sind nur an Dingen interessiert, die Sie bei Gelegenheit gegen politische Gegner nutzen können. Mit anderen Worten: an Erpressungsmaterial. Sie suchen Herrschaftswissen, nicht die Wahrheit.«

»Hören Sie auf, ich entziehe Ihnen das Wort.« Der Ausschußvorsitzende war so aufgeregt, daß er den Knopf zum Ausschalten des Zeugen-Mikrofons nicht fand und statt dessen nur die Lautstärke seiner eigenen Worte erhöhte, bis sich das Knarren der Boxen geradezu überschlug. Schließlich drückte er den Notknopf. Sofort stürzten Parlamentsdiener herein.

»Bringen Sie den Mann ... den Oberst da ... den Oberstleutnant ins Wartezimmer, bis er sich beruhigt hat. Wir rufen ihn dann wieder.«

Tassini rührte sich nicht von seinem Stuhl.

»Sehen Sie«, sagte er so leise, daß die Ausschußmitglieder aufhören mußten, miteinander zu diskutieren, »das ist Ihre Demokratie. Sie nehmen sich jederzeit das Recht, auf uns einzuhacken. Aber wehe, wir stellen Sie zur Rede oder bestätigen nicht Ihre Vorurteile ...«

Er stand auf, nahm seine Akten, salutierte und folgte dem Parlamentsdiener. Von hinten tönte die vergnügte Stimme von »Marx«: »Jaja, liebe Kollegen, wer im Glashaus sitzt, sollte halt nicht mit Steinen werfen. Seit der Ostblock zusammengebrochen ist, jubeln wir zwar, wenn die KGB-Papiere und die Akten der Stasi an die Öffentlichkeit gelangen. Aber unsere eigenen Archive öffnen wir natürlich nicht ...«

Stromboli
5. August 1993

Giovanna zeigte hinaus auf den Felsen von Strombolicchio. »Schau, das Haus da oben! Es sieht aus, als könne man gar nicht hinaufklettern, so steil ist alles.« Sie drehte sich auf den Rücken und paddelte langsam weiter. »Da wäre ich gerne mit dir. Ganz allein. Ohne Handy, ohne Zeitungen, Radio oder Fernsehen. Nur mit dir allein, ohne daß ständig jemand daherkommt und uns trennt.«

Tassini tauchte unter, griff nach ihren Beinen, zog sie auseinander und tauchte mit Giovanna auf dem Rücken wieder auf. Er wankte ein wenig, weil der Meeresgrund am Strand von Stromboli nur aus rutschigen Steinen bestand. »Dann kauf' ich dir den Felsen«, sagte er, »wollen wir hinschwimmen und raufklettern?«

Giovanna bog sich so weit vor, daß er sie loslassen mußte. Sie plumpste ins Wasser und kam prustend wieder hoch. »Geht nicht. Ich hab' mich erkundigt. Ein Teil ist militärisches Sperrgebiet. Selbst solche romantischen Orte sind vor diesen Betonköpfen nicht sicher.«

»Immerhin haben wir beide es, allen Widerständen zum Trotz, endlich geschafft, hierher in Urlaub zu fahren.«

»Ja, nachdem du es mir Dutzende Male versprochen hast. Wieviel Seitensprünge willst du damit eigentlich wettmachen?«

Tassini grinste. »Wie viele ist es dir denn wert?«

Sie legte den Kopf schief, so daß ihre nassen Haare alle auf einer Seite herunterhingen; eine Bewegung, die er besonders liebte. »Ich weiß nicht. Drei, vier. Oder ist das alles vielleicht nur eine Anzahlung?«

Er lachte herzlich, tauchte weg und kam in einiger Entfernung wieder hoch. »Gehen wir heute nacht hoch zum Vulkankrater? Es muß herrlich sein, fast tausend Meter hoch, und alle zehn Minuten diese Eruptionen.«

Giovanna schüttelte den Kopf. »Ich vermute, daß wir keine fünfhundert Meter weit kommen. Dann ziehst du mich wieder hinter irgendein Gebüsch und ...« Sie brach mitten im Satz ab. »Großer Gott.«

»Was ist?«

Sie deutete zum Strand. Tassini verstand nicht. »Schau, da oben auf der Terrasse des Restaurants.«

Tassini kniff die Augen zusammen. Dann erkannte er den Mann. »Das kann doch nicht wahr sein. Der ist vom Ministerium.«

»Ich weiß.«

»Wieso weißt ...« Er drehte sich erstaunt zu Giovanna um, konzentrierte sich dann aber wieder darauf, wie dem Beamten der Koordinierungsstelle zu entkommen war. Gerade hier konnte er ihn nun wirklich nicht gebrauchen. »Tun wir so, als würden wir ihn nicht sehen?« Dann fiel ihm wieder ein, was Giovanna gesagt hatte. »Sag mal, woher kennst du den denn?«

Giovanna sah ihn an, sie lächelte nicht. »Ich habe ihn sogar vor dir gekannt.«

»Was? Wie bitte? Und die ganze Zeit ...«

»Ja.«

Er schwamm einige Züge von ihr weg. »War er dein .... dein Geliebter?«

Giovanna schwamm zu ihm hin. »Warum könnt ihr Männer immer nur an so etwas denken?« Sie paddelte zum Ufer.

Tassini wurde rot, verbarg es aber durch eine schnelle Tauchbewegung. Dann planschte auch er zum Strand. Oben auf der Straße winkte der Mann. Tassini erwiderte den Gruß betont lustlos. Giovanna hielt sich an seinem Oberarm fest, als sie auf den glatten Steinen aus dem Wasser balancierten, und so fielen sie beide hin. »Nein«, sagte sie leise, »er war nicht mein Lover. Er war etwas viel Wichtigeres.« Sie merkte, daß er absolut nichts verstand – und ihr wohl auch nicht glaubte.

Er trat auf den Mann zu. Der begrüßte Giovanna mit einem vollendeten Handkuß, reichte Tassini ein Handtuch, das er offenbar mitgebracht hatte, und fragte Giovanna: »Kann ich Ihren Mann ein paar Minuten entführen? Es ist das letzte Mal, versprochen.«

Giovanna breitete die Arme aus. »Das letzte Mal. Wie oft haben Sie mir das schon versprochen?«

Die Vertraulichkeit dieser Worte schoß Tassini regelrecht in die Knie.

»Wieso denn jetzt auch noch im Urlaub?« fragte er, als er mit dem Beamten den Weg zum Leuchtturm Labronzo einschlug. »Seit 1980 versuche ich, mit meiner Frau ...«

»Ich bin nur gekommen, um mich von Ihnen zu verabschieden. Ich verlasse mein Amt. Ich gehe in den diplomatischen Dienst und werde bald nach Asien versetzt.«

Tassini wunderte sich. »Gerade jetzt, wo die Sache so richtig in Schwung kommt? Die vielen Enthüllungen, der neue Staatsanwalt ...«

»Sie haben recht, der Mann geht mit Elan an die Sache heran, läßt kein Detail aus. Aber in der Politik wird sich in der nächsten Zeit so ziemlich alles ändern. Meine Dienststelle wird vielleicht sogar aufgelöst.«

Tassini blieb stehen.

»Wieso denn das?«

»Sehen Sie, unser politisches System ist bis in die Knochen verfault, korrupt, ineffizient ... Damit erzähle ich Ihnen ja kein Geheimnis.«

»Zumal das ja schon lange so ist.«

»Sicher. Zum ersten Mal aber scheinen Staatsanwälte

wirklich entschlossen, diesen Schweinestall auszumisten. In Mailand ermittelt eine Sonderkommission seit Monaten gegen den Parteienfilz; es ist nur eine Frage der Zeit, wann sie die obersten Hierarchien der Nomenklatur endgültig kippen. Vorbei sind die Zeiten, da sich Politiker hinter der parlamentarischen Immunität verstecken konnten. Nicht einmal die Rechtsextremisten verschaffen einem ehemaligen Geheimdienstgeneral heute noch einen Sitz im Abgeordnetenhaus, damit er vor strafrechtlicher Verfolgung geschützt ist. Das System wird zusammenstürzen wie ein Kartenhaus, glauben Sie mir.«

»Wird man sie denn gewähren lassen? In Sizilien haben entschlossene Staatsanwälte gegen die Mafia Front gemacht, und sie wurden ausnahmslos umgebracht.«

»Im Kampf mit der Mafia kann das schon passieren. Aber wenn das System in sich zusammenbricht, ist das mit Morden nicht so einfach aufzuhalten. Die Wähler wenden sich von den traditionellen Parteien ab, links wie rechts, und selbst die Industrie will nichts mehr von ihnen wissen. Mit ihren ewigen Schmiergeldforderungen haben die Politiker die gesamte Wirtschaft ausgesaugt. Die Öffentlichkeit fordert Regierungen von Fachleuten, die ihr Handwerk verstehen und Politik nicht nur als den Kampf um Pfründe ansehen.«

»Aber ist es nicht eine Illusion zu glauben, ein paar Staatsanwälte könnten dieses festgefügte System aushebeln?«

»Doch, es ist eine Illusion. Und es wird auf Dauer auch nicht gelingen. Aber einige Zeit wird es jedenfalls so scheinen, als könnten sie es schaffen. Danach werden neue Eliten vordringen, die natürlich auch bald wieder korrupt sind. Aber in der Zeit des Umbruchs wird so ziemlich alles drunter und drüber gehen.«

»Und was heißt das für uns, für unsere Recherchen?«

»Es kann gut für die Aufklärung sein, aber auch schlecht. Gut insofern, als es keine Mächte mehr gibt, die so unumschränkt herrschen wie bisher, was sie unkontrollierbar machte. Seit der Ostblock zusammengebrochen ist, fehlt ihnen der Gegner, der sie früher trotz aller internen Gegensätzlichkeiten doch immer wieder geeint hat. Jede dieser Mächte wird in Zukunft alleine vor sich hinwursteln, wird sich Ersatzaufgaben und Ersatzziele suchen. Und in diesem Rahmen wird die Front derer, die noch immer alles vertuschen wollen, auseinanderbrechen.«

Er sprang über ein paar Geröllbrocken, die auf dem Pfad lagen, pflückte einen Ginsterzweig ab und roch daran. »Der ganze Berg hier ist voll von diesen Sträuchern. Sonst wächst hier fast nichts, aber Ginster steht überall.« Er zerdrückte eine Blüte und roch erneut daran. »Am Ende wird es niemanden mehr interessieren, ob die Wahrheit herauskommt oder nicht. Möglich, daß ein paar Hinterbliebene Befriedigung verspüren. Aber sonst wird's wohl niemanden mehr jucken.«

Tassini hatte schweigend zugehört. »Sie sind sehr verbittert, nicht wahr?« fragte er nach einer Weile. »Interessiert denn auch Sie die Wahrheit nicht mehr?«

Der Beamte blickte hinüber zu dem Geröllfeld, das vom Gipfel des Stromboli hinunterreichte bis zum Meer. Dann guckte er nach oben, wo man den Krater des Vulkans vermuten konnte.

»Es ist wie immer. Wenn man darauf wartet, daß etwas passiert, geschieht gar nichts. Der Stromboli ist heute besonders zahm.« Er wurde wieder ernst. »Jeder muß in diesen Zeiten versuchen, seine Haut zu retten.«

»Haben Sie denn etwas zu befürchten?«

»Jeder hat etwas zu befürchten. Jeder, der in diesem

Schachspiel nicht König oder Dame ist. Und selbst die sind nicht mehr tabu.«

»Sind sie nur Bauer gewesen?«

»Sagen wir, Springer, mehr aber auch nicht. Ich war vorher Universitätsprofessor, Verfassungsrecht. Mitte der achtziger Jahre bin ich in die politische Beamtenlaufbahn gewechselt. Ich habe fünf verschiedenen Ministerpräsidenten gedient. Daß meine Karriere als Ausputzer irgendwann enden würde, war mir allerdings immer klar.«

»Und ich? Was bin ich in diesem Spiel?«

»Malen Sie es sich selbst aus.«

Tassini dachte nach. »Was kann mir denn blühen?«

Der Beamte drehte sich langsam um. »Gehen wir zurück«, sagte er. »Ihre Frau ärgert sich sonst.« Dann hakte er sich bei Tassini unter. »Sie werden angeklagt werden, allerdings wohl erst in ein paar Jahren, die Untersuchung wird sich, so wie ich das einschätze, sicherlich bis Ende der neunziger Jahre hinziehen.«

»Was wird man mir vorwerfen?«

»Irreführung der Behörden, Beweisverschleppung, Attentat auf die Verfassung und ihre Organe und so weiter. Ob man Ihnen auch Aufträge für Morde unterschieben wird, weiß ich nicht. Der neue Staatsanwalt hat jedenfalls bereits ein dickes Dossier über Sie.«

»Wer wird noch angeklagt?«

»Einige Generäle und ein Dutzend anderer Offiziere.«

»Die Schuldigen des Abschusses?«

»Wohl nicht. Nur diejenigen, die mit der Vertuschung beauftragt waren, werden hier vor Gericht kommen. Die volle Wahrheit ist ja nie ans Licht gekommen, deshalb kann man niemanden wegen des Abschusses selbst anklagen. Insofern war Ihre erste Tätigkeit, die des Vertuschens, wohl erfolgreicher als die spätere.«

»Und die Presse? Wird sie da mitmachen? Wird sie sich zufriedengeben, wenn nur die Vertuscher angeklagt werden?«

»Ich fürchte schon. Die meisten, die in diesen Jahren Enthüllungen zum DC-9-Absturz geschrieben haben, sind inzwischen gut untergekommen. Sie werden ihre Positionen nicht riskieren.«

»Auch Doriana ... ich meine Frau Laconi?«

»Nun, Sie wissen ja, daß sie inzwischen Ressortleiterin in diesem neuen Wochenmagazin geworden ist, ein großer Aufstieg. Und sie wird, wenn der Prozeß vorbei ist, zudem noch eine eigene Fernsehsendung bekommen.«

»Weiß sie das?«

»Ja. Es war eine ihrer Bedingungen ...«

»Wofür?«

»Daß sie sich im Prozeß so verhält, wie wir es wünschen.«

»Wir?«

»Ja, meine Seilschaft, wenn Sie es so nennen wollen. Es ist der letzte Dienst, den ich uns allen erweisen konnte. Sie wird alles, was sie an Belastendem gegen uns weiß, zurückhalten, nichts darüber veröffentlichen und vor Gericht die Aussage verweigern. Auch über das, was Sie ihr alles gesteckt haben.«

Tassini spürte, wie sich ihm die Kehle zusammenzog. Darum also hatte sie sich so von ihm zurückgezogen.

»Und was werden sie uns aufbrummen?«

»Das hängt davon ab, wann der Prozeß läuft. Je eher, um so gefährlicher für Sie. Noch will die Öffentlichkeit Verurteilungen von Geheimdienstlern sehen. In einigen Jahren wird man solchen Verfahren keine Bedeutung mehr beimessen.«

Tassini empfand die vertrauliche Nähe des Mannes plötzlich als unangenehm. Er machte sich los. »Das heißt wohl, es wäre besser, ich würde wieder mit Vernebeln, Taktieren und Verschleppen beginnen.« Er wartete auf eine Reaktion. »So ist es doch?« hakte er nach.

»Das müssen Sie wissen. In sieben Jahren verjähren die ersten Straftaten, die Sie begangen haben ...«

»Denken Sie, man könnte es so lange hinauszögern?«

»Mit guten Verteidigern, im Zweifelsfalle, ja.«

Tassini deutete zum Hotel. »Da drin sitzt meine Frau und wartet auf mich. Soll sie sieben Jahre bibbern, ob ich das Verjährungsziel erreiche?«

Der Beamte blieb stehen. »Ich habe Ihre Frau kennengelernt, als ich im Vorfeld Ihrer Beauftragung Erkundigungen über Sie einzog. Ich denke, sie wird es eher schätzen, wenn Sie sich nicht nur ihr gegenüber oder vor Parlamentsausschüssen zur Wahrheit durchringen, sondern auch öffentlich, statt ewig weiter Versteck zu spielen.«

Tassini trat vor ihn hin. »Hatten Sie ein Verhältnis mit meiner Frau?« Er faßte ihn am Arm. »Oder haben Sie noch immer eins?«

Der Beamte sah ihn gerade an. »Würde es etwas ändern?«

»Woran?«

»An Ihrer Liebe zu ihr, an ihrer Liebe zu Ihnen?«

Tassini senkte den Kopf. »Ich weiß nicht.«

»Sehen Sie, so ist es mit der Wahrheit. Solange man ihr hinterherhechelt, glaubt man, es würde sich alles lösen, wenn man sie kennt. Doch kennt man sie dann, merkt man, daß die Erkenntnis überhaupt nichts löst.«

Tassini dachte an das Artischockenherz. Er blieb hinter dem Beamten zurück, der nun zügig zum Anlegesteg strebte, weil in der Ferne schon das Tragflächenboot zu sehen war, das ihn nach Neapel zurückbringen sollte.

»Nein«, sagte Tassini, als er ihn kurz vor der Mole wieder einholte, wo gerade das Schiff anlegte. »Ich werde nichts mehr verschleiern. Es geht nicht mehr nur um die einundachtzig Toten bei dem Absturz. Es geht auch um die Menschen, die etwas von dieser Wahrheit wußten und dafür mit ihrem Leben bezahlten.«

Der Beamte reichte ihm die Hand. »Grüßen Sie Ihre Frau. Nein, sagen Sie ihr, ich lasse ihr einen herzlichen Handkuß ausrichten. Mehr nicht. Sie freut sich darüber.«

Er trat auf das Schiff, wandte sich noch einmal kurz um und deutete hinauf zum Stromboli. Der stieß in diesem Augenblick eine mächtige Rauchwolke aus.

Tassini drehte sich um. Aber er sah nicht den Vulkan, er sah Giovanna, die an der Wand des Hafenrestaurants stand. Täuschte er sich, oder hatte sie dem Beamten gerade sehr herzlich nachgewunken? Er trat nochmals an den Schiffssteg. »Eine Frage noch«, sagte er zu dem Beamten, nachdem die übrigen Passagiere schon im Inneren des Tragflächenbootes verschwunden waren. »Warum lebe eigentlich ich noch?«

Der Beamte blickte ihm in die Augen. »Weil bis heute niemand weiß, ob Sie nicht doch irgendwann noch einmal nützlich sein können.« Er hob langsam die Hand, ballte sie kurz zur Faust, öffnete sie wieder und ließ sie dann sinken. Das Schiff legte ab.

Tassini ging langsam zum Hafenrestaurant zurück. Giovanna lächelte, nahm ihn am Arm und sagte leise: »Nun erzähl mir nicht, er hat dir einen Handkuß an mich aufgetragen?«

Tassini ließ ihren Arm los. »Was hast du mit ihm gehabt?«

Giovanna begann zu lachen. Er fand die Szene ganz und gar nicht lustig und lief ärgerlich den Weg ins Dorf hinauf, so daß sie vor lauter Prusten kaum nachkam. Oben bei der Kirche holte sie ihn wieder ein, zog ihn zur Stützmauer und zeigte wieder hinüber zum Strombolicchio. »Wir sollten doch einen einsamen Felsbrocken kaufen, damit du nicht mehr so eifersüchtig werden mußt.« Sie drückte ihm schnell einen Kuß auf die Lippen, bevor er schon wieder eine Frage stellen konnte. »Der Handkuß«, sagte sie, »ach ja. Weißt du, wie glücklich mich das macht, daß er dir diesen Satz gesagt hat?«

Tassini atmete tief durch. Aber schon wieder hielt sie ihm den Mund zu. »Es war der Code, mit dem er mich bei deinen vielen Abwesenheiten auf dem Weg über Doriana wissen ließ, daß ich mir keine Sorgen zu machen brauchte, weil mit dir alles in Ordnung war.«

5. Tag

**Rom, Hochsicherheitsgerichtssaal am Foro Italico
Voruntersuchung gegen Oberst Enrico Tassini**

*Verkündung des Beschlusses über die Eröffnung
des Hauptverfahrens*

Fassungslos starrte Enrico Tassini auf den Untersuchungsrichter. Träumte er, oder war er verrückt geworden?

»Nach Durchsicht und Wertung der vom Staatsanwalt vorgebrachten Anschuldigungen«, hatte der Richter festgestellt, »nach Anhörung des Beschuldigten, seines Verteidigers und des Staatsanwaltes, nach dem Antrag des Staatsanwaltes auf Eröffnung des Hauptverfahrens und dem Antrag des Verteidigers, das Hauptverfahren zwar zu eröffnen, jedoch mit Ausnahme des Anschuldigungspunktes ›Hochverrat‹«, er setze einen Augenblick aus und fuhr dann fort, »ergeht«, er machte wieder eine kleine Pause, »folgender Beschluß.« Er rückte seine Brille zurecht und las dann sehr schnell herunter: »Die Eröffnung des Hauptverfahrens wird in allen Punkten abgelehnt. Die vorgebrachten Anschuldigungen, die dafür vorlegten Beweise und auch die Geständnisse des Beschuldigten reichen nicht aus, eine Verurteilung in einem Hauptverfahren wahrscheinlich zu machen. Das Verfahren ist daher einzustellen.«

Tassini sah seinen Verteidiger an. »Was soll das? Ich habe doch alles gestanden ... Sie müssen mir doch den Prozeß machen! Wie soll ich sonst über die Generäle aussagen, damit diese belangt werden können?«

Der Verteidiger zuckte die Schultern, schob ihn durch die Seitentür aus dem Verhandlungsraum und den Gang hinunter, wo man der Presse entkommen konnte, die wußte, daß heute der Beschluß verkündet wurde. »Die Burschen haben doch wieder einen Dreh gefunden«, sagte der Anwalt, »wie ich es Ihnen prophezeit habe. Ein genialer Zug. Sie lassen das Verfahren gegen Sie einstellen. Wenn Ihre Vertuschungsmanöver keine Straftaten sind, kann man auch keine Auftraggeber anklagen.«

Tassini war nicht mehr imstande, auch nur ein Wort zu sagen. Fast willenlos ließ er sich ins Auto des Verteidigers fallen. Der versuchte, ihn wenigstens etwas aufzumuntern. »Kopf hoch. Das heißt nicht, daß die Generäle schon ganz aus der Sache raus sind. Die Reaktion der Öffentlichkeit wird sicher eine große Rolle spielen, es kann durchaus sein, daß der Untersuchungsrichter sich bei den noch offenen Verfahren gegen die Generäle doch nicht traut, die Sache einfach einzustellen. Aber sie werden es zumindest für weitere Verzögerungen nutzen. Die Verjährung könnten sie auf diesem Wege durchaus erreichen.«

Tassini schüttelte den Kopf. Alles drehte sich.

»Es könnte sein, daß Sie in diesen Verfahren als Zeuge gehört werden«, sagte der Anwalt, aber für Tassini war das ein schwacher Trost. Wenn, ja, wenn ...

»Könnte sein – muß aber wohl nicht?«

»So ist es. Für den Staatsanwalt sind Sie nach der Einstellung Ihres Verfahrens kein sonderlich brauchbarer Anklagehelfer mehr. Und die Verteidiger werden sich hüten, Sie herbeizuzitieren.«

Tassini dachte eine Weile nach. »Kann ich denn nicht Beschwerde gegen die Entscheidung einlegen?«

»Doch«, sagte der Anwalt, »aber das ist sehr schwierig. Der Staatsanwalt hätte als Ankläger mehr Aussicht.«

»Und?«

»Ich bin mir nicht sicher. Sein ursprünglicher Enthusiasmus hat sich ja inzwischen merklich gelegt. Das kommt wohl daher, daß sich in den letzten Wochen der Wind in Sachen Verfahren gegen Politiker, Beamte und Militärs deutlich gedreht hat. Die Öffentlichkeit nimmt kaum mehr Notiz von den Ermittlungen. Im Parlament wird die Forderung nach Amnestie für politische und administrative Straftaten immer lauter, auch seitens der Linken. Die großen Korruptionsprozesse, die die alte Politikerelite hinwegfegten, kommen kaum mehr voran, immer mehr Ankläger werfen das Handtuch.« Er machte eine Pause, bot Tassini eine Zigarette an, obwohl er wußte, daß dieser nicht rauchte. »Ich nehme an«, fuhr er dann fort, »der Staatsanwalt wird die Zeit, die er zum Einlegen der Berufung hat, voll ausschöpfen und erst mal sehen, wie die Stimmung in der Öffentlichkeit ist. Schließlich will er in der nächsten Legislaturperiode ins Parlament gewählt werden.«

Tassini ließ sich das alles noch einmal durch den Kopf gehen. Sicher, für seine Beziehung zu Giovanna war es eine Erlösung – er würde nicht ins Gefängnis müssen, konnte endlich aus allem aussteigen. Trotzdem ... Für die Militärs bedeutete das alles wohl, daß sie sich weiter sicher fühlen konnten, unkontrolliert, selbst wenn sie mit derart gefährlichen Manövern hantierten wie damals vor Ustica ... Er wandte sich wieder seinem Verteidiger zu.

»Ist der Untersuchungsrichter denn gekauft?«

»Nicht unbedingt. Aber auch Richter unterliegen öffentlichem und politischem Druck. Und der hier will in den nächsten Monaten in Pension gehen und seine Ruhe haben.«

Tassini hatte einen derart schalen Geschmack im Mund, daß er den Anwalt bat anzuhalten, um in einer Bar ein Glas Wasser zu trinken. Der Anwalt wartete, bis Tassini damit fertig war, und fragte dann leise: »Sehen Sie denn noch eine Möglichkeit, daß die Wahrheit über den Absturz der DC 9 ans Licht kommt?«

Tassini zuckte die Schultern. »Ehrlich gesagt, nein.«

»Und wenn am Ende einer der Leute auspacken würde, die

damals im Einsatz waren, oder vielleicht gar derjenige, der die Rakete abgeschossen hat?«

Tassini lachte bitter. »Meinen Sie, daß einer von denen, die damals dabei waren, noch aussagen kann?«

»Was heißt das denn nun schon wieder?«

»Sehen Sie: Ich hatte bereits vor drei Jahren auf dem Dienstweg bei den US-Behörden und in Frankreich eine Liste aller damals im Mittelmeer stationierten Flugzeugführer erbeten. Natürlich kam zuerst monatelang keine Antwort und danach ein scharfes Nein mit der Begründung, das sei militärisches Geheimnis.«

»Was wollten Sie denn mit der Liste?«

»Über einen Kollegen bei der Nato hatte ich mir eine Aufstellung aller seit 1980 im Rahmen ›dienstlicher Aktivitäten‹ verstorbenen oder umgekommenen Piloten der USA und Frankreichs besorgt. Ich wollte vergleichen, ob es da nicht Namen gibt, die auch in der Absturzzeit auf den Dienstverzeichnissen stehen.«

»Aber nun haben Sie diese Liste ja nicht gekriegt.«

»Doch.«

»Wie denn das?«

»Na ja, schließlich haben wir Geheimdienstler unsere Seilschaften auch bei den anderen ›Firmen‹.«

»Und was haben Sie beim Vergleich herausbekommen?«

»Daß mindestens ein Dutzend Piloten, die damals im Mittelmeerraum im Einsatz waren, später bei Unfällen ums Leben gekommen oder aus nicht eindeutig geklärten Gründen verstorben sind. Genau wie bei den vielen merkwürdigen Todesfällen hier in Italien.«

Der Anwalt schüttelte den Kopf.

»Und warum machen Sie das nicht publik? Haben Sie Angst, daß Ihnen die Amerikaner auch ein Killerkommando auf den Hals hetzen?«

»Nein. Die Angst vor Anschlägen habe ich überwunden, als die mir damals mit der Giftspritze zu Leibe gerückt sind. Daß ich es nicht publik mache, liegt daran, daß es überhaupt nichts nützen würde. Möglicherweise würden die Hauptverantwortlichen, die Oberbefehlshaber jenes Manövers vom 27. Juni 1980, den Abschuß als solchen am Ende sogar eingestehen. Aber die Schuld dafür würden sie mit Sicherheit den Toten aufhalsen, und genau das will ich nicht.«

»Das muß ja nicht so ablaufen.«

»Aber es würde so ablaufen. Als die beiden ehemaligen T-104-Piloten 1988 in Ramstein abstürzten, hat irgend jemand sogar einen gefälschten Mordbefehl des Geheimdienstes in die Presse lanciert, auf dem Papier des Verteidigungsministeriums geschrieben. Der Befehl lautete, die beiden hätten damals die DC 9 abgeschossen, wollten nun gestehen und müßten daher eliminiert werden. Gottseidank geriet das Papier in die Hände eines deutschen Journalisten, der die Fälschung erkannte und sie sofort als solche publik machte, noch bevor sie Schaden anrichten konnte. Die Hinterbliebenen der beiden Piloten müßten ansonsten bis heute mit der unerträglichen Bürde leben, ihre Männer hätten den Tod von mehr als achtzig Menschen zu verantworten.«

»Aber wenn der wirkliche Schütze tatsächlich noch leben sollte?«

»Auch dann würde es nichts mehr nützen, selbst wenn er gestehen sollte. Wir haben die Wahrheit derart vernebelt, daß niemand sie mehr glauben würde, und käme Jesus persönlich vom Himmel, um sie zu verkünden. Der Mann würde zuerst tausendmal interviewt, in allen Talkshows herumgereicht und dann für verrückt erklärt werden, und alsbald würde sich eine neue Wolke von Vertuschungen über alles breiten.«

Der Anwalt schwieg. Tassini schüttelte erneut den Kopf. »Soll ich Ihnen etwas sagen? Selbst wenn der Mann zu mir käme und mir alles haarklein erzählen würde – ich bin mir nicht sicher, ob ich ihm am Ende glauben würde.«

Er nahm die Gerichtsentscheidung, warf noch einmal einen Blick darauf, faltete sie zusammen, steckte sie in seine Jakkentasche und gab dem Anwalt die Hand.

»Den Rest gehe ich zu Fuß.«

Vor der Bar sah er zwei Männer, die ganz angelegentlich Zeitung lasen. Er ging so direkt auf sie zu, daß sie fast automatisch in ihr Revers griffen. Aber er schaute sie nur kurz an.

»Okay«, sagte er halblaut, als er so nah an ihnen vorbeiging, daß er sie fast streifte, »alles okay. Ihr habt gewonnen.«

Der Autor

Werner Raith, geboren 1940, lebt in Süditalien und arbeitet als Italien-Korrespondent der Berliner »tageszeitung«. Er gilt als einer der wenigen deutschen Mafia-Experten. 1997 erschien zu diesem Thema sein viel beachteter Kinderroman »Verräterkind« bei Elefanten Press. Im Herbst letzten Jahres veröffentlichte Raith hier auch seinen ersten Jugendroman »Verdammter Dieb«.

1991 enthüllte er in einer Reihe von spektakulären Artikeln, die in vielen in- und ausländischen Zeitungen nachgedruckt wurden, die ungeklärten Umstände um die Flugzeugabstürze bei Ustica und in Ramstein. »Absturz über Ustica« ist Raiths erster Krimi. In diesem verarbeitet er Elemente jener Ereignisse.

Alle in diesem Kriminalroman genannten handelnden Personen und deren Namen sind fiktiv. Ähnlichkeiten mit lebenden oder verstorbenen Personen wären rein zufällig.

ELEFANTEN PRESS KRIMI
herausgegeben von Elvira Willems
und Jens Mecklenburg
EP 913

Copyright © 1999
by ELEFANTEN PRESS Verlag GmbH, Berlin
Alle Rechte vorbehalten
Umschlaggestaltung Blank/Holtfreter
Gestaltung und Satz
Agentur Marina Siegemund, Berlin
Lektoratsassistenz Cathrin Claussen
Druck Interpress Budapest
Printed in Hungary
ISBN 3-88520-913-6

ELEFANTEN PRESS Krimis

Birgit H. Hölscher
Kaputtmacher
DM 19,90 · öS 145 · sFr 19,90
Tb. · 256 S. · **3-88520-912-8**
Der Sonderling Grotzer, ein Bauernsohn in der norddeutschen Provinz, kennt nur eine Art, seine Sexualität auszuleben – nachts macht er sich masturbierend an Pferden zu schaffen. Dabei beobachtet ihn die zehnjährige Emily, die für ihr Alter sehr untypischen Hobbys nachgeht: Sie ist fasziniert vom Phänomen »Angst«, und so setzt sie Grotzer mit ihrem Wissen unter Druck. Die dritte Hauptfigur ist die junge Architektin Holli, die mit Freunden in einer ländlichen Wohngemeinschaft lebt. Eines Tages findet sie ihr heißgeliebtes Pferd Lina ermordet im Stall. Ist Grotzer der »Pferderipper«, der in der Gegend schon mehrere Pferde grausam abgeschlachtet hat?

Birgit H. Hölscher
**Therapie
mit Todesfolge**
DM 18,90 · öS 138 · sFr 18,90
Tb. · 192 S. · **3-88520-907-1**
»Ausschließlich männliche Psychotherapeuten stehen auf der Mordopferliste der jungen attraktiven Garbo. Tatort ist diesmal Köln, das Opfer der Therapeut Dr. Wolff. Bis ins kleinste Detail kann man an den psychologischen wie praktischen Mordvorbereitungen teilnehmen, unterbrochen nur von eingeschobenen Berichten aus dem Leben und besonders der emotionalen Entwicklung der Killerin. Ein faszinierender Krimi, der schonungslos die Phantasien und Realitäten eines extrem gestörten und verletzten Menschen aufzeigt.«
EKZ-INFORMATIONSDIENST

... überall im Buchhandel

ELEFANTEN PRESS Krimis

Joan M. Drury
Rache ist nicht süß
Aus dem amerikanischen Englisch
von Elvira Willems
DM 19,90 · öS 145 · sFr 19,90
Tb. · 256 S. · **3-88520-901-2**
»Mitleid mit dem Opfer hat niemand: Der Ermordete, eine ärztliche Koryphäe, hat seine Frau geschlagen, seine Kinder mißhandelt. Die feministisch engagierte Journalistin Tyler Jones, die gerade ein Buch über gewalttätige Männer schreibt und in einer Beratungsstelle für mißhandelte Frauen arbeitet, muß in eigener Sache detektivisch tätig werden, denn immerhin kannte auch sie den Fieslimg aus eigenem leidvollen Erleben ... En passant erzählt die Autorin liebevoll-ironisch aus dem Lesbenmilieu.« EMMA

Joan M. Drury
Tödliches Geheimnis
Aus dem amerikanischen Englisch
von Elvira Willems
DM 19,90 · öS 145 · sFr 19,90
Tb. · 256 S. · **3-88520-905-5**
»Tyler Jones macht sich von San Francisco aus auf den Weg nach Minnesota, wo sie einen Teil ihrer Kindheit verbrachte. Ihre Mutter ist gestorben und hat Tyler das Haus vererbt. Dieses Erbe ist jedoch mit der Bitte ihrer Mutter verbunden, endlich die Leichen aus dem Keller zu graben. Und tatsächlich: Als Tyler in ihrer Familiengeschichte ›gräbt‹, entdeckt sie Widersprüche. Ein Roman über Familiengeheimnisse, deren Vertuschung unweigerlich zum ›bösen‹ Ende führt.«
WILDWECHSEL

... überall im Buchhandel

ELEFANTEN PRESS Krimis

Johann Christian Lotter
Meister des Feuers
DM 18,90 · öS 138 · sFr 18,90
Tb. · 224 S. · **3-88520-909-8**
»›Dann soll ich also gegen den Teufel ermitteln?‹ Morbius runzelt die Stirn. Der etwas heruntergekommene Privatdetektiv wurde von einer Sekte um Hilfe gebeten, deren Mitglieder scheinbar von innen verbrennen — und sieht sich bei der Recherche in Frankfurt bald als Mörder von der Polizei verfolgt ... Was der 42 Jahre alte Kasseler Physiker und Mitbegründer einer erfolgreichen Software-Firma da in seiner Freizeit zusammengeschrieben hat, ist nicht nur packend konstruiert, sondern auch locker-flockig geschrieben. Bis zur überraschenden (und gar nicht übersinnlichen) Lösung des Falls ...« PRINZ

Reinhard Wissdorf
Shabu
DM 18,90 · öS 138 · sFr 18,90
Tb. · 192 S. · **3-88520-910-1**
»Reinhard Wissdorf legt gleich mit seinem ersten Roman eine spannende, rasante und höchst amüsante Kriminalgeschichte vor, die alle Klischees aufs Korn nimmt. Der Privatdetektiv Jaroslav Koscinsky agiert als Möchtegern-James Bond (aber um einiges uncooler), flirtet mit langbeinigen, schlagkräftigen Schönheiten (aber nicht besonders erfolgreich) und begegnet auf einer lebensgefährlichen Verfolgungsjagd, die ihn von Frankfurt nach Berlin führt, Ex-DDR-Kripobeamten, entgleisten Samurais und toten Japanern.« SZENE AKTUELL

... überall im Buchhandel